U0923222

往日杂稿　康复札记

汤用彤◎著

吉林出版集团股份有限公司

图书在版编目（CIP）数据

往日杂稿　康复札记 / 汤用彤著 . —长春：吉林出版集团股份有限公司，2017.11（2022.5 重印）

ISBN 978-7-5581-3074-8

Ⅰ . ①往… Ⅱ . ①汤… Ⅲ . ①佛教史—中国—隋唐时代—文集 Ⅳ . ① B949.2-53

中国版本图书馆 CIP 数据核字（2017）第 262492 号

往日杂稿　康复札记

著　　者　汤用彤
策划编辑　杜贞霞
责任编辑　滕　林
封面设计　老　刀
开　　本　650mm × 960mm　1/16
字　　数　252 千
印　　张　21
版　　次　2018 年 4 月第 1 版
印　　次　2022 年 5 月第 2 次印刷

出版发行　吉林出版集团股份有限公司
电　　话　总编办：010-63109269
发行部：010-63109269
印　　刷　三河市京兰印务有限公司

ISBN 978-7-5581-3074-8　　定价：52.00 元

目　录

往日杂稿

康复札记

往日杂稿

前　言

这里收集的杂稿大都是我在三四十年前所写的，现在把它编辑在一起，取名《往日杂稿》。“往日”的意思，是指这些文章是旧时代、旧社会和旧我的产物；从今天看来，判若隔世。在“五四”运动以后，有一些资产阶级知识分子，一方面受西洋所谓“史料学”之影响，另一方面继承了乾嘉以来的考据之风，提倡考据之学，脱离实际，脱离政治。那时我对于国家的前途茫茫，深受这一风气之影响，也就搞起所谓“考据之学”。“考据之学”这一种风气，在当时一方面表现了有些知识分子为了炫耀自己知识的“渊博”，企图“发前人之未发”，钻冷门，以为进身之阶。另一方面表现了像我们这样一些人，把“史料学”就当成史学，认为只须问“材料”是否可靠，而不去研究这些材料说明什么问题，不去从史料中引出合乎实际的结论，而往往是材料堆砌，不能真正地解决什么问题。今天看来，这样的风气当然是要不得的。这里所收集的文章，就是在这样的思想指导下写成的。它们有用还是没有用，就有待于读者了。

这本杂稿，多半是有关宗教史的论文书评，为读者方便，我把它们分成若干组略加说明。前面三篇是关于隋唐佛教史的论文，我原有《隋唐佛教史讲义》一稿，尚未整理成书，因此先把这几篇已发表过的有关论文收在本集之中。第二组为书评，这些书评多半写在“九・一八”前后。《读太平经书所见》一文是我三十年前为写佛教史，而对道教经典所作的研究，近年开始研究道教史，颇有兴趣，这篇文章编入本集以便保存。《佛教上座部九心轮略释》一文是我对印度早期佛教研究的论文，这篇文章和《（胜宗十句义论）解说》收在这里可以作为我那本《印度哲学史略》的补充。《南传念安般经译解》是我据巴利文本参考英译本译出，并略作解说。附录二篇是我在解放前对文化思想的一些看法，它表现了我当时的历史唯心主义的错误观点，编入本文集，便于读者在读本书和作者的其他著作时，于我的思想有所认识。

这本文集，今天看来误谬之处甚多，我想它之所以能出版，主要的是说明解放后我国文化事业在中国共产党的领导下，有了重大的发展；说明了人民政府对保存史料的重视。如果说它能给读者提供一些研究这方面问题的材料和线索，当亦为快事。

汤用彤　1962 年春节

隋唐佛学之特点

——在西南联大讲演

今天讲的题目是隋唐佛学之特点。这个题目有两种讲法：一种是把特点作历史的叙述，从隋初到唐末，原原本本地说去，这叫做“纵的叙述”；一种是“横的叙述”，就隋唐佛学全体作分析的研究，指明它和其他时代不同的所在。原则上这两种方法都应该采取，现在因为时间限制，只能略略参用它们，一面讲线索，一面讲性质。即使这样讲，也仍然只能说个大概。但是先决问题，值得考虑的是：隋和唐是中国两个朝代，但若就史的观点去看，能否连合这两个政治上的朝代作为一个文化学术特殊阶段？就是隋唐佛学有无特点，能否和它的前后各朝代加以区别？我们研究的结果，可以说佛学在隋唐时代确有其特点。这一时期的佛学和它的既往以及以后都不相同。平常说隋唐是佛学最盛的时候，这话不见得错，但是与其说是最盛，倒不如拿另外的话去形容它。俗话说“盛极必衰”，隋唐佛学有如戏剧的顶点，是高潮的一刻，也正是下落的一刻。所谓“分久必合，合久必分”，隋唐佛学的鼎盛，乃因在这时期有了很高的合，可是就在合的里面又含有以后分的趋势。总括起来说，隋唐佛学有四种特性：一是统一性；二是国际性；三是自主性或独立性；四是系统性。若欲知道这四种性质及其演变，便也须知道佛学在这一时期之前与以后的趋势。

先说统一性。隋唐时期，佛教在中国能够在各方面得以统一，扼要说来，佛学本身包含理论和宗教两方面。理论便是所谓哲理，用佛学名词说是智慧。同时佛教本为宗教，有种种仪式信仰的对象，像其他宗教所供奉的神，以及有各种工夫如坐禅等等。所以佛教既非纯粹哲学，也非普通宗教。中国佛教对于这两方面，南北各有所偏，又本来未见融合，可是到了隋唐，所有这两方面的成分俱行统一。从历史上看，汉朝的佛教势力很小，到了魏晋南北朝虽然日趋兴盛，但是南北渐趋分化。南方的文化思想以魏晋以来的玄学最占优势；北方则仍多承袭汉朝阴阳、谶纬的学问。玄学本比汉代思想超拔进步，所以南方比较新，北方比较旧。佛学当时在南北两方，因受所在地文化环境的影响，也表现同样的情形。北方佛教重行为，修行，坐禅，造像。北方因为重行为信仰，所以北方佛教的中心势力在平民。北方人不相信佛教者，其态度也不同，多是直接反对，在行为上表现出来。当时北方五胡很盛，可是他们却渐崇中国固有文化，所以虽然不是出于民族意识，也严峻地排斥佛教。南方佛教则不如此，着重它的玄理，表现在清谈上，中心势力在士大夫中，其反对佛学不过是理论上的讨论，不像北方的杀和尚、毁庙会那样激烈。并且南方人的文化意识和民族意识也不如北方那样的强，对外来学问取容纳同化态度，认为佛教学理和固有的玄学理论并没有根本不同之处。换言之，南方佛学乃士大夫所能欣赏者，而北方的佛学则深入民间，着重仪式，所以其重心为宗教信仰。

到了隋唐，政治由分到合，佛教也是如此。本来南方佛教的来源，一为江南固有的，另一为关中洛阳人士因世乱流亡到南方而带去的。北方佛教的来源，一为西北之“凉”的，一为东北之

“燕”的。南方为玄学占有之领域，而“凉”与“燕”则为汉代旧学残存之地，佛教和普通文化一样，也受其影响。但是自从北朝占据山东以及淮水流域，有时移其人民，南方佛教也稍向北趋；又加以南方士大夫逃亡入北方的也不少，俱足以把南方佛学传入北方。所以，北朝对佛学深有研究者多为逃亡的南方人。再其后，周武帝毁法，北方和尚因此颇多逃入南方；及毁法之事过去，乃学得南方佛学理论以归。到了隋文帝，不仅其政治统一为南北文化融合之有利条件，并且文帝和炀帝俱信佛教，对佛学的统一都直接有很大的功劳。文帝在关、洛建庙，翻译经典，曾三次诏天下有学问的和尚到京，应诏者南北都有。以后炀帝在洛阳、江都弘扬佛教，置备经典，招集僧人，而洛阳、江都间交通很发达，南北来往密切，已不像隋以前的样子，这也是南北文化统一的主要因素。

就佛教本身说，隋唐的和尚是修行和理论并重。华严的“一真法界”本为其根本理论，可是其所谓“法界观”，乃为禅法。天台宗也原是坐禅的一派，所尊奉的是《法华经》，它的理论也是坐禅法，所谓“法华三昧”是也。法相唯识，本为理论系统，但也有瑜伽行观。禅宗虽重修行，但也有很精密的理论。凡此俱表明隋唐佛教已统一了南北，其最得力之口号是“破斥南北，禅义均弘”。天台固然如此，华严也可说相同。唐代大僧俱与南北有关。天台智者大师本为北人，后来南下受炀帝之优礼；唐玄奘在未出国前曾到过襄阳和四川，襄阳乃南方佛学的中心。菩提达摩本由南往北。三论宗的吉藏本为南人，后来隋文帝请他到北方，极受推崇。法照乃净土宗大师之一，本为北人，也曾到过南边。表面看，北方佛教重行为信仰，仍像旧日的情形，可是实在是深入了。这时仍同样造佛像，建庙宇，势力仍在平民；却又非常着重理论，一时天台、华严诸宗论说繁密，竞标异彩。南方佛学，反而在表面上显现消沉。却是对后来的影响说，北方的华严、天台对宋元明思想的关系并不很大，而南方的禅宗则对宋元明文化思想的关系很大，特别关于理学，虽然它对理学并非起直接的作用，但自另一面看，确是非常重要。

再说国际性。隋唐时代，中国佛学的地位虽不及印度，但确只次于印度。并且当时中国乃亚洲中心，从国际上看，中国的佛教或比印度尤为重要。当时所谓佛教有已经中国化的，有仍保持印度原来精神的。但无论如何，主要僧人已经多为中国人，与在南北朝时最大的和尚是西域人或印度人全不相同。南朝末年的法朗是中国人，他的传法弟子明法师是中国人，但是他最重要的弟子吉藏是安息人，为隋朝一代大师。隋唐天台智者大师是中国人，其弟子中有波若，乃是高丽人。唐法相宗大师玄奘是中国人，其弟子分二派：一派首领是窥基，于阗人；另一派首领是圆测，新罗人。华严智俨系出天水赵氏；弟子一为法藏，康居人，乃华严宗的最大大师；一为义湘，新罗人。凡此俱表示当时佛教已变成中国出产，不仅大师是中国人，思想也是中国化。至若外国人求法，往往来华，不一定去印度。如此唐朝西域多处的佛经有从中国翻译过去的。西藏虽接近印度，而其地佛教也受中国影响。朝鲜、新罗完全把中国天台、华严、法相、禅宗搬了去。日本所谓古京六宗，是唐代中国的宗派。而其最早的两个名僧，一是传教法师最澄，一是弘法大师海空。其所传所弘的都是中国佛教。所以到了隋唐，佛教已为中国的，有别开生面的中国理论，求佛法者都到中国来。

佛教到隋唐最盛。佛教的势力所寄托，到此时也有转变。因此接着谈到它的自主性或独立性。主要的是，这时佛学已不是中国文化的附属分子，它已能自立门户，不再仰仗他力。汉代看佛学不过是九十六种道术之一；佛学在当时所以能够流行，正因为它的性质近于道术。到了魏晋，佛学则倚傍着玄学传播流行；虽则它给玄学不少的影响，可是它在当时能够存在是靠着玄学，它只不过是玄学的附庸。汉朝的皇帝因信道术而信佛教，桓帝便是如此。晋及南朝的人则因欣赏玄学才信仰佛教。迨至隋唐，佛教已不必借皇帝和士大夫的提倡，便能继续流行。佛教的组织，自已成为一个体系。佛教的势力集中于寺院里的和尚，和尚此时成为一般人信仰的中心。至于唐朝的皇帝，却有的不信佛教。高祖仅仅因某种关系而中止毁灭佛教。唐太宗也不信佛教，虽非常敬爱玄奘，但曾劝过玄奘还俗。玄奘返国后，着手翻译佛经，要求太宗组织一个翻译团体，太宗便拿官话搪塞玄奘，意思是你梵文很好，何须他人帮忙。据此，足见太宗对佛教的态度如何了。玄宗虽信佛教，可是信的是密宗，密宗似道教，实际上信道教才信佛教。唐朝士大夫信佛教的也不多，即有信者也对于佛学理论极少造诣。士大夫排斥佛教的渐多，且多为有力的分子。加以道教的成立，使阴阳五行的学者另组集团来反对佛教。儒教则因表现在政治上，和佛无有很大关系。因之佛教倒能脱离其他联系，而自己独立起来。另一方面，佛教这种不靠皇帝士大夫，而成独立的文化系统、自主的教会组织，也正为它的衰落的原因。即缘佛教的中心仅集中于庙里的和尚，则其影响外界便受限制。和尚们讲的理论，当时士大夫对之不像魏晋玄学之热衷；平民信仰佛教的虽多，然朝廷上下则每奉儒教，不以事佛为主要大事。这些实在都是盛极必衰的因子。本来佛学在中国的表现，一为理论，二为解决生死问题，三为表现在诗文方面的佛教思想。可是到了向下衰落的时候，理论因其精微便行之不远，只能关在庙里；而生死问题的解决也变为迷信。这时只有在文学方面尚可资以作为诗文的材料，韩昌黎虽然排佛不遗余力，倒尝采取佛学材料作些诗文赠给和尚。

最后谈到系统化。印度佛教理论，本来有派别的不同，而其传到中国的经典，到唐代已甚多。其中理论亦复各异。为着要整理这些复杂不同的理论，唐代的佛学大师乃用判教的方法。这种办法使佛教不同的派别、互异的经典得到系统的组织，各给一个相当地位。因此在隋唐才有大宗派成立。过去在南北朝只有学说上的学派（sect）。例如六朝时称信《成实论》者名成实师，称信《涅槃》者名涅槃师。而唐朝则成立各宗，如天台、禅宗等等，每宗有自己的庙，自己的禁律，对于佛学理论有其自己的看法。此外每一宗派且各有自己的历史，如禅宗尊达摩为祖宗，代代相传，像《灯录》里所记载的。这也表明每派不仅有其理论上的特点，而且还有浓厚的宗派意识，各认自己一派为正宗。此种宗派意识，使唐朝佛教系统化，不仅学术上如此，简直普及到一切方面。华严、天台、法相三宗，是唐朝最重要的派别。另一为禅宗，势力极大。天台、华严不仅各有一套学理，并且各有一个全国性的教会组织，各有自己的谱系。华严、天台、法相三宗发达最早。华严上溯至北朝，天台成于隋。它们原来大体上可说是北统佛教的继承者。禅宗则为南方佛学的表现，和魏晋玄学有密切关系。到中唐以后，才渐渐盛行起来。原来唐朝佛学的种种系统，虽具统一性，但是南北的分别，仍然有其象迹。唐朝前期佛学富北方的风味，后期则富南方风气。北统传下来的华严、天台，是中国佛学的表现；法相宗是印度的理论，其学说繁复，含义精密，为普通人所不易明了。南方的禅宗，则简易直截，明心见性，重在觉悟，普通人都可以欣赏而加以模拟。所以天台、华严那种中国化的佛教行不通，而来自印度的法相宗也行不通，只有禅宗可以流行下去。禅宗不仅合于中国的理论，而且合乎中国的习惯。当初禅宗本须坐禅，到后来连坐禅也免去了。由此也可见凡是印度性质多了，佛教终必衰落，而中国性质多的佛教渐趋兴盛。到了宋朝，便完全变做中国本位理学，并且由于以上的考察，也使我们自然地预感到宋代思想的产生。从古可以证今；犹之说没有南北朝的文化特点，恐怕隋唐佛学也不会有这样情形；没有隋唐佛学的特点及其演化，恐怕宋代的学术也不会那个样子。

唐太宗与佛教

中国佛教之全盛甚难确定在何时。但自冠达舍道之年，爰及武媚授记之日，我国人士取精用弘，宗派繁兴。隋代唐初，尤称极盛。唯佛教势力之增长，抑亦有赖于帝王之外护。唐初佛教依人君之态度言之，则既有武德末年之摧折，复因贞观文治受漠视。比之六朝帝王弘法之热烈，相去甚悬远也。

世颇有误以为唐太宗弘赞释教者。欧阳永叔亦惜其牵于多爱，复立浮屠（见《新唐书·本纪》）。但唐代诸帝中，太宗实不以信佛著称。睿宗时，辛替否上疏有曰：

> 太宗……拨乱反正，开阶立极。得至理之体，设简要之方。省其官，清其吏。奉天下职司，无一虚受。用天下财帛，无一枉费。……不多造寺观，而福德自至。不多度僧尼，而殃咎自灭。……自有帝皇以来，未有若斯之神圣者也。故得享国长久，多历年所。陛下何不取而则之。

及至武宗毁法，其诏书有曰：

况我高祖、太宗以武定祸乱，以文理华夏。执此二柄，足以经邦。岂可以区区西方之教，与我抗衡哉！

唐太宗不但未以信佛著称，而其行事且间有不利于释子者。武德末，傅奕致力诋佛，颇倾动一时观听。《法琳别传》作者之彦琮，亦认为当时“秃丁”之诮，闾里甚传，“胡鬼”之谣，昌言酒席（“秃丁”“胡鬼”均傅奕语）。高祖遂下诏沙汰僧尼，并及道士。凡“有精勤练行，守戒律者，并令大寺观居住，给衣食，勿令乏短。其不能精进戒行者，有阙不堪供养者，并令罢遣，各还桑梓。所司明为条式，务依法教。违制之事，悉宜停断。京域留寺三所，观二所。其余天下诸州各留一所。余悉罢之”。时武德九年五月也（此据《旧唐书》，《新唐书》作四月）。六月而高祖退位，太宗摄政，大赦天下，事竟不行。

太宗虽未行武德毁法之诏，但贞观初年，叠有检校。《续高僧传·明导传》，谓贞观初导行达陈州，逢敕简僧，惟留三十。导以德声久被，遂应斯举。又《智实传》曰，贞观元年敕遣治书侍御史杜正伦检校佛法，清肃非滥。又《法冲传》曰，贞观初年下敕，有私度者，处以极刑。（下文又曰，时峄阳山多有逃僧避难，资给告穷云。）又《法向传》曰，贞观三年天下大括义宁（二字原文如此）私度，不出者斩，闻此咸畏。得头巾者，并依还俗。其不得者，现今出家。观此则太宗即位之初，禁令仍严峻也。

自武德九年后，清虚观道士李仲卿、刘进喜猜忌佛法，恒加讪谤。卿作《十异九迷论》，喜著《显正论》。贞观中，释法琳乃作《辩正论》八卷以驳之。有太子中舍辛请著《齐物论》，破难释宗。慧净、法琳，又复作答。当时唐帝自谓为老子之后，故道士之气甚张。而常因定佛道之先后，致生二教争执。贞观十四年道士秦世英指斥《辩正论》，谓实谤皇室。帝下诏汰沙门，并下琳于狱按问。辩答往复，语极质直。其言有曰：

> 窃以拓跋元魏，北代神君；达阇达系，阴山贵种。经云，以金易鍮石，以绢易褛褐，如舍宝戈与婢交通，陛下即其人也。弃北代而认陇西，陛下即其事也。

后太宗降敕，谓汝所著论，言念观音者，临刃不伤。朕赦汝七日，尔其念哉。七日旦，复敕问。琳答曰，七日以来，未念观音，唯念陛下。又答曰：

> 但琳所著《辩正》，爰与书史符同。一句参差，甘从斧钺。陛下若顺忠顺正，琳则不损一毛。陛下若刑滥无辜，琳有伏尸之痛。

后太宗卒免其死，放之蜀郡。于道中卒，年六十九。（上见《法琳别传》）

又太宗尝临朝谓傅奕曰："佛道玄妙，圣迹可师。且报应显然，屡有征验。卿独不悟其理，何也?"（奕在贞观朝仍极力反佛。《广弘明集》八曰，贞观六年傅奕上疏，令僧吹螺，不合击钟。）奕曰："佛是胡中桀黠，欺诳夷狄。初止西域，渐流中国。遵尚其教，皆是邪僻小人，模写老庄玄言，文饰妖幻之教耳。于百姓无补，于国家有害。"太宗颇然其言。（上见《旧唐书·傅奕传》）

盖太宗衷心对于释教并无笃信。其讨王世充，尝用少林寺僧人。及破洛阳，乃废隋朝寺院，大汰僧人。（事载《通鉴》武德四年。《续高僧传·慧乘传》谓此事出于高祖敕旨。）武德中法琳著《破邪论》，上书太子建成，有曰，“殿下往借三归，久资十善。”而上秦王书中，则仅颂其文德，未言信佛。是盖太宗初不信佛之明证。及即皇帝位，所修功德，多别有用心。贞观三年之设斋，忧五谷之不登也。为太武皇帝造龙田寺，为穆太后造弘福寺，申孺慕之怀也。为战亡人设斋行道，于战场置伽蓝十有余寺。（见《法苑珠林》一百）今所知者，破薛举于豳州，立昭仁寺。破宋老生于吕州，立普济寺。破宋金刚于晋州，立慈云寺。破刘武周于汾州，立弘济寺。破王世充于邙山，立昭觉寺。破窦建德于郑州，立等慈寺。破刘黑闼于洺州，立招福寺。（参看《广弘明集》二八。又据《续僧传·明瞻传》，谓瞻对太宗广列自古以来明君昏主制御之术，兼陈释门大极以慈救为宗。帝大悦，遂敕断屠。行阵之所，置昭仁等七寺。）征高丽后，于幽州立悯忠寺。均为阵亡将士造福也。至若曾下诏度僧，想因祈雨而酬德也。（诏见《广弘明集》二十八，计度三千人，参看《续高僧传·明净传》。）贞观初年延波颇译经，或仅为圣朝点缀，但似亦有政治关系（说见下）。综计太宗一生，并未诚心奖挹佛法。此或在僧人之败德，道士如秦世英之进谗（见《法琳别传》。据宋敏求《长安志》曰，“龙兴观本名西华观。贞观五年太子承乾有疾，敕道士秦英祈祷获愈，遂立此观。”秦英想即秦世英，避太宗讳，除世字。《集古今佛道论衡》卷三，谓西华观秦世英者，挟方术以自媚，因程器于储贰云云。太宗想原颇信此道士）。但太宗所以抑佛者，亦有其理由：

（一）帝崇文治，认佛法无益于平天下。故贞观五年诏僧道致拜父母（见《续文献通考》），则仍以礼教为先。贞观二年语侍臣曰，梁帝好释老，足为鉴戒，“朕今所好者，惟有尧舜之道、周孔之教。以为如鸟有翼，如鱼依水，失之必死，不可暂无耳。”（见《贞观政要》卷六）贞观二十年手诏斥萧瑀（见《旧唐书》六三）曰：

朕以无明于元首，期托德于股肱。思欲去伪归真，除浇反朴。至于佛教，非意所遵。虽有国之常经，固弊俗之虚术。何则？求其道者，未验福于将来。修其教者，翻受辜于既往。至若梁武穷心于释氏，简文锐意于法门，倾帑藏以给僧祇，殚人力以供塔庙。及乎三淮沸浪，五岭腾烟，假余息于熊蹯，引残魂于雀鷇。子孙覆亡而不暇，社稷俄倾而为墟。报施之征，何其缪也！而太子太保宋国公瑀践覆车之余轨，袭亡国之遗风（瑀是梁武后人）。弃公就私，未明隐显之际。身俗口道，莫辩邪正之心。修累叶之殃源，祈一躬之福本。上以违忤君主，下则扇习浮华。

（二）帝虽亦自谓不好老庄玄谈，神仙方术（亦见《贞观政要》卷六），但自以为系李老君之后，故尝先道后佛。贞观十一年诏（见《法琳别传》）有曰：

至如佛教之兴，基于西域。爰自东汉，方被中华。神变之理多方，报应之缘匪一。暨乎近世，崇信滋深。人冀当年之福，家惧来生之祸。自是滞俗者闻玄宗而大笑，好异者望真谛而争归。始波涌于闾里，终风靡于朝廷。……遂使殊俗之典，郁为众妙之先；诸夏之教，翻居一乘之后。朕思革前弊，纳诸轨物。况朕之本系，出自柱下。……宜有解张，阐兹玄化。

总之，太宗所为，如为阵亡者立寺，如自称出中华望族，盖皆具有政治作用（参看《佛道论衡》卷三第八太宗对僧人语）。其于佛法，虽“非意所遵”，但仍未为傅奕、秦世英谗言所动而毁法者，则一，视之为“国之常经”，明主以不扰民为务；二，帝留心学问，旁及释典，亦常与义学僧接。如慧休，如慧乘，如明瞻，如智实，如法顺（均见《续高僧传》。法顺或因以神异显，故召见）。而最有名者，则为玄奘法师。

贞观十九年春，玄奘法师归自西域。凭绝人之毅力，博得西域各国之隆礼。其事功，其学问，其令誉，其风仪（太宗美法师风仪，见塔铭），均足欣动人君。然奘师初到，请立译场，搜擢贤明，上曰，法师唐梵俱瞻，词理通敏，将恐徒扬仄陋，终亏圣典。奘固请乃许。（见《续高僧传》）夫翻译佛典，六朝视为国之大事。遑论“二秦之译，门徒三千”（奘告太宗语），太宗知之已熟。而隋朝兴善上林之规式，犹近在人耳目。太宗果有心提倡，必不至拒奘所请。据此可知其对于译经，非有热诚。按贞观初年，波颇至自西突厥，朝廷曾为之立译场。审波颇初至，太宗适欲远交近攻，思联西突厥。波颇请得叶护信伏，或因此为太宗所垂青。而其译经时，《僧传》虽言礼意优厚，然时沙门灵佳即论其事曰，“昔符姚两代，翻经学士，乃有三千。今大唐译人，不过二十。”而道宣于《波颇传》，亦一则曰，“其本志颓然，雅怀莫诉，因而构疾”；再则曰，“人丧法崩，归傥斯及，伊我东鄙，匪昝西贤。”吾人观乎波颇译经之萧索，而应恍然于太宗谢绝奘师之请之故也。

太宗自征辽之后，气力不如平昔，有忧生之虑，遂颇留心佛法（见慧立《慈恩传》。太宗晚年并信方士药石）。亲制《圣教序》，敕令天下度僧尼（计一万八千五十人，但据辛替否“不多度僧尼”之言，此恐非确），均从玄奘之请也。又曾共师听《瑜伽》大意，论《金刚般若》，其兴趣似首在学问。崩御之年，数告法师曰，“朕共师相逢晚，不得广兴佛律。”是可知太宗晚年，因遭遇奘师，或较前信佛。但察其对于奘师所以特加优礼，实亦由于爱才。故曾两次请法师归俗，共谋朝政。此则劝人弃缁还素，与梁武帝之舍道归佛者，自迥不相侔也。

摄山之三论宗史略考

中华三论学，传之者鸠摩罗什，阐之者肇、影、叡、导，人才辈出，实极一时之盛。其后关中叠经变乱，加以魏太武毁法，学士零落，宗风不振。在南朝齐梁之际，斯学复起于摄山。栖霞僧朗谓得关河旧说，其师资已不可考。今日流行之传授说，绝不可信。摄山而外，当时固亦有弘宣三论者，唯仍以僧朗为重镇。继以止观僧诠、兴皇法朗，一变江南之学风。三论宗兴，成实式微，实由于摄山之学者。其重要自不在齐梁造像、隋代立塔下也。

一

世谓三论之学推文殊师利为印度始祖，鸠摩罗什为中国初祖。罗什传之道生，道生传之昙济，昙济传之河西道朗，朗传之摄山僧诠。诠之弟子有兴皇法朗，法朗盖中华三论宗之第六世；其嗣法者即嘉祥大师吉藏也。此说不知始于何时，然甚流行于日本。如凝然大德《内典尘露章》、《三国佛法传通缘起》，载罗什以后传统世系即如上说。

印度之传授，兹不详考。若罗什门下，深擅三论者当为僧肇、昙影、僧睿、僧导等。至若道生虽演空义，然在江南持顿悟佛性诸义，与《涅槃》契合，时人称之为“涅槃圣”（见《涅槃玄义文句》卷上）。其著述中，亦无三论章疏也。

至若昙济，据《高僧传》及《名僧传抄》，知其作有《六家七宗论》，叙罗什以后谈空者之家数，实为般若性空学者。然其学系得之于什公门下之僧导。导曾作《三论义疏》，就今所知，乃三论疏之最早者。昙济为河东人，年十三出家，住寿阳八公山东寺，为僧导弟子，至宋大明二年过江驻锡建业之中兴寺。其时道生在元嘉十一年早卒于庐山，距昙济至江南已二十四岁。二人异时异地，曾否谋面，已属疑问，师资相传，决无其事也。

河西道朗如谓为助昙无忏译《涅槃经》之人，则既非昙济弟子，亦不能为僧诠之师。昙济只知为僧导弟子，于宋孝武帝时，誉动京师。而河西道朗于北凉玄始十年参与译场时已称河西独步（见《祐录》十四）。而元嘉二十二年凉州僧人出《贤愚经》时慧朗（当即道朗）称为河西宗匠（《祐录》九《贤愚经记》）。是道朗为昙济之前辈，无反为其弟子之理。吉藏《涅槃经游意》中，谓“涅槃”译名宜存胡音，“此远述河西，乃至大济，皆同此说”云云。此中河西指道朗，大济即昙济（二人均有《涅槃》疏），嘉祥大师固明言济在朗后也。

至于谓助译《涅槃》之凉州释道朗为僧诠之师，则系因误解吉藏章疏中言而有此说。盖如《中论疏》卷一曰，河西道朗亦制《中论序》；卷八亦引河西道朗师义；《大乘玄论》卷三日，河西道朗与昙无忏共翻《涅槃》，作《涅槃义疏》。此皆指北凉之道朗也。而如《中论疏》卷四曰，大朗法师教周颙二谛；卷五曰，大朗法师关内得此义。则皆指摄山之朗即僧诠之师也。后人不察，竟指译《涅槃》之道朗即僧诠之师。实则僧诠受学之时，已当齐末梁初，上距译《涅槃》之年，已九十余载。河西道朗必至少寿百二十岁，乃可为僧诠师也。

二

僧诠之师实为僧朗，在摄山复兴三论之学。僧朗之师名法度。法度为黄龙人（江南人士谓燕为黄龙），僧朗为辽东人，二人故乡，盖相接近也。南齐明征君遁迹摄山，刊木架峰，薙草开径，披拂榛梗，结构茅茨（语见江总持《栖霞寺碑》）。法度南游，征君相与友善。将亡舍宅，请度居之。是曰栖霞寺。按当时有三法度：一何园寺法度，见于《高僧传》卷九《慧隆传》。一北魏法度，见于道宣《僧传·道登传》，谓登学于彭城僧渊，后与同学法度北行至洛。此与慧皎载北魏昙度之事相符，当是一人。（据《名僧传抄》载宝唱原书目录卷十七有“伪魏法度”）一摄山法度，即僧朗之师也。（《高僧传》有传，亦见《名僧传》第二十二）而度之师不知为何人。度备综众经，而不以义学见称。江总持碑谓其“梵行殚苦，法性纯备”。《慧皎传》曰，“时有沙门法绍，业行清苦，誉齐于度，而学解优之”。度信弥陀净土，讲《无量寿经》。故僧朗虽为其弟子，而三论之学似不出于度。关于僧朗之记载，以《高僧传》为最早。其文曰：

> 法度齐永元二年卒于山中（江总持碑谓在建武四年，未知孰是），春秋六十四。度弟子僧朗继踵先师，复纲山寺。朗本辽东人，为性广学，思力该普。凡厥经论，皆能讲说。《华严》、三论，最所命家。今上深见器重，敕诸义士，受业于山。

据此则慧皎作书时，朗犹在世。《高僧传》止于天监十八年，朗之死在此年后。江总持《栖霞寺碑》谓梁武帝敕人受学，在天监十一年。其文曰：

> 先有名德僧朗法师者，去乡辽水，问道京华。清规挺出，硕学精诣。早成波若之性，夙植尸罗之本。阐方等之指归，弘中道之宗致。北山之北，南山之南，不游皇都，将涉三纪。梁武皇帝能行四等，善悟三空，以法师累降征书，确乎不拔。天监十一年帝乃遣中寺释僧怀、灵根寺释慧令等十僧，诣山咨受三论大义。

栖霞寺创始于南齐永明七年。至天监十一年，仅有二十三年。据“将涉三纪”一语，则僧朗南止建业在立栖霞寺以前，或在宋末齐初。惟是否偕法度同来，则史书阙文，不可妄断。至隋时，吉藏章疏中数次言及僧朗事迹而加详。如《大乘玄论》卷一曰：

> 摄山高丽朗大师，本是辽东城人，从北土远习罗什师义，来入吴土，住钟山草堂寺，值隐士周颙。周颙因就师学。次梁武帝敬信三宝，闻大师来，遣僧正智寂十师往山就学。梁武天子得师意，舍本成论，依大乘作章疏。开善亦闻此义，得语不得意。

《二谛义》卷下亦有此一段而较详。其末曰：

> 梁武……本学成论，闻法师在山，仍遣僧正智寂等十人往山学。虽得语言，不精究其意。所以梁武异诸法

师，称为“制旨义”也。

《中论疏》卷五曰：

次齐隐士周颙著《三宗论》。……大朗法师关内得此义授周氏，周氏因著《三宗论》也。

吉藏所传，较梁释慧皎、陈江总持加详。而要点有三：（一）周颙从受学，因作《三宗论》。（二）梁武得其义而作疏。（三）朗之三论学，得之关中。日人境野黄洋于此均有卓见，然推断非全精审，兹分论之。

周颙受学，作《三宗论》，恐系虚构。周颙虽于钟山西立有隐舍，然实非隐士。其作《三宗论》，正官于建业。时有高昌郡沙门智林者，著《二谛论》，又注《十二门论》、《中论》，服膺空宗。闻颙将撰《三宗论》，与己意相符。但恐“立异当时，干犯学众”，因致书促其速着纸笔。（见《高僧传》卷八及《南齐书·周颙传》）书中有曰：

此义旨趣，似非初开。妙音中绝，六十七载（《南齐书》作六七十载）。理高常韵，莫有能传。贫道年二十时，便得此义。……窃每欢喜，无与共之。年少见长安耆老多云，关中高胜，乃旧有此义。当法集盛时，能深得斯趣者，本无多人。……贫道捉麈尾以来四十余年，东西讲说，谬重一时。其余义统，颇见宗录。唯有此途，白黑无一人得者。……檀越天机发绪，独创方寸。非意此音，猥来入耳。且欣且慰，实无以况。……

书中不但谓此义江左罕传，且称周颙立义出于独创。则谓周颙在钟山得其义于僧朗，的是谰言也。《三宗论》不知成于何时。按智林于宋明帝时至京师，周颙当时即亲近宿直。智林后还高昌，卒于齐永明五年。如《三宗论》作于永明中，僧朗当至建业不久。如在宋明帝时，则僧朗应犹未南来也。

梁武帝得朗义作疏，则或有其事，而不免夸大。盖梁武帝曾注解《大品经》（五十卷），所谓疏当即此。《祐录》载其序曰：

> 朕以听览余日，集名僧二十人，与天保寺法宠等详其去取。灵根寺慧令等兼以笔功。采释论以注经本。略其多解，取其要释。此外或据关河旧义，或依先达故语，时复间出，以相显发。若章门未开，义势深重，则参怀同事，广其所见。使质而不简，文而不繁，庶令学者有过半之思。

《大品经注》作于天监十一年（见《广弘明集》十九陆云《御讲波若经序》），正梁武遣僧十人从朗受学之时。而参赞之灵根寺慧令，江总持碑谓为十人之一。故所谓“关河旧说”，或即得之于僧朗者。盖吉藏屡言其宗承关河旧说。而智林书中则谓江南殊少传者。梁武帝作疏时，智林、周颙均已死，亦未闻别有精研关河旧说之人，则谓其所采得之于僧朗，似乎近理。但不能谓全因得朗义舍成论而作疏，如吉藏所传也。（梁武帝之书不传。其序中非难五时，则与吉藏之意合。）

至谓僧朗得三论之学于关中，则有可疑。而自后人误以河西道朗、辽东僧朗为一人后，且谓此学得之于敦煌郡之昙庆法师（见日人安澄《中论疏记》），而谓关河者乃关中与河西（亦安澄说），则为谬见。盖关河一语，本指关中。（如《宋书·武帝纪》“奉辞西旆，有事关河”，《范泰传》“关河根本动摇”，《南齐书》王融《求自试启》“汉家轨仪重临畿辅，司隶传节复入关河”，均可证。）关河旧说，即罗什及弟子肇、影诸公之学。僧朗于齐梁之际，复兴三论，其远凭古说，理无可疑，但系得之师传，抑仅就旧疏抉择发明，则不可考。智林致周颙书中谓关中旧有此义，后妙音中绝。则朗即有师授，不必即在关中。然吉藏屡次申言僧朗之学得自关中者，则别有用意。此不可不先稍明乎摄山三论之发达，及其与成实学者之争执。（上均参看境野氏《支那佛教史讲话》）

三

鸠摩罗什卒于晋义熙九年，其后四年而刘裕入关，又明年赫连勃勃破长安，此时前后又有西秦、后魏之争战，关内兵祸频繁，名僧四散。往彭城者有道融、僧嵩；止寿春者为卑摩罗叉、僧导；昙影、道恒遁迹山林；慧睿、慧观、慧严、僧业南住建业；道生早已渡江；僧肇又先夭折。长安法会之凋零，不可尽述。后在北魏，佛法惨遭法难，势甚式微。罗什之学传于江南者，一为《十诵律》，因僧业、慧询、慧观之奖挹，遍行南方，至唐中宗时始革；一为成实论，南朝义学，此号最盛，约可分为二系：一为寿春僧导，一为彭城僧嵩。综计南北朝研五聚者，泰半出寿春、彭城二系。导、嵩二师，俱在宋时。继之者有齐之柔、次二公，梁之开善、庄严、光宅三大法师，陈之建初、彭城二名德。成实之势力，弥满天下，而尤以江左为尤甚。至若般若、三论，罗什宗旨所在，则宋代殊少学者，显著事实，仅知僧导曾作《三论义疏》。中兴寺僧庆善三论，为时学所宗（见《高僧传·道温传》）。昙济作《七宗论》。般若虽稍多学士，而仍不如成论之光大。齐竟陵文宣王即已见当世大乘，陵废莫修，“弃本逐末，丧功繁论”（繁论谓成实论），故于永明七年令柔、次等，略《成实论》为九卷，八年功毕，使周颙作序。（详见《祐录·略成实记》）而周颙心向空理，故其序极叹惜当时之学风，曰：

> 顷《泥洹》、《法华》，虽或时讲。《维摩》、《胜鬘》，颇参余席。至于《大品》精义，师匠盖疏。《十住》（即《华严经·十地品》）渊弘，世学将殄。皆由寝处于论家（谓数论、成论之家），求均于弱丧。

梁武帝《大品经注序》所言，亦可与此相发明：

> 顷者学徒罕有尊重，或时闻听，不得经味。帝释诚言，信而有征。此实贤众之百虑，菩萨之魔事。故唱愈高，和愈寡；知愈希，道愈贵。致使正经沉匮于世，实由虚己情少，怀疑者多。

周颙服膺空宗，与时流异趣。其作《三宗论》，知立异当时，将干犯学众。可见当时般若正道之衰，而成实则直炙手可热。周颙造论，智林作疏，盖三论、成实相争之先导也。

然三论之兴，实由摄山诸师。僧朗未闻有著述，而于三论当有独到。僧朗之师法度已称“备综众经”，而僧朗则称“为性广学，思力该普，凡厥经律，皆能讲说”。其于博学外，必于教义有所开发，故梁武敕僧受业。有南兰陵萧眎者，亦朗之友人。陈江总持入栖霞寺，见有朗（僧朗）、诠（僧诠）二师、居士明僧绍、治中萧眎素图像（见江氏《入栖霞寺》诗），不知为何如人，然要一时名士。江氏《栖霞寺碑》曰：

南兰陵萧眎幽栖抗志，独法绝群。遁此兹山，多历年所。临终遗言，葬法师墓侧。

夫既命葬僧朗墓侧，其钦佩之忱可知。故摄山僧朗隐居摄山，虽数十年，然因重兴几绝之学，已为人所注目也。

且僧朗不但重振三论，抑并大弘《华严》。盖觉贤译六十卷，巨部罕有精者。宋代虽有法业、玄畅，以斯经驰誉，然隋唐华严大盛，且演为一宗者，则北方不得不归功地论诸师，南方亦颇得力于三论学者。摄山僧朗《高僧传》本谓其“《华严》、三论，最所命家”。《续高僧传》谓僧诠亦讲《华严》，法朗从之学。而嘉祥大师《华严经游意》，亦谓江南梁代三大法师，不讲此经。陈时建初、彭城亦不讲。建初晚讲，就长干法师（三论宗智辩也）借《义疏》。彭城晚讲，不听人问未讲之文。（按上五师均研成实，吉藏于此盖调之。）而讲此经，起自摄山（当指僧诠），实盛一时。其后兴皇法朗继其遗踪，大弘兹典。而嘉祥大师固亦曾讲《华严经》数十遍也。

僧朗虽一身有关于三论、华严二学之兴隆，然仍仅驰名山原，未履京邑。其时在都城为时所最重者，仍属他宗。如开善智藏，善《涅槃》而亦成实论之大家也。尝直上正殿踞法座指斥梁武帝，其睥睨一世之概摄，固非隐遁摄山者所能望也。僧朗之后，弟子僧诠仍隐摄山，居止观寺（止观寺是否即栖霞寺改名，不可考），因称曰山中师，又曰止观诠。初受业朗公（《二谛义》卷下曰，山中法师之师本辽东人），玄旨所存，唯明中观。遁迹幽林，禅味相得。（《续高僧传》卷九）其受学不知在何时。按《法华玄义释签》曾曰：

> 高丽朗公至齐建武来至江南，难成实师。……自弘三论。至梁武帝敕十人止观诠等，令学三论。九人但为儿戏，唯止观诠学习成就。

此言僧诠受学在天监十一年。然此段自据吉藏所传，而更有附益，非必事实。按据《高僧传》，法度卒于齐永元二年（或建武四年），僧朗继纲山寺，僧诠受业，当在此后，即齐末梁初也。诠公弟子数百，中有四人，称为“四友”，所谓四旬朗、领语辩、文章勇、得意布是也（《法华玄义释签》谓伏虎朗、领悟辩。四人外，诠弟子有慧峰，住栖霞寺，志研律部）。其所讲为《智度》、《中》、《百》、《十二门论》并《华严》、《大品》等经，当甚有声于时。道宣《僧传》，谓“摄山诠尚，直辔一乘，横行出世”，又谓“大乘海岳，声誉远闻”。其弟子兴皇法朗，再传弟子嘉祥吉藏，均常举山门义。（其后茅山大明法师承兴皇遗嘱，因亦称山门之致。参看《续传》十七《法敏传》。）如《二谛义》卷中吉藏引法朗说，而申明曰：

> 弹他释非，显山门正义。弹他者，凡弹两人。一者弹成论，二斥学三论不得意者（或指中假师之智辩）。

法朗曾作《中论疏》，又名《山门玄义》。其所谓“山门正义”者，当即承止观诠所说也。（按《二谛义》卷下，有曰，“今山门释者，即四节明并观义”。而解释四节，则引山中师说。可证山门义即诠义也。）山中师因号为摄山大师。（日人法澄《中论疏记》曰，“言摄山大师者，指道朗师，是根本故也”。不知何本。言道朗者乃指僧朗，以意度之，或不然也。）

止观僧诠，遁迹幽林，唯明《中观》。弟子法朗，先住山中，后住扬都兴皇寺。慧勇住大禅众寺。智辩住长干寺。自此而三论之学，出山林而人京邑。止观诠弟子慧布则继居山寺，亦为名僧。然布颇重禅悦，曾游北土，见邈禅师及禅宗二祖慧可，于栖霞请禅师保恭立禅众，而摄山学风丕变矣。法朗大师住扬都时，对于当世学说，想直言指摘，故《中论疏》有曰，“大师何故斥外道，批毗昙，排成实，呵大乘耶”。《陈书》载傅縡笃信佛教，从兴皇受三论。时有大心暠法师因弘三论者，雷同诃诋，恣言罪状，历毁诸师，非斥众学，爰著《无诤论》箴之。縡乃作《明道论》，用释其难。《无诤论》曰：“摄山大师诱进化导，则不如此，即习行于无诤者也”云云。此当叙僧诠也。又曰：“导悟之德既往，淳一之风已浇，竞胜之心，阿毁之曲，盛于兹矣”云云。此当叙兴皇及其党徒驳斥当时流行之学也。傅縡答曰：

> 摄山大师，实无诤矣。……彼静守幽谷，寂尔无为。凡有训勉，莫匪同志，从容语嘿，物无间然。故其意虽深，其言甚约。（上叙僧诠）今之敷畅，地势不然。处王城之隅，居聚落之内（此谓法朗在京内兴皇寺）。呼吸顾望之客，唇吻纵横之士，奋锋颖，励羽翼，明目张胆，披坚执锐，骋异家，炫别解，窥伺间隙，邀冀长短。与相酬对，犄其轻重，岂得默默无言，唯唯听命。必须掎摭同异，发摘玭瑕，忘身而弘道，忤俗而通教。

兴皇大师盖英挺之士。如《百论疏》曰，“大师每登高座，常云不畏烦恼，唯畏于我”，可见意气之雄杰。其所争辩，首斥者为成实。故傅縡论有曰，“成实、三论，何事致乖”。（据此语则大心暠法师，或成论家也。）而硕法师《三论游意义》曰，“成实论师云，三论师不得破成论；三论师云，得破也。”吉藏《大乘玄论》卷五，述其师读《中论》，遍数不同，形势非一，乃为略出十条。

此中第八为区分诃梨所造（《成论》），旃延之作（《婆沙》）。盖成实小乘，而托谈空之名，极易乱大乘中观之正义，一也。二则齐梁以来，成实最为风行，实三论之巨敌。周颙嫉之于前，法朗直斥于后。而三论之学，传至法朗，势力弘大。兴皇讲说，听者云会。挥汗屈膝，法衣千领，积散恒结，每一上座，辄易一衣。帝王（陈文帝）名士（傅縡以外，孙玚亦常听讲。均见《陈书》）所共尊敬。慧勇登太极殿讲说，百辟具陈，七众咸萃。凡此三论家之尊荣，之广布，因恐枝蔓，姑不具述。至是三论、成实，势均力敌，争斗之烈，迥异寻常。《续高僧传》载唐初灵睿在蜀弘三论，寺有异学，成实朋流，嫌此空论，常破吾心，将相杀害，可见倾轧之急。夫成论师，先既睥睨一时，对于复兴之三论，自力加排斥，指为立异。故法朗因不得不于斥破之外申明罗什之系统。故吉藏略出师意十条之六曰：

> 六者，前读关河旧序，如影、睿所作。所以然者，为即世人云，“数论前兴，三论后出”。欲示关河相传，师宗有在，今始构也。

《涅槃经游意》曰：

> 大师云，今解释，此国所无，汝何处得此义耶。云禀关河，传于摄岭。摄岭得大乘之正意者。

吉藏章疏破斥成论之处，指不胜屈。而一方又常引肇、影古说，以证其宗之出于关河。其《大乘玄论》卷三曰，“学问之体，要须依师承习”。《百论疏》卷一曰，“若肇公可谓玄宗之始”。（可见吉藏时，犹未以道生为三论宗初祖。）欲示三论之学，南国所无，故言周颙作论，梁武造疏，均得之僧朗，以明斯学为摄山统系所独得。欲示关河相传，师宗有在，故复言高丽大师传法关中，以征实其正统。学者须知宗派之兴，或出乎师承，或仅由自悟。而学说演进，忽创新说，虽凭借古德，亦由于思想发达，时会所趋，自有程序。于成实分析空论进而谈三论之妙有空，非无其故。研究宗义者，对于师资传授，不可执著，视为首要。而于杂以附会之宗史，亦自当抉出之也。

读慧皎《高僧传》札记

一、慧皎所据史料

梁释慧皎《高僧传·自序》于批评前人所作僧传十余家后，自谓尝以暇日，遇览群作，辄搜检杂录数十余家及晋宋齐梁春秋书史、秦赵燕凉荒朝伪历、地理杂篇、孤文片记，并博咨故老，广访先达，校其有无，取其同异。慧皎著书，可谓尽瘁。梁元帝亦尝自谓曾就慧皎道人聚书。（见《金楼子·聚书篇》）则皎书搜聚甚富。但慧皎用功虽勤，而所采录间似有误。惜其前史料丧失几尽，常无从考订。然慧皎以前僧史虽多亡失，犹可就本传自序及他处所引知其所据之史料为可。兹表列之于后：

《高逸沙门传》一卷，竺法济撰。

竺法济乃竺道潜之弟子，当即释道安之友人。居剡东峁山。《内典录》、《法苑珠林》均著录。《世说》《言语篇》、《文学篇》、《方正篇》、《雅量篇》注引之。

《志节传》五卷，释法安撰。

法安，东平人，曾随王僧虔至湘州，并南适番禺，后止建业中寺。南齐永泰元年卒。本传谓其曾著《净名》、《十地》论疏，并僧传五卷。慧皎自序中所谓“法安但序志节”一行，想即指此僧传也。僧祐《法苑集》卷六引其一段。见《祐录》十二。

《游方沙门传》，释僧宝撰。

本传有三僧宝，附见于僧钟慧次宝亮传中。此僧宝不知何指，往天竺者谓之游方。故《智猛传》谓“余历寻游方沙门，记列道路，时或不同”云云。则此实义净《求法高僧传》之类也。

《江东名德传》三卷，释法进撰。

《隋志》著录。慧皎序中谓法进通撰僧传，实则只叙江东一隅。慧皎《僧传》自宋以后亦于北方僧史叙述极略，此其大缺点也。

《宣验记》三十卷，刘义庆撰。

本书《安清传》引之，《法苑珠林》、《太平御览》、《广记》并引之。（宣又作冥）《初学记》鸟部《艺文类聚》鸟部引鹦鹉救火事，与《御览》羽族部同。

《幽明录》二十卷，刘义庆撰。

《隋志》著录二十卷，《唐志》著录三十卷。此书见引甚多。（如《世说》注、《法苑珠林》）《史通》言唐修《晋书》多取《幽明录》。

《冥祥记》十卷，王琰撰。

《法苑珠林》引此极多。据之与《高僧传》对校，则神异部《昙霍传》等全引《冥祥记》之文。《法苑珠林》并引王琰《冥祥记》自序。琰太原人南齐建元初撰《冥祥记》，《隋志》、《唐志》均著录，《太平广记》多列之，《御览》兵部虫豸部各引一事。

《益部寺记》，刘俊撰。

法琳《破邪论》下曰：淮南刘俊撰《益部寺记》。悛想即勔之子，齐武帝时为蜀郡太守。

《京师塔寺记》二卷，释昙宗撰。

宗宋孝武帝时居建业灵味寺，著《京师塔寺记》二卷。《隋志》著录谓撰者昙景，景字想即宗之讹，《僧传·安清传》引之，然言实不经。

《感应传》八卷，王延秀撰。

《隋志》、《唐志》均著录。延秀太原人，据《宋书·礼志》，泰始中为祠部郎。

《徵应传》，朱君台撰。

《唐志》有《徵应集》二卷无撰者姓名。《破邪论》曰：吴兴朱君台。

《搜神后记》十卷，陶潜撰。

《隋志》著录。《僧传·自序》称曰“搜神录”。

《抄三宝记》十卷，萧子良撰。

《内典录》著录。书分三部：一佛史，二法传，三僧录。

《僧史》十卷，王巾撰。

《长房录》、《内典录》均称齐司徒文宣王府记室王巾撰《僧史》十卷。《隋志》有王巾法师传十卷，想是一书。

《出三藏记集》十五卷，释僧祐撰。

今存。实为目录。其卷十三、十四、十五为僧传，共三十二人，泰半为传译者。《僧传》译经部多全取之。

《东山僧传》三卷，郗超撰。

据《僧传·支遁传》，东山者当即指郯之诸山，而所谓郗景兴之支遁序传，或即见于《东山僧传》中。

《庐山僧传》，张孝秀撰。

孝秀博涉群书，专精释典，于梁时与刘慧斐共隐庐阜东林寺。

《沙门传》三十卷，陆杲撰。

陆杲字明霞，梁武帝时为御史中丞义兴太守临川内史，素信佛，持戒甚精，曾舍宅为龙光寺，（见陆广微《吴地记》）著《沙门传》三十卷。

《名僧传》三十一卷，释宝唱撰。

宝唱受敕撰《名僧传》，成于天监十三年，凡三十卷，序录一卷。慧皎序文中虽未明言。然谓叙事之中，空引辞费，又谓前代所撰，多曰名僧。证以王曼颖致皎书，（见《僧传》末）实指唱作。按以上均见皎书序文中，论之较详，此下则搜检传文所得。多皎列其名未及多考。而谈理及无关史实者均不录。

而下列诸书慧皎是否均见及，则不可知矣。

《综理众经目录》一卷，释道安撰。

皎书安清支谶、竺慧调诸传均引及《安录》。

《安世高别传》。
《荆州记》，庾仲雍撰。
《安般守意经序》，康僧会撰。
《吴志》。

《康僧会传》谓会生自外域，故《吴志》不载。即陈寿所撰者。

《游履异域传》，释道普撰。
《历国传》四卷，释法盛撰。

《隋志》著录作二卷。

《佛国记》一卷，释法显撰。

见《隋志》，现存，原名《法显传》。

《游历天竺记》一卷，释法显撰。

见《隋志》，已佚。近人谓上列二书乃一书。然《白帖》引《法显记》二段，又《祐录》及《僧传》均载法显见迦叶事，均为《佛国记》所不载，则《天竺记》或别为一书，而《僧传》谓显别有大传记游，岂此事耶。

《历国传记》，昙无竭撰。
《外国传记》，释宝云撰。
《游行外国传》一卷，释智猛撰。

《隋志》著录。《祐录》及僧传均引猛见罗阅宗事。

《名德沙门赞》，孙绰撰。

《世说》注亦引之。

《名德沙门题目》，孙绰撰。

书名见《世说》注。《僧传》道安传中作名道沙、门论目，即此书也。于法开传有孙绰为之目曰云云，亦见于《文学篇》注可证也。

《道贤论》，孙绰撰。

《世说》注亦引之。

《喻道论》，孙绰撰。
《人物始义论》，康法畅撰。
《传译经录》，支敏度撰。

《开元录》等谓度作《众论都录》一卷。《别录》

一部。

《竺法乘传赞》，季颙撰。
《支遁序传》，郗超撰。

此当在《东山僧传》中。

《支遁铭赞》，袁弘撰。
《支遁诔》，周昙宝撰。
《于法兰别传》。
《人物始义论》，支僧敦撰。
《竺法旷赞传》，顾恺之撰。
《远法师诔》，谢灵运撰。
《远法师碑》，宗炳撰。
《众经录》四卷，释道祖撰。

《开元录》等著录。系续道流未成之作。

《致刘遗民书》，释僧肇撰。
《道生传》，王微撰。
《诸法师诔》，释僧静撰。
《僧诠碑》，唐思贤撰。
《僧诠诔》，张敷撰。
《昙鉴传赞》，张辩撰。
《法愍碑颂》，释僧道撰。
《七宗论》，释僧济撰。
《经目》，释僧宗撰。

《僧传》谓宗著《经目》及《数林》。据《长房录》，南齐有释王宗者撰《佛制名数经》五卷及《经录》二卷。依《祐录》，《佛制名数经》者，抄集众经，有似《数林》。则此王宗者，即昙宗也。查晋释昙邕姓杨名邕，因亦称杨邕，则昙宗或俗姓王欤。又苻秦赵整出家名道整。亦可证。

《昙隆法师诔》，谢灵运撰。
《道慧碑》，谢超宗撰。
《玄畅碑》，周颙撰。
《僧远碑》，王俭撰。
《僧柔碑》，刘勰撰。
《慧基碑》，江胤撰。
《智顺碑》，袁昂撰。
《宝亮碑》，周兴嗣撰。
《宝亮碑》，高爽撰。
《宝亮碑》，释法云撰。
《法通碑》，谢举撰。
《法通碑》，萧子云撰。
《赵书》，田融撰。

《佛图澄传》引之，作《赵记》。《世说》注亦引同一段。

《单道开传》，康泓撰。

王曼颖书有曰："康泓专记道开"，即指此。见《隋志》。《御览》引作"善道开"。

《志公碑》，王筠撰。
《志公墓志铭》，陆倕撰。
《智称碑》，弟子僧辩等立。
《僧祐碑》，刘勰撰。
《僧瑜传赞》，张辩撰。

王曼颖书中，所谓僧瑜卓尔独载。想即指此。

《超辩碑》，刘勰撰。
《慧弥碑》。
《昙翼碑》，孔逭撰。
《法献碑》，沈约撰。

又皎不称书名，而仅言记曰者甚多，均不知其所指。如《道安传》有"别记曰"云云。按《世说·文学篇注》，有《安法师传》及《安和尚传》，不悉"别记"指此否。又《世说·言语篇注》引《竺高座别传》，而皎书《帛尸密黎传》之首段与之大同，当即系征引别传者。又《僧传》于《世说》涉及沙门各条多采用，然《世说》之名则不见于《僧传》。

二、竺法护卒于何地何年

竺昙摩罗刹（法护）传谓晋惠西奔，关中扰乱，百姓流移，护与门徒避地东下，至渑池，遘疾而卒。此均据《祐录》原文。而疑未详校。兹就《祐录》所载《护译经序》及《后记》等，表列护历年所在地如下：

太始元年，在长安白马寺；

太康五年，在敦煌；

太康七年，在长安；

太康十年，在洛阳；

元康四年，在酒泉；

永康元年，不在洛阳；（此据《出贤劫经记》）

永嘉二年，在天水寺。（此据《普曜经记》）

查晋惠西奔在永安元年，其后四年乃为怀帝永嘉二年。则护于惠帝西奔之时后四年，尚在天水寺译经，自非死于惠帝之时。而洛都自元康以后，祸乱相寻。永宁元年，齐王冏等与赵王伦战于洛阳，明年长沙王义乂在洛与冏战，次年张方入洛阳，死者万计，次年为永安元年张方劫帝幸长安。夫元康四年，护已返陇右，而永康元年，护不在洛阳。则此后洛阳扰乱，护似无往东避地之理，且护世居敦煌，长安大乱应即西行。按西晋末关中人士，多避乱凉土，而道安《合放光光赞随略解序》，谓护译《光赞》浸逸凉土者凡九十一年，则凉土或护晚年所在地。而所译诸经，多藏于彼处也。

三、僧伽提婆之毗昙学

《昙摩难提传》谓难提译中增一二阿含，并先所出《毗昙心》、《三法度》等。而《僧伽提婆传》，谓难提出《毗昙广说》、《三法度》等。查难提译中增一二阿含，可以道安作《增一阿含序》证之，非误，然后亦均经僧伽提婆在江南更译修改。（此见《中阿含》传）难提译《三法度》，则《开元录》亦以之入难提录中。惟阿毗昙心据《祐录》所载，未详作者之序文乃道安令鸠摩罗提婆所出，而后僧伽提婆在庐山所更出者。至若《阿毗昙广说》，即《大毗婆沙》，据道安序，则僧伽跋澄所译，难提笔受，而后提婆在洛修正者。（见道慈《中阿含序》）此外尚有《阿毗昙》，即指唐译之《发智论》，则提婆住长安时所译。初忘其因缘一品，后在江南补译。（《八犍度》、《阿毗昙》、《根犍度后别记》）此三者均非难提所译者也。盖昙摩难提善阿含学，故《中》、《增一》及《三法度》为其所译。僧伽提婆善毗昙学，故《阿毗昙》及《广说》，及阿毗昙心制为其所译或修订。慧皎谓难提译《阿毗昙》等实误记。又释慧琳《道生法师诔》有曰：罗什大乘之趣，提婆小道之要。此即言僧伽提婆善小乘阿毗昙也。缘道生先游庐山，后至关中，提婆罗什，均曾面晤，故诔有是语。（诔见《广弘明集》）而《出三藏记》道生传，乃改为道生妙贯龙树大乘之源，兼综提婆小道之要。《百论》著者，乃视为小乘宗师，则更可哂矣。

四、鸠摩罗什年表

《鸠摩罗什传》曰：什以秦弘始十一年八月二十日卒于长安，是岁晋义熙五年也。又曰：什死年月，诸记不同，或云弘始七年，或云十一。寻七与十一字，或讹误。而《译经录》中，犹有十一年者，容恐雷同三家，无以正焉云云。按释僧肇《鸠摩罗什法师诔》曰：什以癸丑之年，年七十，四月十三日死于大寺，癸丑乃弘始十五年，即晋义熙九年。肇为罗什高足，其所记当不至误，而罗什年岁之证据，另有数事，均与肇说相符。

（一）《出三藏记》载《成实论》记曰：

> 大秦弘始十三年，岁次豕韦，九月八日，尚书令姚显请出此论，至来年九月十五日讫。外国法师拘摩罗耆婆手执胡本，口自传译，昙晷笔受。

据此则罗什至早亦死于弘始十四年九月十五日以后。而《僧传》十一年之说，实不可信。

（二）僧睿《喻疑论》，亦谓关中洋洋十数年中当是大法后兴之盛。按什以弘始三年至长安，如卒于十一年，则在长安不及十年。

（三）《祐录》又载《比丘尼戒本所出本末序》，谓龟兹有年少沙门，字鸠摩罗，才大高，明大乘学。考此戒本序，决为道安所作。戒本译于苻秦建元十五年，于其时什尚年少，今以年七十之说推之，则什时年三十六，亦无不合。

（四）《僧传》载月氏北山有一罗汉，谓什母曰：若什年三十五，不破戒者，当大兴佛法。今依肇说推之，则吕光逼什破戒，什年已四十一。亦与肇说不歧异。兹依肇说，略表什之年历如下：

晋康帝建元元年（343），什生于龟兹。

晋穆帝永和六年（350），什从母出家，时年七岁。

晋哀帝兴宁元年即秦苻坚甘露五年（363），什受戒，时年二十。

晋孝武帝太元四年即秦建元十五年（379），什年三十六。先是僧纯至龟兹，得《比丘尼戒本》，十一月译之。道安作《所出本末序》，称什年少，才大高，明大乘学。

晋孝武帝太元七年即秦建元十八年（382），什年三十九。苻坚遣吕光征西域。

晋孝武帝太元九年（384），什年四十一。吕光大破龟兹，逼罗什娶王女。

晋孝武帝太元十年即吕光太安元年（385），什年四十二，随吕光至凉州。

晋安帝隆安五年即后秦弘始三年（401），什年五十八，十二月二十日至长安。

晋安帝元兴元年即弘始四年（402），什五十九岁，二月八日译《阿弥陀经》一卷，三月五日译《贤劫经》七卷，夏始在逍遥园中之西阁，译《大智度论》，五月五日译《坐禅三昧经》三卷，十二月一日在逍遥园译《思益梵天所问经》四卷。

晋安帝元兴二年即弘始五年（403），什年六十。四月二十三日，始译《大品般若》。

晋安帝元兴三年即弘始六年（404），什年六十一。四月二十三日，译《大品》讫。十月十七日在中寺为弗若多罗度语，译《十诵律》。未成而多罗卒。是年又译《百论》二卷。

晋安帝义熙元年即弘始七年（405），什年六十二。六月十二日，译《佛藏经》四卷，十月译《杂比喻经》一卷，十二月二十七日译《大智度论》百卷讫。是年又译《菩萨藏经》三卷，《称扬诸佛功德经》三卷。昙摩流支至长安，什助之续译《十诵律》，前后成六十一卷。

晋安帝义熙二年即弘始八年（406），什年六十三。夏在大寺译《法华经》八卷，是年并在大寺出《维摩经》。于草堂出《梵网经》二卷，融影三百余人同受菩萨戒，又译《华手经》十卷。卑摩罗叉至长安。

晋安帝义熙三年即弘始九年（407），什年六十四。闰五月重校《坐禅三昧经》三卷，是年于姚显第译《自在王菩萨经》二卷。昙摩耶舍共昙摩掘多至关中，在石羊寺写出《舍利弗阿毗昙》原文。直至弘始十六年乃译之，其次年方讫。

晋安帝义熙四年即弘始十年（408），什年六十五。二月六日至四月三十日出《小品般若》十卷，是年又在大寺出《十二门论》一卷。佛陀耶舍至长安，与什共译《十住经》，耶舍在中寺译《四分律》，其时佛陀跋多罗，在宫寺授禅法。僧肇致书刘遗民，言及长安佛法之盛。

晋安帝义熙五年即弘始十一年（409），什年六十六。在大寺译《中论》四卷。

晋安帝义熙六年即弘始十二年（410），什年六十七。耶舍译《四分律》成六十卷。

晋安帝义熙七年即弘始十三年（411），什年六十八。九月八日姚显请译《成实论》。

晋安帝义熙八年即弘始十四年（412），什年六十九。九月十五日，译《成实论》讫，共十六卷。（凡什所译经未知译出年月者，均未列入此表。）

晋安帝义熙九年即弘始十五年（413），岁在癸丑，什于四月十三日薨于大寺，时年七十。

五、释道安与佛图澄

释道安师事佛图澄（安初随师姓竺后改姓释），听澄讲说皆妙达精理研测幽微。（见《澄传》）澄甚重安，而安公亦敬其师。其《道地经序》，叹师殒友折。《僧伽罗刹经序》曰：穷通不改其恬，非先师之故迹乎。《比丘大戒序》，谓至澄和上，戒律始多所正焉。而据《四阿含暮抄序》，安公以八九之年（七十二岁），曾自长安东省其先师寺庙，安公之于澄和尚，眷念亦可谓深矣。

《僧传》曰：太阳竺法济，并州支昙讲《阴持入经》，道安从之受业。然据安公《阴持入经序》及《道地经序》，支昙讲乃人名，并州雁门人，讲字不得作动字读。而《阴持入经序》，亦仅言二沙门，冒寇远集，诲人不倦，遂与折槃畅础，造兹注解云云，安公实不能谓为从之受业。

六、道安避乱之年

《僧传》谓安公先避难濩泽，遇竺法济支昙讲，顷之与法汰隐飞龙山。僧先（一本作光）道护，亦在彼山。后又至太行恒山，且至武邑。年四十五复还冀部。其后石虎死，石遵请其入邺，未久而石氏国乱，安公乃西去牵口山，王屋女机山等语。慧皎似谓安公遮难濩泽隐居恒山在石虎去世之前，实大讹误。道安《大十二门经序》言，《大十二门经》乃汉桓帝世安世高所出，安公所得之本，乃"嘉禾七年在建业周司隶舍写"。缄在箧匮，盖二百年矣。比丘竺道护于东垣界（在今正定县南）贤者经中得。送诣濩泽，乃得流布。查汉桓帝即位之初年，至石虎死年，亦不过二百有二岁。石虎死于晋永和五年，安公在濩泽，至早亦在永和三年。而道安经序，则谓在濩泽时，师殒友折。按佛图澄死于永和四年，则安在濩泽，已在永和四年以后。又慧远见安公于太行恒山，从之出家，当为永和十年（说见后），而安公逝于晋太元十年，年七十四（说见后），上溯至永和五年安公仅年三十八岁，亦与还冀部年四十五之说不合。故濩泽避难，太行隐居，均当在石虎死后，而其所谓避难，实避冉闵之难也。

七、道安年表

《高僧传》谓道安卒于晋太元十年二月八日（即苻坚建元二十一年），年七十二。（此据丽本。宋元明三本均无此四字，《太平御览》卷六五五引《高僧传》，有此四字。）此言不知何所本，然据《中阿含经序》，道安实约死于苻坚末年（即建元二十一年），而道安作《四阿含暮抄序》，及《毗婆抄序》，均有八九之年（即年七十二岁）之语。考其时约为建元十八年八月至十九年八月，如安公死于二十一年二月则实算七十四岁。兹依此为简表如下：

晋怀帝永嘉五年，道安生于常山扶柳县。

晋穆帝永和五年，年三十八。石遵请入居华林园，旋避难潜于濩泽。

晋穆帝永和十年，安公年四十三。慧远就安公出家，时安公在太行恒山立寺。

晋穆帝永和十二年，年四十五。还冀部，后又西适牵口山，王屋女机山，复渡河居陆浑（洛阳之南）。

晋哀帝兴宁三年，年五十四。慕容恪略河南，安公南投襄阳。〔查《僧传》及《世说》注均言事在慕容俊（儁）攻陆浑时，计之当在再前五六年，与安公在襄樊十五年之说不合。〕

晋孝武帝太元四年，年六十八。苻丕克襄阳。道安遂赴长安。计在襄樊十五年。（道安《比丘大戒序》及《般若抄序》，可参看。）

晋孝武帝太元七年，是年岁在壬午。八月东赴鄴，视佛图澄寺庙。

晋孝武帝太元之十年二月八日，卒于长安。实算年七十四。八月苻坚被杀，即秦建元二十一年也。

八、释慧远年表

《僧传》谓慧远卒于晋义熙十二年，年八十三。《世说》注，引张野远法师铭，亦谓其年八十三而终。然《广弘明集》载谢灵运远法师诔，则谓远公卒于义熙十三年，年八十四。二说未知孰是。惟《佛祖统纪》载《十八高贤传》，内言义熙十四年豫章太守王虔入山谒道昺，请其为山中主，用绍远公之席，则远确死于十四年前。《僧传》叙远事，常不依年岁先后，兹特略考定远公之年历如下：

晋成帝咸和八年，慧远生于雁门楼烦。

晋穆帝永和十年，年二十一岁，就安公出家，时安公在太行恒山立寺。

晋哀帝兴宁三年，年三十二，随安公南投襄阳。

晋孝武帝太元四年，年四十六，别安公东下，先止荆州，后在匡山，住南山精舍。（远公东下，传谓在秦建元九年，苻丕寇襄阳之时。但丕寇襄阳，实不在彼年。）

晋孝武帝太元十六年，年五十八岁，仍在南山精舍，其后乃居东林寺（不知在何年）。

晋安帝隆安三年，年六十六，桓玄道经庐山。

晋安帝元兴元年，年六十九，与刘遗民等共誓生西方。

晋安帝元兴三年，年七十一，与桓玄书，论拜俗及沙汰沙门。

晋安帝义熙元年，年七十二，安帝致远公书。

晋安帝义熙六年，年七十七，卢循过庐山相见。

晋安帝义熙十二（或十三）年，年八十三（或八十四）卒于庐山之东林寺。卜居庐阜，三十余年。（语见《僧传》。自太元四年至此为三十七八年。若依《僧传》本传言，慧远于建元九年已东下，则已四十余载，故建元九年东下之说误。）

九、僧肇致刘遗民书

僧肇致刘遗民书，《僧传》引其一段。（全文见《肇论》）述长安佛法之盛，言什法师在大寺（此据丽本他本作大石寺误）出经，禅师（佛陀跋多罗也）于瓦官寺授禅，三藏法师（佛陀耶舍）于中寺出律（四分），毗婆沙师（昙摩耶舍、昙摩掘多二人）于石羊寺出舍利弗胡本，按此段《出三藏记》亦引之，事在晋义熙四年。所谓瓦官寺者，实为宫寺之误，想即逍遥园，园中有西门阁（门或作明）。《僧传·罗什传》误作二处。参考《智度论记》又《开元录》谓罗什弘始八年在大寺译《法华》，又在草堂寺译《维摩》，实则草堂即大寺之本名。盖此寺中构一堂，缘以草苫，故名草堂，及至北周之初，此寺分为四寺：（一）仍本名，为草堂寺。（二）常住寺。（三）京兆王寺，后改安定国寺。（四）大乘寺（详见《长房录》及《内典录》）。

十、支昙谛

《广弘明集》，有晋丘道护支昙谛诔，言谛卒于晋义熙七年五月某日。《僧传》言谛卒于宋元嘉末，而列为宋沙门，误矣。

十一、佛图澄

传曰竺佛图澄者，西域人也，本姓帛氏。按《世说》注，引澄别传，曰不知何许人也。唐《封氏闻见录》，谓内邱县有碑。后赵光初五年所立也。碑云：大和上佛图澄愿者，天竺大国罽宾小王之元子。本姓湿。所言湿者，思润里国，泽被无外，是以号之为湿云云，均与传所说不同。

十二、魏太武帝毁法

魏太武帝在太平真君五年正月下诏令王公贵人不得私养沙门，违者沙门死，容止者门诛。(《魏书·释老志》载此诏书于真君七年误）同年九月而沙门玄高慧崇被杀，真君六年诏京城内不得瘗沙门，真君七年，太武因征盖吴，至长安，始下诏毁法，即宋元嘉二十三年。此则玄高昙始诸传，均可证也。但《玄畅传》，乃谓灭法在元嘉二十二年，实误记。又僧称昙始者，显即《魏书·释老志》之惠始。二书均言其号白足和尚，曾于赫连氏入长安时显大神通。而《僧传》乃又谓昙始曾于灭法之后，见太武帝，帝怒，欲死之。然剑不能伤，虎不敢近，帝愧惧，因复正教。实则据《释老志》，始早死于太延年中，叙述颇详，决为事实。且太武帝实无再兴正教之事，《僧传》之文，自系附会。

与胡适论禅宗史书

适之先生：

前在《现代评论增刊》中见尊作《菩提达磨考》，至为钦佩。兹寄上旧稿一段，系于前年冬日在津所草就。其时手下书极少，所作误略至多，今亦不加修正，盖闻台端不久将发表“禅宗史”之全部，未见尊书，不能再妄下笔。先生大作如有副稿，能寄令先睹，则无任欣感。

达磨“四行”非大小乘各种禅观之说，语气似婆罗门外道，又似《奥义书》中所说。达磨学说果源于印度何派，甚难断言也。

汤用彤

二八年七月十六日

大林书评

序

匡山寺有三林。一东林，远公所居。一西林，竺道生晚年于此注《法华》。一为大林，道信禅师留止十载，由是而入黄梅，遂下启东山法门。其于中华释教之重要不在东西二林之下。余多年讲席少暇，读书乃多在夏日。酷暑中常卜居于大林峰之左近。浏览所得，辄以笔记。暇时整理为评跋若干篇，兹复编集名为《大林书评》。时当丧乱，犹孜孜于自学。结庐仙境，缅怀往哲，真自愧无地也。

评《考证法显传》

《考证法显传》，日人足立喜六氏所著。此书利用多种版本，校合考订，成一定本，并且详加考证注解，附以地图多幅，其对于研究此书者，裨益实非鲜浅。近经介绍谓在《佛国记》的研究史上，可称为划出一新纪元之根本著作，此评语并非太过。即本书载有石田斡之助序，亦谓西洋人研究颇多错误，中国人著作又简略，今得足立氏此书出世，至为可喜。实在讲起来，自从法人Rémusat在一八三六年刊印其译注之后，到今年恰经一百年。此一世纪中东西洋研究此书者比中国人多，而且较有成绩。现在国内学界扰乱不安，读书无心，救国乏术，其学问前途之无进步，不问可知。吾人对于日人整理汉籍之新成绩，不禁愧杀。

足立氏此书校合日本现存各种古本，实与学者一极大便利，氏所根据之原本为北宋版东禅寺与开元寺本，而以石山寺写本以及丽本共五种作参证。北宋东禅寺本特异之点，在其中记叙傷夷国少十二字，毗舍离国少三百余字，狮子国少十三字。按丽本毗舍离国多放弓仗一段三百余字，初见于《水经注·河水篇》中所引之《法显传》。今北宋本既缺此段，丽本所多之三百余字系后人抄录《水经注》窜入，抑系北宋本印行时原有脱简，实为一问题。足立氏因北宋版最古，既缺此段，则余本多此一段谓系后来加入。其所陈理由，并不甚充足。如丽本叙傷夷国事曰：

> 傷夷国僧亦有四千余人，皆小乘学，法则整齐。秦土沙门至彼都，不预其僧例（自秦字下十二字北宋本所无）。法显得符行堂公孙经理，住二月余日。

按此谓傷夷国戒律整齐，中国沙门来，不能入其僧伽，受供给。法显到此，幸而有符公孙之经理，而得住二月余。北宋版缺“不预僧例”一句，遂使人不能明了何以法显须受符公孙之供给。因此北宋本缺此十二字，实是刊印脱误，并非丽本（及他本）刊行时此十二字自他处窜入也。（叙狮子国丽本多十三字，文义亦较完足。）盖版本年代甚早，固有价值。但版本之善否，不能全依年代断定。按丽本（即高丽新雕本）源出于北宋官版，并且曾与丹本等校勘。据今日所存守其的校勘记说起来，其工作时颇为审慎。故丽本之佳良，实应不下于北宋东禅寺刊本也。因此作者校勘多以所见之北宋本为主，未见其甚确当也。

作者虽不能于《法显传》所有之问题一一详加解答，材料搜集亦稍见遗漏，但其考证上常有创获。而其谓法显海行归国后曾在京口夏坐，再往建康，则为全书最新颖处。然吾人于此，不能完全赞同。按《法显传》原文叙其将着陆时情形曰：

> （上略）昼夜十二日到长广郡界牢山南岸，便得好水菜。但经涉险难，忧惧积日，忽得至此岸，是藜藿依然，知是汉地。（中略）此青州长广郡界，统属晋（晋一作刘）家。（中略）太守李嶷敬信佛法，闻有沙门持经像泛海而至，即将人从至海边迎接经像，归至郡治。商人于是还向扬州。刘法青州请法显一冬一夏。夏坐讫，法显远离诸师久，欲趣长安。但所营事重，遂便南下向都，就禅师出律（此据北本宋版，他本律作经律，似较妥）。

作者据《通鉴》一一六卷，义熙八年九月庚辰（十三日）以道怜为兖、青二州刺史，镇京口，适在法显归来之后；又因刘道怜可称为刘兖州（但《通鉴》同卷所言之刘兖州系刘毅从弟藩，足立氏谓系道怜，非也），似可称为“刘兖青州”，而上文“刘法青州”云云，法字乃沇字之误，沇字与兖通；故刘法青州请住一冬一夏者，乃指道怜也。因此作者断定法显于义熙八年七月十四日到北青州后，复由海道南下（参看原书附图五），至京口得见道怜。明年夏坐讫，乃至建康（时已九年七月）。此说虽辩，但仍有疑点：（1）

法显经涉险难，忧惧积日，甫得着陆，方庆更生，何堪仍循海路南下。(2) 传云，法显夏坐后，“欲趣长安，但所营事重，遂便南下向都”。夫京口在建业之东稍偏北，似不能曰“南下向都”。又法显如先已自山东境南下至京口，乃忽欲趣长安，亦甚可怪。按法显归国后首次夏坐不在京口，实在彭城。《水经注·泗水篇》云：

> 又东南过彭城县东北。泗水西有龙华寺，是沙门释法显远出西域浮海东还持《龙华图》首创。此制法流中夏，自法显始也。其所持天竺二石，仍在南陆东基堪中，其石尚光洁可爱。

此故事虽不可尽信，但郦善长上距法显之世不远，约百年有余，所记不能全属子虚。据此，法显在牢山上陆后，必系由陆路南下，道过彭城，并在此逗留颇久，因而有故事之遗传。又按《宋书》五十一《刘道怜传》，谓道怜于义熙七年加北徐州刺史，移镇彭城。合以《通鉴》所载，则道怜七年在彭城，至八年九月十三日奉命为兖、青州刺史，至早在此月后，移镇京口。而法显则疑于八年七月中在长广郡。郡守李嶷或即李安民之祖父（安民幼在山东，且信佛法）。自刘裕收复青、徐州后，北方倚道怜为重镇，李嶷或原为刘家部将，彼既见法显，因资助其南往彭城见道怜。其时道怜尚未南去，因留供养（或即住于龙华寺）。及道怜去后，刘怀慎以辅国将军监北徐州诸军事，镇彭城（《宋书》四十五）。此地仍属刘裕势力范围（故传文谓统属刘家，亦是实录），自有人资给。而彭城西通关洛（刘裕义熙十三年即自彭城西进伐秦），法显在彭城安居之暇，徘徊歧路，故欲西趣长安，亦与事势相合。但因彭城以南，均属晋土，自此发迹下都，其事顺便，故于九年遂南下，约在秋冬之际到达也。（按道怜在义熙十一年，始解兖、青刺史。而依作者意，《法显传》作于十年，书中称道怜为“刘兖青州”，固亦无不可也。）

本书印刷精美，而标点甚多错误。例如下：

（页四一）非夫弥勒大士继轨释迦，孰令三宝宣通。（句）边人识法（无标点）固知冥运之开。（句）本非人事，（读——下略）

（页二六九）是以不顾微命，浮海而还。（句）艰难具，（读）更幸蒙三尊威灵，危而得济。

凡此类句读错误，疑非均由于手书之疏忽（原书每句下空一字，上文“通”、“开”二字下皆然）。此虽细事，但此书主旨原在校勘，于标点似亦不应轻率也。

（录自《微妙声》第三期）

评日译《梁高僧传》

——日本《国译一切经》《史传部》第七

梁慧皎《高僧传》近经常盘大定博士译为日本文，去年（昭和十一年，一九三六）十一月出版。缘数年前日本学者发愿先将中译佛经重译为日本文，费时七年而即完成，称为《国译一切经》。近又拟将中国撰述择要译出，并附以注释，以便彼邦人士之研读。常盘博士为东陆研究中国佛教史学者之泰斗，今此《梁高僧传》乃其所译，应甚佳妙。其译文如何，吾辈华人，可勿置论。其注释据言系学士龙池清所助成。翻阅一过，疏漏极多。或常盘博士因年高未亲加指导，因之所采材料，所考事实，所用版本，均有问题。不似中国佛教史专家研究有得之作。故注释方面恐于初读此书者益处甚少。

为史传作注释，引用材料可详可略。略则尽可将相关之记载择要列出，而只记其卷数，以备学者之自行参订。如《高僧传》开首《摄摩腾传》，其相关之记载应列入者有：（一）《弘明集》牟子《理惑论》。（二）《祐录·四十二章经序》。（三）《广弘明集·笑道论》所引之《化胡经》。（四）袁宏《后汉纪》十。（五）范晔《后汉书》卷百十八。（六）《珠林》十三引王琰《冥祥记》。（七）《祐录》二所记。（八）陶弘景《真诰》卷九。（九）《佛道论衡》等所引之《汉法本内传》。（此外《水经注》、《伽蓝记》等较略之记载，但亦重要，似亦可言及）。今观常盘氏书之注，只译录《四十二章经》及《佛祖历代通载》各一段。按《通载》所言系节取《法本内传》之文，注释内应提《内传》，俾读者知其说之所从出。或应径引《内传》而不言《通载》，以免枝蔓。又《高僧传》所载永平求法事迹，与王琰《冥祥记》所载最相同，而与《祐录》二、袁、范诸记颇有不同。今此注仅录《经序》，而于他书概不列出，既不能显求法事传说分歧，又不能示《梁传》所载最早见于何书（依大体言，传所记出于《冥祥记》者多，而根源《经序》者少）。据此，则本书此处注释实甚陋略。

为史传作注释，如欲求详，则可择录相关记载之文，或并加以考订。常盘氏之书颇具此意，然其疏略实甚可惊，如于白马寺则只注言《佛祖通载》谓以白马载经，故以名寺。但此可补充之点有四：（一）白马载经之说，实早见于《伽蓝记》。（二）白马寺之名已见于西晋竺法护《魔逆经记》（《祐录》七）。（三）马绕塔之说已见于《牟子》。（四）《名僧传抄》称摩腾住兰台寺，不言其为白马寺僧。又如于竺法兰译经则只注曰《房录》，谓其亦译有《二百六十戒合异》二卷，按此可商之点亦有三：（一）《二百六十戒合异》，据《祐录》十一所载之序，乃竺昙无兰所作，人乃西晋人，书乃会译。注者毫不加察，而妄引《房录》。（二）《祐录》无竺法兰，只言及摩腾译经。（三）《冥祥记》等亦无竺法兰之名，据今所知，《名僧传》始有此人。此上所言均在常盘氏书第一页中，其错误失考之处乃如此，吾人不必翻毕全书而知其无当于用也。

本书于地名类加以今释，然常有讹误。兹仅择录数条于下：

（一）广州　广东省番禺县，今之广东。（页三）

交州　广东省番禺县。（页二五）

交趾　法属安南河内西方地方。（页十）

（二）彭城　江苏省沛县。（页三五）

徐州　江苏省铜山县。（页六一）

（三）雍州（京兆新丰）　湖北省襄阳县。（页六九）

（四）中州（刘元贞）　山西大宁县。（页八四）

（五）飞龙山（道安在河北时所住）　湖北省麻城县北三十里。（页九九）

（六）高昌（西域）　江西省吉安县西五十里。（页四八）

（七）东莞（山东）　广东省东莞县附近。（页一〇七）

本书之首有《梁高僧传解题》，当为常盘博士所自作，其中所论并少佳义，而且需补充之处颇多，略记于下：

（一）论《高僧传》所用材料，常盘氏不知法安所作名《志节传》（《祐录》十二引其名）。法进所作名《江东名德传》（《隋志》）。

（二）混宋临川康王义庆与康泓为一人。

（三）田融《赵书》本皎序所谓之“荒朝伪历”，乃以为是“孤文片记”。

（四）作《东山僧传》之郗景兴即郗超。而页一〇九所列超之著作无此书，似不知景兴即超。

（五）因慧皎与王曼颖书中有“君白”云云，乃误以君白即慧皎之字。

（六）论《僧传》资料中漏略极多。

常盘博士于译时所依版本为《高丽藏》，但丽本之误字每失于校正，略举数例于下：

（一）页一六，宋元明本之“化道周洽”，乃依丽本作“周给”。

（二）页二九，三本之“王女为尼”，依丽本作“王子为尼”。

（三）页七〇，三本之“每禅观七日不起”，依丽本作“游观”。

（四）页一七〇及一七五，三本作“法瑶”，依丽本作“珍”。而页三三二，即依丽本亦作“瑶”。

（五）页二三五，三本之“西域人来此土”（应指南方），依丽本作“北土”。

按日本人士为发扬国光，开始翻译中文一切经，进行极速。举众多之人才与财力以赴之，务克期而成书。而于常盘氏之译注则在广告中特为宣扬，然其结果乃大失人望，是诚欲速不达，世之著述者可以鉴矣。

（录自《微妙声》第八期）

《唐贤首国师墨宝》跋

《唐贤首国师墨宝》，有正书局于民国十一年用珂罗版印行，系法藏大师致新罗法师义湘书。《三国遗事》亦载之，墨迹字之不可辨者，颇可用以订正。且《遗事》并载有别幅，附原书之后，为《墨宝》所未有。文曰：

> 《探玄记》二十卷，两卷未成，《教分记》三卷，《玄义章》等杂义一卷，《华严梵语》一卷，《起信疏》两卷，《十二门疏》一卷，《法界无差别论疏》一卷，并因胜诠法师抄写还乡。顷新罗孝忠遗金九分，云是上人所寄。虽不得书，顶荷无尽。今附西国军持澡灌一口，用表微诚，幸愿检领。谨宣。

书中所谓“和尚章疏”，指其师智俨之《华严经搜玄记》；“勒成义记”，系《华严经探玄记》。据别幅所言，则二十卷中，寄书时尚有两卷未成。法藏致书不知在何年。墨迹年岁磨损不可读。据浮石本碑，湘武德八年生，龙朔元年入唐，其后七年即总章元年，其师智俨迁化，咸亨二年湘还新罗（上见《三国遗事》），其离长安或在此前一年。书中谓别来二十余年，是致书应在则天长寿岁之后。别幅中之《华严梵语》当系译八十卷本时所作，则致书最早亦在圣历二年也。

义湘，《贤首国师传》并《义天录》作“义想”，《墨宝》元人十二跋从之。惟《宋僧传》、《三国遗事》、《东域录》均作“义湘”。《宋僧传》谓为鸡林府人，出家后于永徽元年与元晓同伴欲西来，至高丽，有难而返。龙朔元年，又相与浮海至登州，终俱趋长安。元晓就玄奘法师受学。义湘在终南山至相寺，就智俨三藏综习《华严经》，盖与康居沙门法藏同门也。

智俨实中国华严宗之创始者也。华严无尽缘起、十玄门、六相圆融、五教分齐之说，据《华严经传记》所载，似均出于智俨。《传记》法藏所撰，经其门人稍加修治者。法藏乃智俨门人，其说当较晚唐圭峰宗密推杜顺为初祖者为可信。盖智俨虽因神僧杜顺之请而出家，然学华严则在至相寺智正法师所。智正广学善讲，而社顺则未尝以义学见称。后世所传之杜顺撰述，道宣《续高僧传》及《华严经传记》皆不著录。道宣尝在终南山，与杜顺所居（长安南义善寺）不远。《续传》终于贞观十九年，上距神僧卒年只五载，而不言顺曾著书，可见其不确也。

隋代唐初中国佛教多新兴之宗义：曰三论宗，高丽慧灌、百济观勒传之日本。日天台宗：传者新罗有玄光，高丽有波若。曰戒律：新罗有慈藏弘之。曰法相宗：传于新罗者首推元晓。至若《华严经》之研究，盖亦起于萧梁之末。在南方三论学者，摄山相承，并讲大经；北土地论师人，更精研斯典。地论元匠慧光僧统之后裔有昙迁法师者，先学北之地论，后开南之摄论，而且究心华严者也。智正似即迁之高足，其学亦兼涉摄论华严二者。当时华严与摄论唯识之学，盖互有密切之关系也。玄奘门下，唯识之学，可分为二大派：一为慈恩基师，一为西明圆测。圆测属新罗王族，立学与华严实相近。而元晓亦著华严章疏颇多。基之弟子淄州沼，尝驳西明门下道证之说。道证亦有疑为新罗人者。而其后有新罗太贤，著述亦不废圆测之学，故在海东，法相宗盖亦深有契于华严宗义也。

隋末唐初，海东之来华者，深注意华严之教。慈藏法师游于五台山。五台相传为文殊道场，贤首宗名山也。慈藏之来谓已慕华严教化。慈藏归后，不久而义湘偕元晓入唐。二人均重华严。又至相寺智俨十圣弟子别有智通者，亦新罗人（见《法界图记丛髓录》卷上之一）。或华严已为东方当时所风尚也。义湘归国后，常往太伯山浮石寺（海东之人故称之曰浮石尊者），为新罗文武王所重。其著述见于《义天录》、《东域传灯录》、《宋僧传》者颇多，现存者亦有数种。敷扬华严，相传颇著灵感。而法藏致湘书中有曰："是知如来灭后，光辉佛日，再转法轮，令法久住者，其唯法师矣。"推崇可谓备至。夫华严经典虽源出天竺，行于于阗，但贤首宗实震旦之学。法藏为西域康居人，义湘为海东新罗人，共学于中国天水赵氏至相和尚之门。其后法藏在华推为华严三祖，而湘谓是海东华严初祖，诚异数也。虽"烟云万里，海陆千重"，而两师间犹复互相投赠，深致拳拳。此《墨宝》者不但书家所欣赏爱玩，吾人读此，缅怀旧日一大事因缘，亦应为之低徊不已也。

（录自《微妙声》第三期）

矢吹庆辉《三阶教之研究》跋

三阶教由信行禅师开创。魏州信行，生于梁武帝大同六年，终于隋文帝开皇四年。后其教流行国中，虽经隋唐二代四次敕断，仍绵延约至四百年，教籍且远传入高丽、日本。有宋初叶，乃渐绝响，并其名亦湮没不彰。迨信行死后一千三百三十二年，而日人矢吹庆辉所撰《三阶教之研究》出世。矢吹氏盖因悉莫高窟古卷之散在伦敦、巴黎、北平、日本者，中有三阶教之残卷，遂两次往欧洲抄集，复广搜我国典籍中之史实，勒成此书。除强半叙教史教义外，并附印敦煌残余及日本所存三阶教籍之全部，合订一巨册，都六百余纸，可谓美矣备矣。

书中详述武则天时《大云经谶》事，极饶兴味。但与三阶教毫无干系。盖谓《开元录》"天授立邪三宝"之语系指《大云经谶》，著者实误解原文。缘《开元录》卷十八《伪经》中著录三阶撰述，而谓此宗："即以信行为教主，别行异法，似同天授，立邪三宝。"夫天授明即提婆达多，破释迦僧伽之人，非指则天年号。况唐朝人民无直斥武后之理。即如下文"我唐天后证圣之元"云云已可证。提婆达多别行异法，据法显、玄奘所传，自晋及唐，印土尚有信者，则所谓"邪三宝"也。书中并录大英博物院藏敦煌写本一卷，乃疏《大云经》弥勒授记事，卷首残缺，不省书名及作者姓名。按《东域传灯录》，载《大云经神皇授记义疏》一卷，则此书或原标是名。又其疏末有来年正月癸酉朔之语，矢吹氏谓是咸亨元年，岁在癸酉。然此自系天授二年，其正月朔日，恰为癸酉。按载初元年七月沙门薛怀义等表上《大云经》。至九月九日武则称帝，改元天授。此残卷之作正在斯年，或亦怀义等之所表上也。

书中详叙信行弟子，而未载灵琛。琛俗姓周，弱冠出家，即味大品经论。后遇禅师信行，更学当机佛法，居相州慈润寺。（《八琼室金石补正·慈润寺故大灵琛禅师灰身塔铭》）相州为信行早年所在地。慈润寺为唐慧休住寺。武德中，玄奘曾游相州从休学。灵琛则于贞观三年卒于慈润寺，是玄奘或得见之。又三阶教居士除裴氏有数人外，又有管氏。唐万安令管均卒于乾封元年，其子僧嗣泰在调露元年收骨起塔于终南山鸦鸣埠禅师林左。管真卒于显庆四年，亦同时在同处起塔。二人均城阳人，显属一族（墓志皆载《八琼室金石补正》）。三阶教僧死后恒葬于信行塔侧。（事不知起于何时。宋张茂中《游城南记》之续注谓始于裴行俭妻，非是。）则管均、管真、嗣泰皆服膺信行之教者也。（又《续僧传》载禅师慧欢卒于大业六年，遗命舍形寒林，并葬梗梓谷。均三阶僧送死常例。慧欢亦姓管氏。但传又言为京兆云阳人，系慧崇弟子，则恐非与管均等同族同信仰也。）

建无尽藏实始于梁武帝。《祐录》十二谓皇帝造《十无尽藏记》是也。至嘉祥大师尝用财施充十无尽藏，委付昙献，资于悲敬。而唐玄琬亦撰有《无尽藏仪》。据《南海寄归传》，善遇法师曾在齐州营无尽藏食供养无碍。所受檀施成随喜舍。吉藏、玄琬，俱一时名德，善遇乃义净之师，均非三阶教徒，可知无尽藏固一时风尚也。至于玄奘弟子神昉，确与三阶教有关。大英博物馆藏有上元三年（系高宗时）《法华经》写本，校者有慈门寺无及、化度寺法界，均三阶寺僧。阅者有太原寺嘉尚、慧立，皆玄奘弟子。慧立，《宋僧传》谓为魏国寺沙门，按此即崇福寺，原名太原及魏国。《开元录》亦言慧立高宗时为太原寺主。嘉尚之在斯寺无考。法相名宿固亦曾共三阶教人校阅写经也。

（录自《微妙声》第三期）

评《小乘佛教概论》

《小乘佛教概论》，系高井观海所著，昭和三年（民国十七年）日本京都山城屋出版。全书共二十章，分叙小乘根本上座、大众二部及其支派十八部之略史与学说。第一章绪论，末章结论，第二、三、四章述根本二部之分裂，第五章至十一章分述大众二部之教义，第十二章至第十九章分述上座部之说一切有部等之学说。其部分大体上依中译《异部宗轮论》、《部执异论》、《十八部论》、《文殊师利问经》等，故本书后附有此一经三论异译对照，颇便学者之研寻。按小乘佛教各派虽为东西洋学者所甚注意，但综合之叙述不得不首推此书。

本书所用之材料，纯采中土汉文及日本所传。其间引巴利文及西藏文书籍，则本于榊博士（《异部宗轮论讲义》）及岛地大等

(《佛教研究法》)诸人之著作。高井氏未直接研究原来巴利文西藏典籍,故未能充分利用一切原料。例如巴利文《论事》(*Katha Vatthe*)一书,记载小乘(并及大乘)各派宗义颇繁,于每一异执均引上座分别说之主张,加以辩难,不特可见上座此派之理论,且可推知各不同宗义之根源。高井氏之书,只引《论事》一次,并语焉不详(页十九)。又梵文《大事》(*Mahavathu*)一书,本属说出世部律藏,其中所载,不但可以考见此派之学说,并尤可见由小趣大之一种线索(如佛陀说,如十地说),高井氏于此书则未言及。至若中土汉文佛典中可取之材料,亦遗漏甚多。如于一切有部则不但未采用《婆沙》、《显宗》、《正理》诸巨著,即此部简明纲要书籍,如《心论》及《杂心论》,亦未整理加以略述。此书遂于保存最完全之小乘宗派,只陈述十二页,故即"一切有"一义,亦未见发挥,而此宗学说前后之变迁更未论及矣。

叙述小乘佛教各宗派最难,而最须注意者有二事:一为各部学说之不同,一为诸部间变迁之线索。就各宗之异义研究,则旨在显其特殊之精神,如迦旃延执一切有,则言一切法三世有皆有自性;经部反一切有,则主一切法非三世有而蕴处假界实,因此而二宗对于心色不相应行等各有自成系统之理论。就部执间之线索言之,则旨在表明佛陀教化之一贯精神,如一切有部言一切诸法皆有自性,大乘方广主一切诸法皆无自性,言虽径庭而义实相成,盖谈有谈空,固均发挥佛陀三法印之玄趣也。近代学者往往特别注重佛教各宗之不同,而诸部遂似为互相凿枘之派别,而不能窥佛法全体之真相。玄奘法师上高昌王表有曰:"双林一味之旨,分成当现二常;大乘不二之宗,析为南北两道。纷纭争论,凡数百年。"其于中国佛教之分派,至为痛惜,然及其周历印土,广习异义,归国所携经论,所译佛典,大小诸宗兼备,可见奘师于中土学派之纷纭虽所不满，而于天竺各宗，仍认其俱为佛陀精神之表现也。高井氏之书，取材未广，陈义欠精，然用功已称甚勤，但若以上述二事绳之，则既不能于各部均显示其特点，又不能就佛法全体上明诸异说之根源，则小乘佛学整个面目之陈露，实犹待于后人之继续尽力也。

（录自《微妙声》第三期）

评《唐中期净土教》

《唐中期净土教》，塚本善隆著（昭和八年十二月东方文化学院京都研究所报告第四册）。本书乃著者在东方文化学院京都研究所研究隋唐净土教所得结果之一部分，系以法照为中心，叙述唐中期之净土信仰。全书分为十二章：首章论中国佛教之性质与净土教，次三章略述代、德二宗时佛教之情形及净土教之发达，次二章《法照传》之研究，次为第七章叙法照之著述，第八章关于五会念佛，第九章关于《五会法事赞》广略二本所载之诸赞，第十章述飞锡与少康之念佛教，第十一章批判法照之净土教，第十二章论其与日本净土教之关系。书中并有图版及插图多幅，都一百三十余纸。

本书取材甚为丰富，最堪注意者除金石文字外，为敦煌石室遗文，主要材料为法照所撰《净土五会念佛诵经观行仪》中下二卷（缺上卷）。盖法照著作，向止谓其仅存《净土五会念佛略法事仪赞》一卷，至若三卷本之《五会法事仪》在一卷中虽曾提及，但久已亡失。日人矢吹庆辉氏前在伦敦、巴黎广阅敦煌残本，发见此书之中下二卷，审知即系旧所谓之《法事仪》本书。

七、八、九三章多用此等新得之材料。夫敦煌残卷固取自我国，而日人之东方文化学院，亦资赖庚款。吾人今读此书，于中国佛教史黑暗中得光明（本书松本文三郎序中语），虽亦遥致钦佩，但回望神州，当不禁感慨系之焉。

本书印刷颇精，但亦有误字。有数处当系手民误排，但在一五一及一五五两面引《净土五会念佛诵经观行仪》原文一段，排印句读错误则显出于著者之误会，因其稍有关系，故照原书抄列于下：

> 法照……白佛言……若依行之（指五会念佛）以后。未审，一均众生，见闻之者。发菩提心。念佛名号。不入深禅定。不疾证菩提，不有大利益不。

著者据此文推论（见一六五面）称当世禅定流行，世人尝以“念佛名号”与“入深禅定”对立，遂指念诵名号（及读诵佛经）为无益之事，法照因之而疑“念佛名号”而“不入深禅定”之无有利益。实则法照原文系疑众生见闻五会念佛法后，能发菩提心念佛名号否，入深禅定否，疾证菩提否，有大利益否，并无唱号不入定则无益之意。且口宣佛号与坐禅之分离对立，起于法照禅师之后。在中唐之世，尚无言徒唱弥陀而求往生西方者，如后代俗僧之所信也。

旧称法照为梁汉沙门，又曰南梁人，著者论之颇详，而决定其为今四川北方人，但于梁汉一名，则不甚了解，此名盖首见于《北周书·崔猷传》，指梁州与汉中。据此则法照确为剑北地方萧梁所置之南梁州人也。按法照与其师承远俱生于蜀，游于南方，远在南岳。而照则谓曾自东吴至庐山，后乃至衡峰师事承远。此事亦颇有关系。盖世所推崇之净土大师昙鸾、善导、道绰均生于淮水之北，行化亦限于北方，故于南方最早崇事净土之匡山慧远，罕有述及（如道绰《安乐集》卷下历叙此土大德，不言远公）。法照之后，庐山莲社故事乃大传于世。（与法照同时之飞锡著《念佛三昧宝王论》始言及远公在山立誓事，然所记不涉及莲社高贤故事）相传法照慕远公遗迹，乃至匡山。则此故事之流行，即不起于法照，然要必与彼之巡礼有关。又唐代关于远公神话甚多，但可分二类：一为远公上生兜率（见禅月大师诗），一为立社期生净土。中唐以前，弥勒似犹见奉行，故弥陀派著论尝辟之。但法照之后，兜率往生之思想已渐澌灭，故匡山结社共生西方各种传说，乃独见知于后世。著者似犹信白莲社之神话，故余推论及之。

著者于叙述法照时代背景，详陈当世帝王士大夫奉佛之奢侈，然忽略上流阶级与净土教发达之关系。溯自两晋佛教隆盛以后，士大夫与佛法之关系，约有三事：一为玄理之契合，一为文字因缘，一为死生之恐惧。即如慧远与刘遗民等书，一则曰“沈冥之趣以佛理为先”，此指道俗同赏之玄致也；再则称“笃律寄之情，作来生之计”，此远公与刘等之所以共立誓期生净土也；末则曰“染翰缀文可以托兴”，此亦许文字上之唱酬也。及至唐时帝王公卿以及士人，虽与释子文字之因缘犹盛（如韩文公亦作送浮屠序），而谈玄之风尚早已衰灭（唐朝上流奉佛者自唐临至白香山，几专言冥报净土，求其如姚兴、萧衍、谢灵运、沈约等之能谈玄理，已不可见）。士大夫根本之所以信佛，即在作来生之计，净土之发达以至于独占中华之释氏信仰者盖在于此。不然者姚兴叔侄、萧衍父子奉佛之奢侈，恐不下于唐之代、德二宗，而净土信仰之发达不在南北朝而在唐代，此其中必有甚微妙之关系也。塚本君之书叙述详赡而少能在大处综论，后之学者如能继塚本君之芳踪，而特察世运推移之因果，则幸甚矣。

读《太平经》书所见

一、《太平经》与《太平经钞》

《正统道藏》所收之《太平经》有三项：（一）为《太平经》，在受、傅、训、入四帙中，自三十五卷起至一百一十九卷止，首尾均有残缺，中间亦颇有缺少。按原书应有一百七十卷，现存者只五十七卷，亡失竟有一百一十三卷，其详如下表所列。（二）为《太平经钞》，在外字帙中，共十卷，分甲乙丙丁戊己庚辛壬癸十部，每部为一卷。此实为《太平经》之节本，未题何时何人删钞，但取之与《太平经》比勘，知此钞所载，即出自上项之经。而《正统道藏》误以此十卷为《太平经》之开始，故于经三十五卷首题曰，“原缺十一卷至三十四卷”。白云霁目录沿袭此误。可见此经久已不为人注意，致有此显而易见之错误也。（三）为《太平经圣君秘旨》，在入字帙之末，仅有六纸，亦系节钞《太平经》之文。

《太平经》与《太平经钞》对比略表

（以下页数均依商务影印道藏本）

《太平经》	《太平经钞》	附　考
缺卷一至卷十七	甲部	唐代王悬河《三洞珠囊》卷九引太平部第八叙老子事迹，或即出《太平经》卷八。但《钞》未载入，《经》亦缺，无从证实。
缺卷十八至卷三十四	乙部	《后汉书·襄楷传》唐章怀太子注引《太平经》帝王篇文，见于乙部第七页右十行以下。《珠囊》卷一引《经》卷二十二文一段，现查《钞》中未录入。
卷三十五至卷三十七 缺卷三十八 卷三十九至卷四十四 卷四十五 卷四十六至卷四十九 卷五十 卷五十一	丙部（自此部起《钞》中所录《经》文，每段长短不等，除《正统藏》有残缺外，各段几全可于《经》中依次寻得。） 《钞》在丙部之末自三及以下（页十八），系由《经》三十六卷抄出。策书文（页二十二以下）系在三十九卷中。又天谏正书一段（页二十六以下）系在四十三卷中。以上诸段系错简，或系补钞。	《珠囊》卷一引卷四十五凿地一段，乃《经》所有，《钞》未录。 章怀太子注引《太平经》神咒一段，在《经》卷五十第十四页中。《钞》中未录此段。

《太平经》	《太平经钞》	附　考
缺卷五十二 卷五十三至卷五十五 缺卷五十六至卷六十四 卷六十五至卷六十八	丁部（页一至页二左三行八字系自《经》五十二卷中摘出。） 页五右三行六字至页十六左六行十六字，俱为《经》文所无，按之前后次序，应在《正统藏》所缺诸卷中。	《后汉书·襄楷传》注引《太平经》丹青一段，见于丁部第十二页，恰当《经》缺卷中。又丁部页十以下论阴阳男女，其中应有广嗣之术。
卷六十九至卷七十二 缺卷七十三至卷八十五 卷八十六 缺卷八十七 卷八十八至卷九十 卷九十一至卷九十三 缺卷九十四至卷九十五	戊部 自戊页六左二行至卷末，均《经》文所无，系在《经》所缺诸卷中。 己部 页二末行“天符……”下至页三左八行之文，系在《经》文所缺之卷中。 页三左八行以下至页七左四行六字均错简，其文实出于九十二卷中。 自页七左四行六字至页十一左末行，不知其文出何卷中。 自页十七右一行至页十八左七行，文似在《经》所缺之九十四、九十五两卷中。	

《太平经》	《太平经钞》	附　考
卷九十六至卷一百 卷一百一	《钞》未见有摘录。 《钞》页十八左七行以下，系按录卷百零一之文。但自页十九右七行十三字至页二十九右二行八字一大段，不悉出于《经》文何卷中。	
卷一百二	自页二十九右二行八字下，系《经》百零二卷之文。	
卷百零三至卷百十三卷百十四（卷首有残缺） 缺卷百十五 卷百十六（卷首有残缺） 卷百十七至卷百十九	庚部 自页二十七左九至页三十三左八一长段，均《经》本所无，不悉是在百十四之首，抑在卷百十五、卷百十六中。 《钞》之庚部止于《经》文卷百十九页七左三行（“乃正人之符也”）。	《珠囊》卷三引《经》卷百十四文一段，《经》及《钞》中俱无之。 章怀太子注引丹青一段，亦见于《钞》页二十七左九行以下。
缺卷百二十至卷百三十六	辛部	《珠囊》卷四引《经》卷百二十文一段，《钞》未录。
缺卷百三十七至卷百五十三	壬部	《珠囊》卷四引《经》卷百四十五文一段，《钞》亦未录。

《太平经》	《太平经钞》	附　考
缺卷百五十四至卷百七十	癸部	

二、卷帙版本

《后汉书·襄楷传》云：

> 初顺帝时，琅邪宫崇诣阙上其师于吉①于曲阳泉水上所得神书百七十卷，皆缥白素，朱介、青首、朱目，号《太平清领书》。

章怀太子注有曰：

> 神书即今道家《太平经》也。其经以甲乙丙丁戊己庚辛壬癸为部，每部十七卷也。

汉末《牟子理惑论》称有神书百七十卷，《抱朴子·遐览篇》著录《甲乙经》一百七十卷。据此则由汉末以来，晋宋之间以及唐

① 《后汉书》注引《江表传》孙策杀于吉事。《吴志·孙讨逆传》注引《志林》孙策杀于吉事（《全晋文》八十二卷页七）。按自顺帝时至孙策在江东已逾六十年，而于吉又为宫崇之师，则得《太平经》之于吉非伯符所杀者也。《抱朴子·祛惑篇》言前世有名道士白和（字仲理）已去不知所在，后乃又有人在河北自称为白和，和之子弟闻之大喜，往见之，乃知其非也。此人因而亡走。据此则假托仙道再降人间，在晋朝以前已如此，而江东之于吉，亦犹河北之白和为假冒者乎。又按《太平经后序》所传，白和与《太平经》之出世亦有关。

初，《太平经》系有一百七十卷①，并分为甲乙等十部，而每部为十七卷也。

现查《道藏》中《太平经钞》分为甲乙丙丁戊己庚辛壬癸十部。盖系每十七卷之十部中，节录文句，各成一卷，故有十卷也。《太平经》虽未分甲乙等部，但《钞》丙部之首段，恰与《经》本卷三十五开始之文相符，则知《经》前所亡佚者，乃甲乙两部，共三十四卷也。又《钞》庚部之末段，相当于《经》一百十九卷中文。而由卷百二十至百七十，计为五十一卷，则知《经》尾所缺者，乃辛壬癸三部五十一卷也。依此推测，则《太平经》百七十卷，必按部分为十帙。于后散失时，或先佚甲乙辛壬癸五帙全帙，而后于其余诸帙各亡若干卷也。

又《道藏》本《太平经》卷三十六标题下原注云“三十七同卷”，卷四十一标题下原注云“四十二同卷”，卷四十三有原注云“四十四同卷”，卷四十五首注云“四十六同卷”。据此则正统《经》本最初之根据为一卷子本。在此卷子本中，三十六与三十七两卷同在一卷。其余四一与四二及四三与四四，以至四五与四六，均各自同在一卷中也。又《经》卷五十一开卷标题并原

---

① 《太平经钞》壬部第十页自言其书有百七十卷。《云笈七签》六言《正一经》云，有《太平洞极经》百四十四卷，乃汉安元年太上亲授天师者。但张君房明言其时所流行者乃于吉百七十卷之经。故百四十四卷者，果有其书否，殊难知也。又《法苑珠林》卷五十五云，唐高宗时道士郭行真等“更改余佛经别号《胜牟尼经》，或云《太平经》”。高宗照知其伪，付官拷挞，苦楚方承，因而流配远州，事系在龙朔三年十二月。按此乃释子一面之词，不可尽信。盖参看《唐书·上官仪传》及《通鉴》，郭行真当系因交通宫闱，为武后厌胜而得罪，不因其伪改佛经也。《珠林》载高宗诏敕之全文，亦并未提及其作伪，可证也。又丽本《佛道论衡》之末，载郭行真龙朔元年曾造佛菩萨像。写大乘经，并有文谓佛本为道父，道经出于佛经，三张、陶、寇均曾礼佛，且对道经文义颇有斥难。据此则行真似不应伪作道经。但宋元明本均缺此文，参看《佛祖通载》卷十二，及丽本《论衡》重校序。

注云：

《太平经》卷五十一之五十三（原缺五十二卷）

据此则正统本所据之卷子本，五十一与五十三同卷，而且此卷子本原亦有佚失。盖《太平经》久已不为道教徒所注意，故正统刻经时，天启朝白云霁作目录时，已不读此经，因而误以《太平经钞》为《太平经》之首十卷。即其所根据之卷子本，或远出正统以前，其时已不流行而致残缺也。

卷子本为写本否，已无法证明。但其初自必出于一写本。查正统本《太平经》卷五十三第一页言有四治，谓天治、地治、人治、跂行万物治。而在《钞》丁部第二页避唐高宗讳，作四理，谓天理、地理、人理、跂行万物理①。据此则《经钞》在唐代已有其书，而《经》原据之写本，因其未避唐讳，或出于唐朝以前。但本书后序中叙《经》之原委，已至陈宣帝时，如该种写本出于唐以前，则至早亦不过陈代。或即因陈宣帝之颇重此经，而隋唐之际颇见流行，正统本原据之写本或陈末至唐初所写也。

依上所考，吾人对于《太平经》与《钞》之卷帙版本得结论如下：

（甲）《太平经》有百七十卷，分甲乙丙丁戊己庚辛壬癸十部，每部十七卷一帙，计十帙。

（乙）正统本《太平经》原出于一残缺不完之卷子本。而此卷子本所根据之写本，或出于陈末唐初之间。

（丙）《太平经钞》及《太平经》之节本，在唐代或已有此书。

---

① 书中避讳不一律，今吾无暇，未及详检，但《钞》中讳治字，实不止一处。

三、真伪

宋代《太平御览》、《云笈七签》均引有《太平经》文[1]。而引用本书之最早者，据今所知，当推唐章怀太子《后汉书·襄楷传》注。（此事余闻之于许地山先生。）注中引《经》五条，其关于“生子少”及“失阴阳”二条，尚未在《道藏》本之《经》及《钞》寻得外；其引帝王篇一条，见于《经钞》乙部七页至八页中；丹青一条凡两见于《钞》中，一在丁部十二页，一在庚部二十六页。《太平经》于此诸处均残佚，故此二条为现有之《经》所无。又注中所引神咒一条，则见于《经》卷五十第十四页，而《钞》则未录。又唐王悬河之《三洞珠囊》引《太平经》共六条，其引《经》卷四十五之一段，经检查固仍在现存《经》本第四十五卷中也。（此均已于上节表之附考中详述。）据此则《道藏》中之《太平经》至少为唐代之旧也。

襄楷上桓帝书中有曰：

> 前者宫崇所献神书，专以奉天地、顺五行为本，亦有兴国广嗣之术，其文易晓，参同经典。

现存《太平经》之性质与襄楷所言实完全符合。彼《经》假托神

① 鲍刻《御览》引《太平经》文，颇有与正统本《经》不符者，而其六六六卷引《太平经》多条，系六朝时道士小传，决非出于《太平经》中，或《御览》此处有脱简误字。以致张冠李戴。

人降于人世①，以大道诏示六方真人纯等②。纯等常有疑滞，则以之转问神人。故书中几全为神人与真人问答之辞。其文平铺直叙，反复解释，不多引书卷（仅有《易经》、《老》、《庄》甚少数书中语句），不多用典故（全书除老子事迹外未言及他人），文极朴质，不尚浮华，故襄楷言“其文易晓”也。又其书推尊图谶，所言颇合于纬书。（见下文）其畅谈灾异占卜，与汉代儒家相似，故襄楷谓其“参同经典”也。

其旨以为天地万物受之元气，元气即虚无，无为之自然。阴阳之交感，五行之配合，俱顺乎自然。全书据汉代最流行之天人感应学说，以旱夭为神罚，谓灾害为天谏。人之行事，不当逆天，须事事顺乎阴阳五行之理。又屡言太平气将至，大德之君将出，神人因以下降③。故其所陈多治国之道。谓人君当法天，行仁道，令天下之人忻喜，夷狄却降，瑞应悉出，灾异毕除④。又谓治国之大要，以多民为富，少民为贫⑤。故痛斥争战，又以生子多为贵，因而禁杀女，主张一男应得二女⑥。其书中因颇有不甚雅驯之文字⑦。

又按晋葛洪《神仙传》云：于吉于曲阳泉上遇天仙，授吉青缣朱字《太平经》十部，吉行之得道。此书多论阴阳、否泰、灾

① 神人亦号天师。襄楷上疏，桓帝诏下有司处正，尚书承旨奏中，亦斥楷伪托神灵。又《经》中屡言神人将去，如卷四六之一页云：“天师将去，无有还期。”

② 见卷六十五之一页，又称为六端真人（如卷五十之一页），或称为六真人（如卷六十五之四页），其一名纯（如卷五十之一页）。

③ 卷六十五之八页云“六子详思吾书意，以付上德之君”。又九十六之八云“吾乃为太平之君作经”。

④ 此类语句屡见于《经》中，例如四十六卷一页。

⑤ 语见六十九卷四页。以上所引均节钞原文。

⑥ 均见卷三十五。帝王似可州取一女，见三十五之十。

⑦ 《经》中亦间有极不雅驯之语，如卷九十三第四页右。

眚之事，有天道、地道、人道，云治国者用之以长生。查《经钞》乙部八页有曰，“元气有三名：太阳、太阴、中和。形体有三名：天、地、人”。治国之要，在使元气调和，天地人相顺而不相逆，然后太平可致，而王者可长生自养①。据此则现存之《经》，与葛洪所传亦不相悬远。又《抱朴子·勤求篇》云：于吉、容嵩、桂帛诸家，各著千所篇，多教诫之言，亦与今本内容相合也。

又《后汉书》称《太平清领书》以阴阳五行为家，多巫觋杂语。今按《太平经》中多道家方士之术，如言人本于阴阳五行之元气，故当辟谷食气。又多延年袪病驱邪之方，有所谓草木方，乃延年救死之术。有生物方，谓有神药可在飞步禽兽跂行之属。又言灸刺，可以调三百六十脉②，通阴阳之气。言葬宅须辨逆地、生地。又言音乐之精者，可以合阴阳，定四时五行，感召鬼神来对事。又有《飞明古诀》，上悬于天，其动与下相应。又有天刻之文字，曰《丹明耀》，可以救非御邪。又因天地有常法，而有天文记。因天上有常神时以要语下授人，是为神祝③。又有吞服之符，如月华阴生等。佩于身之符，如星象符④。又有探飞根、吞月精、拘三魂、制七魄诸说。此则所谓巫觋杂语也。

综上所言，依唐人所引《经》文观之，则现存本仍是李朝旧书。依汉晋人士所述此书之性质言之，则本《经》亦未必非汉代之古籍。但吾人若欲确证其为宫崇所上、襄楷所见之原本，则自极难。盖造此经者为无多学问之人，所用典故，所引书卷均甚少，甚难得强有力的证据，以定其年代。但吾人粗经检查，觉其

① 见乙之六页，此类语《经》中甚多，不具引。

② 《素问》有三百六十五脉之说。

③ 章怀太子注引作咒。以上杂见卷五十中。

④ 《钞》甲七页星误作皇，他处作星。

中所有之事实学说，俱为汉代所已有，爰述之于下。

《经》中方域之划分，曰州，曰郡，曰县，曰乡，曰亭，曰里（卷八十六之三及八页）。其职官则有司农（壬之十二）、亭长（八十六之三），又曰二千石（壬之十三），均汉制也。于宇内则言有八十一域（邹衍之说）。于中国虽亦言九州（八十六之五），但亦言十二州、十三州（九十三之十五），此汉代州数也。若在献帝以后，则不然矣。又言及贡举（一零九之三）、明经（三十五之十一），言及上封事（辛之四）、应断市酒（六十九之七），均汉代所有之法度也。于河称淮济（百十之十）。谓昆仑为中极（九十三之二与百十之九）。又称“山以五岳为君长，五岳以中极下泰山为君长”（九十三之二）。泰山居中之说，见于《尔雅》、《淮南》，汉代以后似不能有此说。其天师所授之九十字策书（见三十九卷及丙部），有曰使人寿如西王母，解曰，人指帝王，而谓“西者人栖存真道于胸心也，王者谓帝王得行天道大兴而王也”，“母者考寿之证，神之长也”，未言西王母为女神，此亦汉代之说也。

《经》卷七十二中，言有五藏神各在一方，每方各有骑神二十五，东方之骑神持矛，南方之骑神持戟，西方之骑神持弓弩斧，北方之骑神持镶楯刀，中央之骑神持剑鼓（见页三页十）。此所谓五方之兵，见于《管子》及《淮南子》。按《时则训》云，东方之兵为矛，注曰，矛有锋锐，似万物钻地生，《太平经》则谓物牙刺土而出像矛。《时则训》曰，南方之兵戟，注曰，戟有枝干，像阳布散也，《太平经》亦云万物垂枝布叶若戟。《淮南子》谓中央之兵剑，注有谓皆主之也，《太平经》谓中央为剑鼓，并解曰，中央土也，五行之主也，鼓亦五兵之长也，剑亦君子道德人所服也。二书虽于兵稍有别，然解释则相同。《时则训》谓西方之兵戈，庄逵吉、王念孙谓戈为钺之误，按《说文》，钺者大斧也，此与《太平经》所言之弓弩斧相合也。《时则训》谓北方之兵为铩，与《太平经》北方之镶楯刀不相合。但《经》谓镶楯[1]所以逃身；高诱注，铩者却内象阴闭；则其对于北方兵之解释，故相同。而《管子·幼官篇》谓北方兵尚胁盾，镶楯应即胁盾也[2]。铩之形状，清儒之解释不一，但《说文》云，“铩，铍有镡也。一曰铤，似两刃刀”[3]；《文选·吴都赋》注，“铍，两刃小刀也”。据此《淮南子》之铩，《太平经》称之曰刀，因其形相似也。又《西京赋》曰，植铩悬猷，铩、猷盖为并用之兵器，《经》言北方骑神持镶楯刀，于此亦得一证。

又按卷七十二所言，盖告人以画五藏神像之法。神各按其五行颜色及方位画之。吾疑汉代之宫阙（如甘泉宫）庙宇（如老子庙）或早有此类画像或石刻，且间流行于民间，而方士或得此类之秘本[4]。造《太平经》者，根据此项图画，而写出神之状貌。图中西方之神或背弓弩而持钺，作经者为无多学问之人，不知钺之专名，而只因其形状，而名之曰斧。北方之神或悬楯而持铩，作经之道士不知此器本名铩，而因其状号之曰刀。至若《淮南子》于西方未言弓弩而只言钺，北方言铩而不言盾，中央言剑而不言鼓，则因弩、盾与鼓非主要之兵器也。按《礼记·曾子问》天子救日各以其方色与其兵，郑康成注，谓五方之兵未闻，则汉末知此项传说者已极稀少[5]，然作《太平经》者言之如此详尽，

① 镶楯之名亦见于《御览》三五七所引《梦书》。

② 《幼官篇》言东方矛，南方戟，北方胁盾，而于西方为剑，于中央则未言为何兵。现疑《管子》书原应言中央为剑，而西方剑则钺之误也。又《孝经钩命诀》，有四夷之兵，与《管子》、《淮南》亦颇同。

③ 此依《说文句读》引《西京赋注》之文。

④ 《太平经》卷九十九，一百，及一百一，有长幅画三卷。百零二卷天师且教人慎图密文，因人而出之。按道士之《五岳真形图》，虽为符箓，自亦有关于五方。晋《抱朴子》已言及之。

⑤ 庄公二十五年《谷梁传》注，徐邈亦述及五方之兵，然谓中央为弓矢，似亦误，非正确之传说也。

则谓其书出于汉代，或不全妄也。

《太平经》中阴阳五行诸说极多，颇难一时检查其出处。唯颇疑其中学说多合于谶纬。如卷四十中有文曰：

> 万物始萌于北，元气起于子。转而东北，布根于角。转在东方，生出达。转在东南，而悉生枝叶。转在南方，而茂盛。转在西南，而向盛。转在西方，而成熟。转在西北而终。物终当更反始，故为亥。……亥者核也，乃始凝核也。故水始凝于十月也。（第五页）

又卷四十八页九谓乾在西北，而卷六十九谓北方乾坎艮，南方巽离坤，乾在西北，巽在东南。按《易纬·乾凿度》卷上依《易·说卦》所言有八卦用事之说，作略图以明之如下：

上引《太平经》所言虽不全，然与《乾凿度》之说符合也。

《汉书·艺文志》有《刑德》七卷。《太平经》常见刑德之说。卷四十四第二页（《钞》丙部之八页）言之甚详。以十二月、十二支、乾六爻、坤六爻，与六刑、六德相配合。兹表列于下：

月	支	爻	德刑		怀德怀刑
十一月	子	德在初九	德在室中	刑在远野	（野）十一月怀一德
十二月	丑	德在九二	德在明堂		（术）十二月怀二德
正月	寅	德在九三	德居庭		（巷）正月怀三德
					刑德
二月	卯	德在九四	德在门		（门）二月怀四德
					相半
三月	辰	德在九五	德在道巷		（庭）三月怀五德
四月	巳	德在上九	德在六远八境	刑处内室	（堂）四月怀六德
五月	午	刑在初六	刑在室中	夏德到野	（野）五月怀一刑
六月	未	刑在六二	刑在堂		（术）六月怀二刑
七月	申	刑在六三	刑在庭		（巷）七月怀三刑
					刑德
八月	酉	刑在六四	刑在门		（门）八月怀四刑
					相半
九月	戌	刑在六五	刑在道巷		（庭）九月怀五刑
十月	亥	刑在上六	刑在六远八境	德到明堂	（堂）十月怀六刑

此与《淮南·天文训》所言相合，而述之更详悉。《天文训》曰，阳生于子，阴生于午，又曰阳生于子，故十一月曰冬至云云，阴生于午，故五月为小刑，因此《经》以乾六爻配子月等，坤六爻配午月等①。《天文训》又曰，五月合午谋刑，十一月合

① 《管子·四时篇》云，阳为德，阴为刑。《春秋繁露·阳尊阴卑篇》亦曰阴刑气也，阳德气也。

子为德，又曰冬至为德，夏至为刑，故《经》十一月为德之始，五月为刑之始。又《天文训》云，阴阳刑德有七舍，何谓七舍？室、堂、庭、门、巷、术、野。《太平经》亦有室、明堂、庭、门、道巷、远野诸名。术者指郊遂，故《经》谓之为六远八境，而野更在术之外，故曰远野也。《淮南子》谓阴气极则北至北极，下至黄泉，故不可以凿地穿井，万物闭藏，蛰虫首穴，故曰德在室，此《太平经》十一月德在室之注解也。又曰阳气极则南至南极，上至朱天，故不可以夷丘上屋，万物蕃息，五谷兆长，故曰德在野，是即《经》中所谓夏刑在内室，德则到野，万物悉出归德也（见页六左一行）。《天文训》曰，十一月德居室，又曰，阴阳相得，则刑德合门，八月二月阴阳气均，日夜平分，故曰刑德合门，此均与《经》合。刑德合门，即《经》之刑德相半也。《天文训》曰，德在室则刑在野，德在堂则刑在术，德在庭则刑在巷，钱塘《补注》谓由此推之，德在巷则刑在庭，德在术则刑在堂。按《经》中十一月德在室刑在野，是与《淮南子》相合也。若依钱注则《经》中四月之刑处内室，应为堂之误也。又按《管子·四时篇》亦言及刑德，而《淮南子》则较详。由此言之，《太平经》刑德之说，其来源固极古矣。

《太平经》错误极夥，卷帙颇多，非短时研究可以见其全。兹仅粗读一过，姑断定为汉代之旧书，其根据有三：

（子）依《范书》注及《三洞珠囊》所引，《道藏经》中之《太平经》，唐代已有其书。

（丑）现存之经与汉襄楷、晋葛洪及宋范晔所传相符合。

（寅）《太平经》所载之事实与理论，似皆汉代所已有，且关于五兵、刑德之说，若非汉人，似不能陈述若是之委悉也。

四、《太平经》与道教及佛教

吾人若欲证明《太平经》为汉代之书，第一固当疏讨其内容为汉代所已有。然最确切之证明，则尤在知其中所说非在汉时则不能有。上节所有根据，大都属于前者。若欲觅得后项之证明，则似极难。但吾于研究《太平经》与道教及佛教之关系，或可决定其年代在汉末之前出世。且《太平经》者，辞颇鄙俚，无多精义①，然其在与佛道二教之关系上，实甚重要，故颇有研读之价值也。

《太平经》汉代道术之支流也。汉初重黄老道家，乃君人南面之术。《汉书·东方朔传》注引《泰阶六符经》所言，似可证之。然其于阴阳神仙之关系若何不详。汉儒通经致用，董子之学已杂以阴阳五行。孟喜、京房之《易》，作于宣元之世。而哀平之世，图谶乃大起。成帝时甘忠可诈造《天官历》、《包元太平经》十二卷，言汉家逢天地之大终，当更受命于天。天帝使赤精子下教我此道。时人夏贺良等颇有信者。至哀帝曾为改元。而贺良等且欲妄变政事改制度（上见《汉书·李寻传》），则赤精子之道，固亦治国之术也。

《太平经》亦为兴国之方。其言曰，上古无为而治（三十六之三）；又谓太平和气且将至，人将日好善，帝王将垂拱而无可治（四十九之一）；又言神人为君，真人为臣，以治其民，民将不知上之有天子也。而“以道自然无为自治”（乙十三）。甚至谓古圣贤

① 《经》卷一一九之三页云，“火之精神为人心也。人心之为神圣”。人心之三字下，疑脱精神二字，此用《伏生大传》“心之精神之谓圣”语。参看六十九之十页云。“人之精为心，心为圣。”

食气而治，深居幽室，思念得失之象，不失铢分，而其治立平（三十六之六）。王者静思道德，行道安身，求长生自养，和合夫妇之道，阴阳俱得其所，天地为安（乙之六）。是则于吉、宫崇之书，固含黄老无为之理也。

《包元太平经》今不详其内容。然琅邪于吉谓有天神下降出经，实师齐人甘忠可之故智。而《春秋元命苞》云，元者气之始也，又曰山者气之苞含。而于吉《经》中亦倡元气包裹之说（四十八之十二）。《道藏》姑字帙《道典论》引《太平经》云，元气包裹天地，八地八方莫不受其气。郑康成《易纬是类谋注》亦释元苞为太极混沦之义。疑《包元太平经》之名引用纬书，而于吉袭取其说也。又甘忠可言汉为火德。而于吉之《经》亦主火德。如其解九十字策书曰，“明为止者赤也，赤气得此，当复更盛王大明也。”（三十九之二）又有曰，“是故太平德君方治，火精当明，不宜从太阴而使水德王。”（六十九之七）是与赤精子之谶主火德符契也①。

夏贺良曰，成帝不应天命故绝嗣，宜急改元易号，乃得延年益寿，皇子生，灾异息矣。则《包元太平经》固亦有广嗣之义也。由此言之，则于吉之书，疑上接甘忠可也。

《后汉书·襄楷传》谓桓帝时有司奏崇所上妖妄不经，乃收藏之，后张角颇有其书焉。按《魏志·张鲁传》注引《典略》言张角为太平道②。《后汉书》谓其奉事黄老道，蓄养弟子，跪拜首过，符水咒说以疗病。（见《皇甫嵩传》）此均本于《太平经》。其卷百十四第三十六页有曰：

---

① 经中主火德之文极多，兹不能具引。惟九十八之十云，“使真人付道于土德之君”。土字乃上字之误。六十六之八云，“六子详思吾书意，以付上德之君”，可证也。

② 《后汉书·刘焉传》注引《典略》文。与此不同，但裴注文较可信。

今世之人行甚愚浅，得病且死，不自归于天，首过自搏叩头，家无大小，相助求哀。积有日数，天复原之，假其日月，使得苏息。后复犯之，叩头无益。

卷一百八第二页有曰：

欲除疾病而大开道者，取诀于丹书吞字也。

但张角虽亦师承《太平经》之遗法，而其行事言论，实亦不全与经同。如自称大贤良师，置三十六方，方有大小帅，持九节杖，杀人以祠天，均不见于《太平经》。至其讹言苍天已死，黄天当立，起事时皆著黄巾为标帜，以白土书甲子字，是主土德，而大异于经所唱之火德也。按《后汉书》、《三国志》及六朝传记未言张角伪造经书，只闻张陵造作道书，然亦未闻其奉《太平经》也。然则《太平经》者，与汉末二张或有影响，而不能谓为彼等所伪作也。按《抱朴子·遐览篇》于《甲乙经》百七十卷外，著录《太平经》五十卷，张角如曾作伪，则或为此五十卷本欤。

两晋南北朝时人似未视《太平经》为首要经典。《抱朴子》虽有著录，但稚川所推重者为《三皇内文》、《五岳真形图》。而其书引用有《灵宝经》、《玉策记》、《龟文经》、《太清丹经》、《九鼎丹经》等甚多，并无此经。南朝陶隐居言及《灵宝》及《上清》等经之来由，《真诰》、《登真隐诀》诸书均引有道经。而北朝道安《二教论》言道士所重有三经：《灵宝》创自张陵，《上清》肇自葛玄，《三皇》造自鲍靖。甄鸾《笑道论》引道经三十余部，亦有《灵宝》、《上清》、《三皇》等。凡此南北朝所传中，均未及《太平经》也。此外见于《释老志》陆修静《一切经目》(《辩正论》卷八)、《法本内传》及《隋志》之道经，亦有多种，亦仅《上清》、《三洞》(即《三皇》)、《灵宝》、《升玄》、《云中音诵》等而已。于吉之书亦概未见称述也。

两晋南北朝道教情形，非吾所知。然据《弘明集》、《广弘明集》所载，当时流行之道法，往往不见于《太平经》，其学说如婴儿龙虎丹田仙穴，其行事如受箓上章，首冠黄巾，行涂炭斋，均汉代之经所未载也。南朝释玄光作《辨惑论》并曰，道士方术秽浊不清，乃叩齿为天鼓，咽唾为醴泉，马屎为灵薪，老鼠为芝药。《辩正论》并谓此事出自《上清经》(卷六)(北朝道安文中亦引之)。按叩齿咽液，六朝道士于念咒时行之。《太平经》虽言神祝（即咒字，通用)，但无叩齿咽液之事。而《抱朴子·黄白篇》，谓炼丹须烧马屎。但《太平经》中未言外丹。又按六朝时方药往往采及粪便，则尤与《经》相径庭。

按《后汉书·方技传》，甘始、东郭延年、封君达三人者，方士也，或饮小便，或自倒悬。政和《证类本草》十九天鼠屎条，陶隐居云，方家不复用，俗不识也。又卷十八猪屎条，陶隐居云，道家用其屎汁。此均可证当时道士方药，采用粪便。而汉王充《论衡》云，道士刘春荧惑楚王英，使食不清，则此风由来久矣。然《太平经》于此则痛斥之。其卷一百十七曰：

> 天之为形，比若明镜，比若人之有两目洞照，不欲见污辱也。(中略）学为道者，反多相示，教食粪饮小便，(中略）此大邪所著，犬猪之精所下也。

又曰：

> 今如此食粪饮小便，何可以为师。(中略）天上所

恶，地上亦然，是地上人恶食粪饮小便，天上亦恶之，故乃遣雷电霹雳下杀之也。

又《太平经》卷一百四至一百七所载者，全为符字。其名为“复文”，其形体均简单，系用字复叠而成文。如两“地”字横列于上，而下并列三“子”字。又如六“天”字列为二行成一字。此复文或藏之幽处，则神祐之（百七卷）。或烧而吞服。因以祛病延年。如其卷九十二日，重复之字，主导正，导正开神，不可妄传。精者吞之，谓之神也。按《抱朴子》虽亦有吞符之说，但观其《内篇》所说符，盖多用以驱邪，或刻桃板犀角上，或用封泥刻印。而《登涉篇》中所载符之文字，颇复杂，多变化，大不似《太平经》中之复文。盖汉代简单之符书，因形体不甚神秘诡异，而渐见废弃矣[1]。

综上所说，《太平经》者，上接黄老图谶之道术，下启张角、张陵之鬼教，其所记与汉末之黄巾、六朝之道士，均有差异，则谓其为最早之道教典籍，而非后人所伪造，固有相当理由也。

今请进而言《太平经》与佛教之关系，于此请分三事说之：（一）《太平经》反对佛教；（二）但亦颇窃取佛教之学说；（三）襄楷以及老子化胡说。

（一）按东汉佛教流行于东海，而《太平经》出于琅邪，壤地相接，故平原隰阴之襄楷得读浮屠典籍并于吉神书。则此经造者如知桑门优婆塞之道术，固亦不足异。《经》之卷百十七言有“四毁之行，共污辱皇天之神道”，“不可以为化首，不可以为法

① 余疑道教之符来源有二：（一）为“复文”，如《太平经》所载，吞之以治病者。（二）为符印，其源出于符节及封泥，具驱使之意，其上之字体亦受古符节或刻印文字之影响。前者行于汉代，但因后者日见流行而渐为世人所不用也。

师”。而此四种人者，乃道之大瑕病所由起，大可憎恶，名为天咎。一为不孝，弃其亲。二曰捐妻子，不好生，无后世。三曰食粪，饮小便。四曰行乞丐。《经》中于此四行斥驳之极详。夫出家弃父母，不娶妻，无后嗣，自指浮屠之教。而《论衡》谓楚王英曾食不清，则信佛者固亦尝服用粪便也。至若乞求自足，中华道术，亦所未闻。故《太平经》极不以此为然。其卷百十二有曰：

> 昆仑之墟有真人，上下有常①。真人主有录籍之人，姓名相次，高明得高，中得中，下得下。殊无搏颊②乞丐者。

“搏颊乞丐”等之道者，盖不能与于有录籍之列。疑在汉代沙门尚行乞，至后则因环境殊异，渐罕遵奉。盖据今日所知，汉代以

① 《尚书帝验期》云：王母之国在西荒，凡得道授书者皆朝王母于昆仑之阙。

② 搏颊不知即《太平经》所言之叩头自搏否？《弘明集》七宋释僧愍《戎华论》斥道教云，“搏颊叩齿者，倒惑之至也。”是搏颊之事南北朝道士犹行之。又按支谦译《梵志阿飏经》有外道四方便，其第四中有“搏颊求福”之句。此经为《长阿含·阿摩昼经》之异译，巴利文 Ambattha sutta 为其原本。二处所记之四方便中，均无此句。但康僧会之《旧杂譬喻经》卷八亦言有搏颊人。又《六度集经》五有曰“或搏颊呻吟云，归命佛，归命法，归命圣众。”据此岂中国佛教古用此法耶？抑仅译经者借用中土名辞以指佛教之膜拜耶？《辨正论》卷二引《自然忏谢仪》云：“下谢东卿无极世界五岳四渎神仙正真九叩头九搏颊也。”故叩头、搏颊似为二事。（参看《宋高僧传·译经篇》论中华言雅俗段。）若汉代僧徒行此，则《经》所谓之搏颊与乞丐，均指佛教徒也。

后传记所载，沙门释子未普行此事①。而观《弘明集》所录护教之文，只闻对于沙门出家不孝无后常有非难，而于求乞则竟无一言，亦可以知矣。

（二）《太平经》卷九十一有文曰：

> 天师之书乃拘校天地开辟以来前后圣贤之文，河洛图书神文之属，下及凡民之辞语，下及奴婢，远及夷狄，皆受其奇辞殊策，合以为一语，以明天道。

又卷八十八亦有曰：

> 今四境之界外内，或去帝王万万里，或有善书，其文少不足，乃远持往到京师。或有奇文殊方妙术，大儒穴处之士，义不远万里往诣帝王，衒卖道德。（中略）或有四境夷狄隐人胡貊之属，其善人深知秘道者，虽知中国有大明道德之君，不能远（疑字有脱误）故赍其奇文善策殊方往也。

据此造《太平经》时所摭采极杂，远及夷狄之文。故其《经》中，虽不似后来道书中佛教文句连篇累纸（唐玄嶷《甄正论》言《太平经》不甚苦录佛经，多说帝王理国之法，阴阳生化事等），

① 《高僧传》似仅载晋康僧渊“乞丐自资，人未之识”。《辨正论》六九卷之四，“今释迦垂法，不织不耕，经无绝粒之法，田空耕稼之夫，教阙转练之方，业废机维之妇。是知持盂振锡，糊口谁凭？左衽偏农，于何取托？故当一岁之中，饥寒总至。未闻利益。且见困穷。”

但亦间采浮屠家言。如本起①、三界②，疑是采自佛经之名辞也。其甲部叙李老诞降之异迹，颇似袭取释迦传记③，如谓李君生时有九龙吐水，此本为佛陀降生瑞应之一④。至若奖励布施，似亦受佛教之影响，盖楚王英即已为桑门设盛馔也。

《太平经》与佛教不同之点，以鬼魂之说为最可注意。《经》中信人死为鬼，又有动物之精（一一七之九），又有邪怪可以中人（七十一之六）。其说与《论衡》、《论死》、《纪妖》、《订鬼》诸篇所记汉代之迷信相同。而人如养气顺天，则天定其录籍，使在不死之中，或且可补为天上神吏（见一一一及一一四诸卷中），否则下入黄泉。如无子孙奉祠，则饥饿困苦（一一四之十六）。绝无印度轮回之学说。如卷七十二云：

> 夫天下人死亡，非小事也。壹死终古不得复见天地日月也。脉骨成涂土。死命重事也。人居天地之间，人人得一生，不得重生也。重生者，独得道人，死而复生，尸解者耳。是者天地所私，万万未有一人也。故凡人一死不得复生也。

又卷百十四有文略曰：

> 天神促之使下入土，入土之后，何时复出生乎。

---

① 本起为汉魏译本所通用之名词。

② 三界之意不明，然或系用佛语，参看卷九十三之十五页。又乙部之三页谓求道常苦，此义亦见《四十二章经》中。

③ 按《春秋元命苞》云：神农生辰而能言，五日而能行，七朝而齿具，三岁而知稼穑般戏之事，云云，所言与《太平经》叙老君事相类。

④ 见《普曜经》卷二。此经西晋竺法护译。但汉代或有释迦传记今已佚失。参看一九二〇《通报》伯希和《牟子序论》。

据此《太平经》绝对无轮回之说，自无佛家之所谓因果。但《经》中盛倡“承负”之说，为其根本义理之一。盖谓祖宗作业之善恶，皆影响于其子孙。先人流恶，子孙受承负之灾。“帝王三万岁相流，臣承负三千岁，民三百岁，皆承负相及，一伏一起，随人政盛衰不绝”（乙之十一）。承负之最大，则至绝嗣。《经》中援用此义，以解释颜夭跖寿等项不平等之事。

如曰：

> 比若父母失道德，有过于乡里，后子孙反为乡里所害，是即明承负之验也。①

如又有云：

> 力行善反得恶者，是承负先人之过，流灾前后，积来害此人也。其行恶反得善者，是先人深有积畜大功，来流及此人也。（乙之十一）

《易》曰，“积善之家，必有余庆，积不善之家，必有余殃”，承负之说，自本乎此。但佛家之因果，流及后身，《太平经》之报应，流及后世。说虽不同，而其义一也。《经》中言之不止一处，为中土典籍所不尝有，吾疑其亦比附佛家因报相寻之义，故视之甚重，而言之详且尽也②。

---

① 见丙部之一页，反字原为必字，今依三十七卷一页改。

② 按支谦译《八师经》云，“身中有虫还食其肉。”《太平经》亦有此说。且间见于后世道经中。凡《太平经》之学说如鬼神报应（详下文），尸解，以及种民等等，均于后世道教极有影响，兹不能具论。

（三）汉代佛教历史材料甚少，极为难言。但余极信佛教在汉代，不过为道术之一。华人视之，其威仪义理或甚殊异，但论其性质，则视之与黄老固属一类也。溯自楚王英尚黄老之微言，浮屠之仁祠，以至桓帝之并祭二氏，时人信仰，于道、佛并不分别。襄楷上宫崇之神书，复曾读佛经，其上桓帝疏，杂引《老子》、佛书告桓帝，以人主所应奉之“正道”。则在其心目中，二道实无多大差异。其言曰：

> 又闻宫中立黄老、浮屠之祠，此道清虚，贵尚无为，好生恶杀，省欲去奢。

此举黄老、浮屠合言为“此道”。而清虚无为，亦《太平经》之所言。至若好生省欲，于吉神书尤所注重，诸义均可与佛教相附会。则桓帝所奉之黄老，虽非于吉之教，然自襄楷之信念言之，浮屠与太平道可合而为一也。

襄疏又曰：

> 浮屠不三宿桑下，不欲久，生恩爱，精之至也。

浮屠不三宿桑下，原出《四十二章经》。至若“精之至也”一语，见于《老子》五千文。但《太平经》固亦不乏此类语言。如曰“精思”（乙之十六）、“精明”（乙之五）、“不精之人”（七十一之二），又言“精进”（甲之三），则称赏精之至者，亦于吉之教所许也[①]。

襄疏又曰：

---

① 康僧会《六度集经》卷六释精进曰，“精存道奥，进之无怠”，此亦袭取道书旨意。

> 天神遗以好女，浮屠曰，此革囊盛血，遂不盼之，其守一如此，乃能成道。

天神以玉女试道者，两见于《太平经》中。如言天常使邪神来试人，数试以玉女，审其能否持心坚密（七十一之六以下）。又谓赐以美人玉女之像，如志意不倾，则能成道，如生迷惑，则“道不成”①。于吉、襄楷盖皆用《四十二章经》之故事也。“守一”一语，亦出于《老子》。但《太平经》中有守一之法，谓为长生久视之符（壬之十九）。守一者可以为忠臣孝子，百病自除，可得度世（九十六卷）。其法谓有三百首（一零二），兹已不详，但其法疑窃取佛家禅法。如乙之五曰：

> 守一明之法，长寿之根也。万神可御出光明之门，守一精明之时，若火始生时，急守之勿失，始正赤，终正白，久久正青，洞明绝远，还以理一，内无不明②。

今按“守一”一语，屡见于汉魏所译佛经中。如吴维祇难等所出之《法句经》云：

> 昼夜守一，心乐定意。
> 守一以正身，心乐居树间。

《分别善恶所起经》③ 偈言有曰：

① 此见一一四之六页。此段及上段所引文均难读，兹但节引之。
② 原文颇有误字，此据《太平经圣君秘旨》校改。
③ 此经《长房录》四谓为安世高译，《祐录》四在续失译中。

笃信守一，戒于壅蔽。

《菩萨内习六波罗密经》[①] 解禅波罗密为“守一得度”。而《阿那律八念经》[②] 云：

何谓四禅？惟弃欲恶不善之法，意以欢喜，为一禅行。以舍恶念，专心守一，不用欢喜，为二禅行。（下略）

据此则“守一”盖出于禅支之“一心”[③]。而《太平经》之守一，盖又源于印度之禅观也。

按一心之谓守一，一心则不摇[④]，不摇故不惧女色之试诱，不畏虎狼毒物（详一一四卷），因之襄楷谓浮屠不近女色为“守一”也。又据《真诰》卷十三论守玄白之道曰：

此道与守一相似，……忌房室甚于守一。

《抱朴子·地真篇》亦云：

---

① 此经《长房录》四谓为汉人严佛调译。《祐录》失载。但依其文字可指为魏晋以前所出。

② 此经《长房录》四谓为汉支曜译。《祐录》三安公失译录中著录。亦当为晋以前所出。

③ 《太平经》九十六，谓守一可以为孝子忠臣云云。后汉支曜译《成具光明定意经》云，孝事父母则一其心，尊敬师友则一其心云云，可与《太平经》所言参照。

④ 用《成具光明定意经》中语。

> 守一存真，乃能通神，少欲约食，一乃留息。

襄楷之以节欲与守一并言，其故谅亦在此也。

复次，汉代佛教既为道术之一，因之自亦常依附流行之学说。自永平年中下至桓帝，经八十余年，因西域交通之开辟，释家之传教者继续东来，但译事未兴，多由口传，中国人士，仅得其戒律禅法之大端，以及释迦行事教人之概略，于是乃持之与汉土道术相拟，而信新来之教者，复借之自起信，用以推行其教。吾人今日检点汉代残留之史迹，颇得数事，可以证实此说。

一、如襄楷告桓帝曰：

> 又闻宫中立黄老、浮屠之祠，……今陛下嗜欲不去，杀罚过理，既乖其道，岂获其祚哉。

夫汉初黄老之道本在治国，《太平经》亦有兴国广嗣之术，至若浮屠则何与于平治之术，胡能言“岂获其祚”耶？然按牟子述《四十二章经》之翻译，而有言曰：

> 时国丰民宁，远夷慕义，学者由此而滋。

此言疑出于《四十二章经序》。《祐录》载此序，其末段云：

> 于是道法流布，处处修立佛寺，远人伏化，愿为臣妾者，不可称数。国内清宁，含识之类，蒙恩受赖，于今不绝也。

此项言论以臆度之，或当时之人以黄老、浮屠并谈，于黄老视为君人之术，于浮屠遂亦以为延祚之方也。

二、《太平经》中颇重仁道。如谓道属天，德属地，而仁属人，应中和之统（三十五之二及一一九之七）。又天道好生，地亦好养，故仁爱有似天地（三十五之三）。而佛法守大仁慈（《四十二章经》语），不杀伐（《后汉书》引班勇语）。“释迦牟尼”一语译为“能仁”，亦始于汉代①。汉明帝即已号浮屠为仁祠。汉魏佛经发挥仁术者极多。如《六度集经》卷五云，“道士仁如天地”，卷七曰“大仁为天，小仁为人”。凡此诸义，均与《太平经》义契合也。

三、“大仁为天，小仁为人”之文，出于《六度集经》中之《察微王经》。此经以五阴为元气。元气之说，在《太平经》中极重要，亦当时佛家所窃取，而为其根本义。《察微王经》有曰：

> 元气强者为地，软者为水，暖者为火，动者为风。四者和焉，识神生焉。

此显因人为中和之气所生，故云四者和而识神生。又仁属于人，应中和之统，因此仁者乃元气调和之表现。而人之高下悉依调和之程度为准。故此《经》复曰“神依四立，大仁为天，小仁为人”也。依此以推，则仁之最大者为神圣。神圣为中和之至极。故《太平经》谓得道之人，居于昆仑，昆仑者中极也（百十二之二十一及庚之十四）。而《后汉书·西域传论》叙浮屠之化，亦曰：

> 余闻之后说也，其国则殷乎中土，玉烛和气，圣灵之所降集，贤懿之所挺生。

---

① 康孟详《修行本起经》释迦文下注云，汉言“能仁”。按牟尼在印度原文并不可训为仁。支谦《瑞应本起经》有注，谓应译“能儒”。

范氏所述，疑采自汉代之传记。又《牟子理惑论》叙佛陀之诞生曰：

> 所以孟夏之月生者，不寒不热，草木华英，释狐裘，衣絺绤，中吕之时也。所以生天竺者，天地之中，处其中和也。

夫佛经固谓佛生于“中国”，但此乃天竺之中，而非天地之中也。谓为天地之中，乃因神灵必降生于玉烛和气之境故也。实袭取支那流行之学说也。

汉代佛教依附道术，中国人士，如襄楷辈因而视之与黄老为一家。但外族之神，何以能为中华所信奉，而以之与固有道术并重，则吾疑此因有化胡之说为之解释。以为中外之学术，本出一源，殊途同归，实无根本之差异，而可兼奉并祠也。《太平经》虽反对佛教，而抄袭其学说。佛教徒所奉者虽非老子，而不免有人以之与黄老道术相附会。二方既渐极接近，因而有人伪造化胡故事。此故事之产生，自必在《太平经》与佛教已流行之区域也。襄楷疏中曰：

> 或言老子入夷狄为浮屠。

东汉佛陀之教，与于吉之经，并行于东海齐楚地域，则兼习二者之襄公矩首述此说，固极自然之事也。按《三洞珠囊》卷九《老子化西胡品》首云：

> 《太平经》云，老子往西越八十年，生殷周之际也。

据此《太平经》未叙化胡之事。襄楷亦仅曰“或言”，可以相证。但《珠囊》又有云：

> 《化胡经》云，老子（中略）幽王时，……为柱下史，……复与尹喜至西国作佛化胡，经六十四万言与胡王。后还中国，作《太平经》。

《化胡经》相传为西晋道士王浮所造，当系摭拾旧闻而成。上文谓老子化胡作六十四万言之佛经，后返而作《太平经》，此言如实出于晋世旧书，则其时人士，固认《太平经》与佛教有特殊之关系也。

上来所述，多出臆度，不免武断。作者于阴阳五行之学少所习，于道教典籍未详读，只因探究中国初期佛教，而涉猎及此，爰陈所见，以备参考。至若纠谬精研，俟诸明哲。

王维诚《老子化胡说考证》审查书

老子化胡乃妄人所伪造之故事。然其在中华佛教历史上，实有甚重大之关系。两汉之际佛法始来，直至前魏，其历史记载缺乏，真相颇不明了。然汉魏之世佛教与中国方术似本为一家。(用宋翔凤《过庭录》语）汉时有“方仙道”（《史记·封禅书》)、养气不死之“道家”（《论衡·道虚篇》)、“黄老道”（《后汉书·王涣传》)、“五斗米道”、“太平道”（《三国志注》引《典略》）及“鬼道”（《后汉书·刘焉传》）诸名辞。而“佛道”之名屡见于牟子《理惑论》。彼论且曰：“道有九十六种，至于尊大莫尚佛道也。神仙之书，……大道之所不取。”神仙之书乃指百七十卷之《太平道经》。牟子虽黜方术，固犹认佛法为道之一也。至若襄楷上疏劝桓帝好“正道”，则其所献之《太平道经》自为正道。而其杂引佛经、《老子》似实诠释其所谓正道。并指黄老浮屠之祠为“此道”，则汉时佛道混杂盖甚显然。夫异族之神不宜为诸华所信奉，则老子化胡之说，在后世虽为佛家所痛恨，而在汉代想实为一般人所以兼奉佛老之关键。观乎现在所保存甚少之汉魏佛教史料，而化胡之说竟一见于朝廷奏疏（《后汉书·襄楷传》)，再见于史家著作(《三国志》注引鱼豢《魏略》)，则其说大有助于最初佛教之流行可以想见也。

至若后世佛教徒对于老子化胡之说深恶痛绝，在历史上往往煽动极烈之宗教情绪，引起重大之纷扰。如北周之毁佛法，元代之焚道经，则其尤显著者也。今日吾人对于道教历史知识甚为幼稚。然观王君所推测长春真人以逾七十之年万里西征，亦为此故事所欣动，则其关系固不仅在佛教史上也。

作者取材论断均甚得法。材料搜集甚广。并能务追求其本源。推论于证据甚少处亦颇知谨慎。文中下列诸项均见心得：

（一）边韶《老子铭》之援用。

（二）马融《樗蒲赋》、杜挚《笳赋》之援用。

（三）《正诬论》引经之推断。

（四）《西升经》有二种。

（五）《笑道论》之疏讨。

（六）北周僧勔撰述之疏讨。

（七）敦煌本《化胡经》之年代。

（八）宋以后《化胡经》本之异同。

（九）化胡说与佛生年代之关系。

（十）长春真人西游动机之推测。总之，经作者之努力，对于此佛教史上甚重要之公案，吾人已渐了然其经过及其相关之问题。较之蒋斧所作考证，自为长足之进展也。

1934 年 7 月 1 日

佛教上座部九心轮略释

《枢要》卷五有上座部立九心轮一段，细参之，确为锡兰所存上座部学说。锡兰部众以觉音最为精博。觉音著作以《清净道论》最为完善。巴利文对法藏七种向以浩漫难寻线索，而有《阿毗达磨义集论》得其纲要。今据此二本（现均有英文译本），参以近人论著，与《枢要》文会释于下。

《枢要》曰：

上座部师

按此上座部师，当即根本上座末流之一，锡兰所传者是也。其证有二：

（一）《成唯识论》原文言：上座部经“分别论者俱密意说，此名有分识”云云。基师释曰：分别论者，旧名分别说部，今名说假部。然分别说部与分别论在梵语同为一字，而与说假部则系二字。且西藏十八部传说有以分别说部与说假部同列为二部者，则《述记》所传，似有可疑。而考巴利经典中尝自称上座，亦自称分别论者（如《锡兰教史》卷五之二七〇）。今锡兰所传既有有分心说，则《成唯识论》所谓分别论者，似指锡兰小乘教。（《掌珍论疏》谓铜鍱部师源在狮子国即是上座部，则锡兰教之自称上座实有根据。）

（二）无性《摄论》第二说九心轮，引上座部经典中语，恰见于《解脱道论》（常州本卷十第十页右）。夫此论译者系扶南僧。扶南经典传自锡兰，而此论则巴利文《清净道论》之异本。是则无性所引，出自巴利经典。而其所谓“圣者上座部中”必指锡兰佛教。

立九心轮。

锡兰佛典似无九心轮之名。《义集论》亦谓九心“转如车轮”（卷五之五十），则是轮义乃印土本有，非基师取譬立名。《宗镜录》卷四详九心义，引经曰：“身非念轮随念而转。”则恐系望文生义。

一有分、

《成唯识论》曰：“此名有分识，有谓三有，分是因义，唯此恒徧，为三有因。”按巴利古注释家解说有分，恰用此训。

二能引发、三见、四等寻求、五等贯彻、六安立、七势用、八返缘、九有分心。然实但有八心。以周匝而言。总说有九，故成九心轮。

《清净道论》曰：“识数有八十九，而其行相有十四。受生一、有分二、能引发三、见四之一、听四之二、嗅四之三、味四之四、触四之五、等寻求五、等贯彻六、安立七、势用八、返缘九、命终十是也。”此中仅加“受生”一项，余《枢要》之“见”通于五识，当此之见、听、嗅、味、触，此之命终则当彼之九有分心，故二段无不合处。问《枢要》有受生之言，而何以无受生心耶？答曰：受生心者，仅受生时有之；而心轮之九，通于入定、睡眠、闷绝诸位，所摄甚广，故偏说之。

问《清净道论》何以有命终而不言后有分心耶？答曰：所谓命终者，指死亡时之有分心。彼论注重言生死，故既加受生心，而又终以命终，前后相应。《枢要》所言应通定、眠诸位，故仅说九有分心，所摄亦较广也。

且如初受生时。

据巴利经典，一身死亡时，即有一死亡有分心。此命终心以无间缘（见巴利对法第七种）即时受生。有受生心，以时得名，其实亦可谓之为有分心。巴利文受生心一语直译之为连合心，似谓前生既灭再连合起后生也。《枢要》无受生心一语，而《述记》（三十之四左）有之。

未能分别心但任运，缘于境转。

按此说有分心之相有三：（一）未能分别；（二）但任运；（三）缘于境转。

且此（一）未能分别者，当以四门分别：（甲）有分心者喻如王卧（见《解脱道论》卷十）。城门俱闭，诸根寂静，既未缘境，故无分别。（乙）有分心者，“恒转如河流”（《阿毗达磨义集论》卷五之十五节）。通无梦睡眠诸位，故定是未能分别。（丙）若欲缘境，有分心动，始入意门（《义集论》卷三之六），故“有分心即可谓为意门”（《义集论》卷三之八）。意门云者，已入之后，始有了知；未入之前，定无分别。（丁）《义集论》以“捲心”指有分以外诸心。卷心属知识界，而有分则仅为生存之因，故是无分别也。

（二）但任运者，当以二门分别：（甲）凡夫任运，依无间缘。生住及灭，念念相续。《义集论》曰：“此后（指死亡）受生心及其余视业之如何，而继转如车轮。”（卷五之十五）命运无限，有分亦无限。（乙）罗汉人无余涅槃，徧舍三有。运至还灭，有分心始终断。

（三）缘于境转者，谓有分虽不缘境，然以恒转不断，故依缘境之心而转。盖境若至时，有分先动，继则停滞（非断灭义，此言停滞，当即《解脱道论》卷十之“有分心起”），再则缘境之心生。待至再落有分，其中有分似断而非断。有分是流，余心是波；波之于流，相虽不同，而以流为体。故《述记》有曰："体恒不断，周偏三界。为三有因，其余六识时间断故。有不犏故，故非有因。"问有分心何识所摄？答曰：应是意识所摄。《枢要》下有明文（"见心通于六识。余唯意识。"），蕴亦有"彼师细别第六识"之语。考之巴利经典，心、意、识三者文殊义同。《清净道论》仅立前六识，故有分心识应意识摄，为意之用，而为能引发心等之体也。《成唯识论》卷二十二曰："有余部（《述记》谓为上座部）执生死等位，别有一类微细意识，行相所缘，俱不可了。"此所言微细意识，必为有分心。（参看《述记》三十之四左）

问有分何以似八识耶？答曰：恒转如流，周编不断。深细不可了知，触思资长。均依识食（见《义集论》卷七之四节，《清净道论》之十四章），通生死梦眠诸位。凡夫轮转，无有舍时，此其所以似也。问有分果不异第八耶？答曰：不然。阿赖耶虽恒转如瀑流，然非断非常。而巴利对法论师据无我义，指有分依无间缘，称为实断而非常，一也。有分唯识之义未成，熏习持种之说无有，二也。八与第七称为俱有，八对第六体实别有，而有分乃是六摄，三也。锡兰教理无无漏种本有之说，而言心性本净（分别论者之说），无漏之法，是有因生，四也。建立第八是用之体，锡兰小教不晓依他，体用未明，真如安立，五也。阿赖耶识是无覆无记，而有分心则或善或恶（参看《义集论》卷五之十二及十三，《清净道论》第十七章），六也。阿赖耶识常与触相应，有分不然，以触等谓是六识摄故，七也。阿赖耶识至阿罗汉位舍，然无垢识体无有舍时，然据巴利经言，罗汉入灭，有分心随之，八也。以此八事，赖耶与有分之不同可知。问上座部立第七识否？答曰：不立。盖染污意者仍第六摄。锡兰论师说烦恼污意而一切邪见均属第六，故《述记》三十有曰："上座部等计即染第六。诸惑许并生。别有细心是第六意恒现行故，如受生心等。”问若亦无第七，第六何所依耶？答曰：“色为彼所依。”（《述记》三十之十三左）此在锡兰有本末二说：本则其对法第七种仅言意界、意识界俱依色物；而末计则直指肉团心为意所依，如基师曰：“上座部救胸中色物为其意根。”似是末计。（参看《义集论》卷三之十二）

若有境至。心欲缘时，便生警觉；名能引发。

据锡兰教义，能引发有二：一五门能引发；二意门能引发。且五门能引发者，如《清净道论》所言，谓色现眼前，有分心遂停滞，以此色为缘，而生能引发心。意门能引发者，则或缘过去，或缘假名，而生能引发心。能引发者仅有警觉。例如见瓶不见有瓶，仅觉有物，一切了别均未起，故非见心。虽无了别，然已将缘境，非河流无波，故非有分心。故《解脱道论》以哑女喻能引发心。以哑女未眠是有分心已起。然哑女不能达意，而可教聋人开门，引起眼识也。

其心既于此境上转，见照瞩彼。

《义集论》曰：“在此（指五门能引发）后时即起眼识。”功仅在照瞩（参看无性意），而心智未生，不悉物相。例如见瓶，但知物为所见，而无相之分别。故《解脱道论》以聋人开门取譬，意谓眼开而外，不能有他了别，听、嗅、味、触准此可知。（无性曰，五识于法，无所了知，唯所引发。指此。）

既见彼已。便等寻求。察其善恶。

等寻求者，即《解脱道论》之受持心。考之原文，以受持心译较为恰当。以此基师对此似有误解。盖据巴利对法，受持心者，非为能动，虽为第六所生，然仅能知，决不能察。虽境有善恶，然仅照境见相（《疏抄》，寻求此色等为是黄云云），不能有彼此分别。例如见瓶，且识其黄色，故无性有言，“意界于法无所了知，唯等寻求”。《解脱道论》譬之受庵罗果，不察其为功德非功德也。察其善恶者，乃举例之言。广言之，等寻求心，在受前五识所瞩之相（于眼为诸色，于耳为诸声等）。等者逢境即缘，名之为等，如《疏抄》说。

既察彼已。遂等贯彻，识其善恶。

等贯彻者，合所受（寻求所得）诸相而有彻悟。“如观诸色，空知是青，金知是黄。”（引《疏抄》语）《清净道论》曰：“心所受持（唐译寻求），此贯彻之。”且谓意识由此而起。言意识者别于无性所谓之于法无所了知之意界。虽二者均六识摄，然一无分别，一有分别。《解脱道论》译贯彻为分别心，实得原旨。

而安立心，起语分别，说其善恶。

据巴利论师言，依贯彻所得，而定一物特有之相，是谓安立。例如识瓶诸相，是黄是中空，谓之贯彻。而知瓶之别于泥团，黄之别于青，事事恰得其分。如此“心中安立作青想作黄想”（见《疏抄》），遂可起语分别，知识至此已小成矣。[《解脱道论》说安立心（令起心）喻如洗果，或生或熟，各安一处。]

随其善恶。便有动作，势用心生。

势用心者，知识之大成也。业均从此生。顾势用有二：一属前五识，一属六识。一切动作不能出于五识势用。锡兰师分笑为六种，而五识势用不能发笑。六识势用摄思心所，为动作之源。故《清净道论》曰：“非于有分时非恰在能引发等之后，而有威仪非威仪。但在势用时（如有恶戒、或健忘、或非知、或无忍、或怠惰、起）则有非威仪。”（卷一）既有动作，诸善恶业，悉出于此。故《解脱道论》曰：“以六识不安威仪，以迅速（势用之异译。巴利原字实可作速解）安之。以六识不受持身业口业，以六识不受善不善法，以迅速受之。”又曰：“令起心（安立之异译）次第以令起义由业心速行。”

问《解脱道论》有曰：“以六识不入定不安详起，以迅速入定，以后分（当《枢要》之九有分心）安详。”势用与入定有何关系耶？答曰：据锡兰教理（《清净道论》言之最为详明），入定之初，坐禅人观曼陀罗。先得取相，而进为彼分相，遂入禅外行。屏去诸盖，进而坐禅。有分心动，即起势用，有四级：第一预备，自凡夫心进而将入定；第二外行，外行者近义，谓凡夫心将近定心；第三随顺，随顺有符合义，于此凡夫心符合定心；第四姓变，于此凡夫变为入定种姓，由禅外行进入第一禅。第一禅之初刹那，谓之安定，其心名安势用。再进则复落有分，故彼论云云。问《解脱道论》曰：“以六识不眠不觉不见梦，以后分眠，以转意（能引发之异译）觉，以迅速梦见。”此何解耶？答曰：梦眠诸位与醒时同，以有分（对觉时心言，故彼论曰后分）起，以有分终。有分之后为能引发，故曰以转意觉。（参看觉音之《毗崩伽》注译）而迅速梦见，则论者异说。如眠与觉同，则应有势用，且可有返缘。知识既大成于势用，则迅速梦见之语可通，此一说也。梦心不明了，应无势用，此一说也。巴利对法于此未详，争论如此，未知彼论所言果合此第一说否。

动行既兴，将欲休废，遂复返缘前所作事。

返缘心者，倒记前事。喻如王食果已，说彼功德非功德（《解脱道论》卷十）。惟缘须强大（《清净道论》第十四章），乃得返缘。余缘弱小及入安定（《义集论》卷之四七），均无返缘。

既返缘已，遂归有分，任运缘境。

《清净道论》曰：“但恰于返缘之后，有分复起，而如有分停滞则能引发等复起（此指在生时）。（中略）有分心之死亡名为命终。”故命终心者，指死亡之有分也。而死亡之后，即时受生，继起如前，任运续转。

名为九心，方成轮义。

成轮一语见《义集论》卷五之十五，如上已说。据《义集论》卷三之三暨《解脱道论》卷十（常州本第十五页右），九心以其所缘有大小强弱之分，而依之有增减，今节译《义集论》文于下：

“如色缘入于眼门，若缘最强，则自返缘度有分心；若缘次强，则自势用无间度有分心；若缘弱，则自安立心无间度有分心；（以上梁译所有，以下梁译所无。）若缘最弱，则缘虽临五识门，不能生安立心，故仅住有分，一切他心均不起。”

故于缘最强则九心全有，于次强则缺一，于弱则缺二，于最弱则仅有有分，此言五识门。而于意门则《义集论》曰：

“如强缘入此门，则于有分心动意能引发及势用之末，返缘心起，此后即度有分。但如缘弱，则度有分心起于势用之后，而不起返缘心。”（《解脱道论》文与此大异）

锡兰论师仅言有生、住、灭三相，各有一刹那。依九心轮言之，自境至欲缘，讫再度有分，共有十七心刹那，今表列于下：

〔心刹那次第〕〔九心名〕（上依唐译，下注依梁译之《解脱道论》。）

〔心刹那次第〕	〔九心名〕	
第一 第二	有分（有分心起）	（据原文此为有分心动） （真译原文为有分心停）
第三	能引发（转心）	
第四	见　　（见心）	
第五	等寻求（受持心）	
第六	等贯彻（分别心）	
第七	安　立（令起心）	
第八至第十四	势　用（迅速或速心）	有七心刹那，死时只五心刹那。
第十五、第十六	返　缘（彼事心）	有二心刹那。
第十七	有　分（度有分心 直译应为落有分心）	死时心，梁译为命终心。

其中见心通于六识，余唯意识。

《清净道论》五门之见心与余四识同列。《义集论》五门及意门具为所引发。如是见心通于六识，余唯意识可知。

有分心通死生。返缘心唯得死。若离欲者，死唯有分心，既无我爱，无所返缘。不生顾恋。未离欲者。以返缘心而死，为恋爱故。

凡人死时，业或业相为其心所缘。否则以趣相为缘，预示来生情形。其命终心（有分）于返缘后无间发生。或于势用后无间发生。或有分留住少时，死乃至者，此乃略说。今且广解（参看常州本《解脱道论》卷十第二十页左），所谓以业为缘者，谓能生之业，可于来生造果者也，其类有四。常以重业（一）为缘。如前生乏重业，则缘近业。（二）近业者将死前之所造也。如乏近业，则缘习业。（三）习业者彼人之所常造也。如乏习业，则以其他胜业为缘。所谓业相者，谓色或声或香或味或触或名，于造彼能生之业时所得也。此色、声等于死时恒追忆及，或至有显为幻象，死者执为实有而缘之者。若近业之相则有，仍在眼前，是真现在也。

所谓趣相者，心缘来生将托生之处。明将转生何趣，故其相“或宫殿或坐处或山或树或江”。（《解脱道论》语）不习禅定而得罗汉果者，死时在势用或返缘之后，其余罗汉有分留住少时，乃得命终。凡夫命终心似恒在返缘之后。（此句尚有疑问。原书未见明文，此仅揣测之辞）

无性《摄论》有曰：

如说“六识不死不生，或由有分或由返缘而死，由异熟意识界而生。”如是等能引发者，唯是意识，故作是言。

此中所引原文见于《解脱道论》。首二句与上述锡兰师意相同；后句由异熟而生，确是彼师之说。且《述记》三十二曾言及之（二十二之右）。其文曰："或依上座部，彼计由异熟果而生故。（中略）即是无性第二上座九心，随彼说也。"然所谓由意识界生一语，征诸现所传说，似实无据。而无性译言，能引发者唯是意，更与巴利文异。盖锡兰师以能引发心属意界，而非意识界也。此点阙疑，留待再考。

若有境至，则心可生。若无异境，恒住有分，任运相续。

此文已解易了。

然见与寻求前后不定。无性《摄论》第二卷云，五识于法无所了知，先说见心也。复言见唯照瞩，却结前心。

此基师据无性文而疑见与寻求之次序不定。然细考之，则无性所说未叙次第。盖其所以于"五识于法无所了唯所引发"之后，言"意界亦尔唯等寻求"，而不接说"见唯照瞩"者，乃因上二句系征上座部原书（见《解脱道论》）。原文二句相连，而无性仍其旧也。今据《解脱道论》反巴利文书，见均在寻求之前。

以上所述，粗得其略。余若"二十四缘"（英文书中有 Ledishaw 所作之 *The Philosophy of Relations*，载在一九一六年之《巴利典籍会报》中，可查），"八十九识"（英文书中可参看 H. warren，*Buddhism in Transtations* 之附录中），均以文繁不录。即此土典籍中涉及本题当亦不只上文所引诸段。进而探讨，愿以异日。

《胜宗十句义论》解说

按《胜宗十句义论》二卷，印度胜者慧月造，唐玄奘法师译，是卫世师迦宗。卫世师迦，印度六论之一。即梵即我，但遮不表，遍满虚空，无有差别，世谛惑妄，乃起异同，此则如幻之说，是商羯罗之吠檀多论也。从一始生，均依三德，性我对立，而大而慢，而余二十三谛，此则转变之说。其中无神之教，智慧为先，是数论也。有神之教，最重笃修，是瑜伽论也。其余三论均属积聚之说。弥曼差论多释祭祀，正理一派多论因明，而极微自我之说皆与卫世师迦多同，其间盖互有因袭也。至卫世师迦分析句义成一切法，则于积聚之说特为着眼者也。卫世师迦译义为胜。胜论创始于优楼迦，其人不悉确生何代。或谓尝食米齐，而呼为羯拏仆或羯那陀云。现今印土存籍有《胜论经》，相传为彼所造。其书说六句义，与今《十句义论》慧月之说甚殊。据近时识者之言，《十句义论》在印度罕迹可寻，即在中土《中》、《百》等论吉藏所传，《唯识》、《俱舍》基、光所述，均偏重六句义法，未审玄奘大师何以舍《胜论经》而译此论。意者此论条例简明，甚胜彼经，奘师志宏佛典，尽月穷年，偶然及此，遂取略论乎。然后来窥基、普光、智周、道邑之所传述，不悉原委，遂苦支离谬误矣。呜呼，安得更起奘师，执经问道，决发此覆耶！

《十句义论》旧称难读，中土既无专疏，仅慈恩、淄州诸师《述记》中散见奘师亲传之说而已。日本虽有基辩之《释》、林常之《决择》等多种，然亦根据唐人，每多臆解。至最近始有宇井伯寿取印土此经与中土古籍对裁，作《十句义论之胜论学说》一书，乃见正解焉。兹采其注释，间引他书，参以己意，作此略释。

有十句义。——一者实，二者德，三者业，四者同，五者异，六者和合，七者有能，八者无能，九者俱分，十者无说。

按胜论句义所传不同，汇集诸籍，大别有三：

一、有六句义。如《胜论经》谓句义有六：一实，二德，三业，四同，五异，六和合。《成实论》卷三，《百论疏》卷三，均同此说。现今印土所传，亦均此说。虽有言七句义者，然既前六加入无说，大体无殊。中土所传述六句义，则多宗吉藏之疏。其文云："今言六谛者，一陀罗骠，称为主谛，亦云所依谛，谓地、水、火、风、空、时、方、神、意。此九法为一切物主，故云主谛。又解，一切法悉有依主，故《破神品》云，黑是求那，氎是陀罗骠，《破异品》云，瓶是陀罗骠，一是求那，故知依主通于万法。二者求那，此云依谛，有二十一法。谓一、异、合、离、数、量、好、丑，八也。次有苦、乐、憎、爱、愚、智、勤、惰，亦八也。次有五尘，即色、声、香、味、触也。以五尘依地、水、火、风、空五主谛也。苦、乐、愚、智等依神、意二主谛，余八通依。三者羯摩谛，此云作谛，谓举下屈申所有造作也。四者三摩若谛，此云总相谛，谓总万法为一大有等。五毗尸沙谛，此云别相谛，谓瓶衣不同也。六三摩婆衣谛，此云无障碍谛，如一炷色香遍有而不相障。问，一切物皆具六谛耶？答，具。今略举内外二物：瓶为主，尘依之，即依主二谛。瓶为他所作，即是作谛。瓶有总别，瓶上五尘不相障碍，即余三谛也。身为主，二法依之，一诸尘，二心数。身有所作，身具总别，身上诸尘不相障碍，即不相障也。”

二、有六句义。如《成唯识论述记》卷五云，谓羯那陀说所悟六句义法：一实，二德，三业，四有，五同异，六和合。其他中译经典如《广百论》（卷六、卷八），《俱舍论》（《光记》十九），《显宗论》（卷七），《顺正理论》（卷十二），均有总同句义（即有句义）与同异句义之说。

三、有十句义，即本论所说。此中之同句义即基师所述之第四句义，其异句义则等于《胜论经》之异句义，而《胜论经》之同句义在护法所述则分属于有与同异，在本论则分属于同与俱分。又护法所述之同异在本论似分为异（第五句义）与俱分（第九句义）、有能无能，据《胜论经》则在六句义中似为觉德所摄，无说句义则六句不摄也。《濮阳演秘》卷二，传有三义，应详参阅。今依己意表其异同如次：

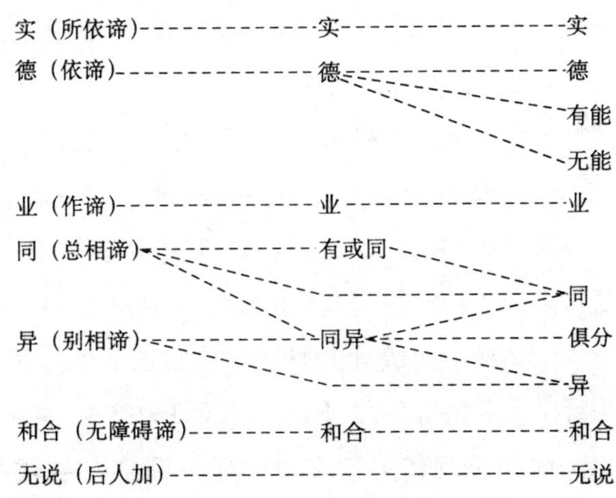

〔《胜论经》《百论疏》等同〕〔中土所传《广百论》等〕〔《十句义论》〕

实句义云何？谓九种实，名实句义。

据耆那教经（Uttaradyayana）谓有三句义：一实，二德，三变易。实者为德之所依，其数有六：一法，二非法，三空，四时，五物质，六命。耆那教或有分为实与变易二者，此则以本质与属性等混而为一。至胜论师始立实谛，则对于德业等仅为诸法体相，其所显现则为德业。德谓属性，业犹动作。以此《胜论经》谓实之相在为有德业者为和合因缘，又以此曰僧基辩（著有《十句论释》）意谓独诠实句，其相难显。

何者为九？一地，二水，三火，四风，五空，六时，七方，八我，九意，是为九实。

按地、水、火、风四大是极微，圆而且常，能生粗色。极微至细，无十方分。（《百论疏》卷十二）据羯那陀所说（《胜论经》），极微既不可分，故极邻处。其后立说渐详，如《二十唯识述记》卷三云，“其地、水、火、风是极微性，若劫坏时，此等不灭，散在处处，体无生灭，说为常住，有众多法，体非是一。后成劫时，两两极微合生一子微（按此应释为第二微），子微之量等于父母，体惟是一（按极微无个性，故体非一，子微有个性，故体是一）。从他生故，性是无常。如是散极微皆两两合生一子微，子微并本合有三微（按三微为三极微成）。如是复与余三微合生一子微（两三微又并本合生一子微，有七极微，故名第七），第七其子等于六本微量。如是七微复与余合生一子微（二第七微并本为第十五微），第十五子微其量等于本生父母十四微量。如是辗转成三千界。其三千界既从父母二法所生，其量等于父母量。（按以上所谓量，解详后。）”此窥基所传也。而印土现传另有多说。如一谓第二子微由两极微成，第三极微由二微成，余依此推。（此恐系羯那陀说。）二谓第二子微由两极微成，第三子微由三第二子微合成，第四子微由四第二子微合生，余依此推。第二子微仍无方分，第三子微大如日光中之野马。

地云何？谓有色、味、香、触，是为地。

水云何？谓有色、味、触及液、润，是为水。

火云何？谓有色、触，是为火。

风云何？谓唯有触，是为风。

按地之色青，味苦，香无好恶，触无冷热。鼻根为地所成。水之色白，味甘，触冷，并为液性，为润湿。舌根为水所成。火色光耀，其触热。眼根为其所成。风之性为非冷非热之触。皮根为其所成。四大具各特性。如吉藏所传，色是火德，香是地德，味是水德，触是风德（《百论疏》卷三）。此上乃四大之定义，分别诸门后有详叙。

空云何？谓唯有声，是为空。

按此所谓空者，非同诸大（原子），乃遍满传声之本质也。《唯识述记》卷五曰，“别有空大，非空无为，亦非空界色。”空无为者，真正之虚空。空界色者，犹谓空气。空大乃如以太为传声之媒介也。空且为一切活动之地。如《百论》第九曰，“外曰定有虚空法，常亦遍亦无分，一切处一切时信有故（参照本颂之疏）。又外曰定有虚空，遍相亦常，有作故。若无虚空者，则无举无下无去来等，所以者何？无容受处。今实有所作。是以有虚空亦遍亦常。”

时云何？谓是彼或此之俱或不俱与迟或速之诠及缘之因，是为时。

按诠犹谓观念，缘犹谓认识。故时者，乃对于事物（或此）之同时或异时，迟或速，所发生之观念及认识之原因也。故窥基解曰，“若是彼此俱不俱迟速能诠之因，及此能缘之因，名时。”（《述记》卷五）此乃时之定义，与《百论》（第九）所言相同。《百论》曰，“以一时不一时久近等相故可知有时，无不有时，是故常。”

方云何？谓是东、南、西、北等之诠及缘之因，是为方。

按等者，等取东南东北等。胜论谓时方俱如空然，体一是常。《百论》曰，“外曰实有方，常相有故。”（物均有方，亘古如是，故知是有。参照原疏。）

我云何？谓是觉及乐及苦及欲及瞋及勤勇及行及法及非法等之和合的因缘之起智为相，是为我。

按和合因缘指体相不相离性，非和合因缘指二事中无不相离性，如德谛中之合是矣。

问曰，我以何为相？答曰，我以起智为相。问曰，起何智耶？答曰，起我为觉等（此内等）之和合因缘之智。此所谓相者，谓征象，证明，即证我乃存在之相。盖胜论证我之实有，恒谓觉等必有所依故。《俱舍论》曰，“必定信我体是有，以有念等总句义故，德必依止实句义故，念等依余理不成故。”又曰，“诸心生时皆从于我（参看《光记》卷百）。以此我为和合因缘，离我则无觉等。二者和合不能相离，非如壁持画，如器持果，壁坏器倾，画果仍在。故俱舍曰，非如壁器我为彼依，此但如地能为香等四物所依。”《百论》中谓外人证明我存在之相亦复如是。其文曰，“优楼迦言实有神，常以出入息视眴寿命等相，故知有神。复次以欲尽苦乐智慧等所依处故知有神。是故神是实有，云何言无（神字系我之异译）。”

胜论说我是常，遍一切处，我与觉异（我为觉之和合因缘），我为作者，是有执受。僧佉，人非作者，与此别异。我虽遍满而数是多，其理由亦如《金七十论》，则与僧佉相同。

我虽是常，然因前生之业报或法或非法因缚于身体，以是而有轮回。轮回必非无因，盖种子生芽，曷非有因。轮回决非以大梵（吠檀多说）或自性（数论说）为因，盖食果各异，因自非一。轮回之因且应非可见，盖因生远果中必不能有可见者为媒介。轮回受生必无间断，盖婴儿受乳面自喜悦，而仙人常能记忆前生事迹。业之传果悉依行（解说见后），法与非法为不可见因。不可见者，为一不可思议之势用。一切天象及有情组织均为其所支配，故亦为天然力，又含命运意义。实则原义为业力，法及非法是也。盖业为世界构成毁灭之原因，故摄一切势用，而后期胜论遂至主有神说，所谓自在天也。而不可见力遂为神之别名，此势用又为其特权矣。

此自在天说在正理宗与胜论混合之后。彼天一切智，一切能，常住，极乐，依世人之业报而使劫始劫灭。自在天在晚期胜论遂为我谛中之最重要者。彼无身体，遂不轮转。世人以假智而误认身体意觉等为真我，故各依本业转回无已。解脱之方在知六谛，既得六谛智慧，假智黜，悟真我，而可超出尘世矣。

意云何？谓是觉及乐及苦及欲及瞋及勤勇及行及法及非法之不和合因缘的起智为相，是为意。

按和合因缘者，犹如质料因，而凡非质料因者则为不和合因缘。如（一）由德生德，例如合德（我与意合）为因，能生觉乐等。（二）由德生业，例如物之重体为因，生坠下果。（三）由业生德，例如以取业舍业而生离合等德。（四）由业生业，例如此动致使彼动。凡此四因，均为不和合因缘。和合及不和合二种而外，后人又立有所谓助因（如士用因）。助因者，如作者因等。我于觉等系为亲因，意于觉等为增上因。以有觉等而证明有我（已如上述），以有觉等而亦证明有意。盖我为遍满，如可无意，则离身绝远之尘动亦应生识。今以身内有意为内具，一切外缘悉必经其媒介乃可生识，故人所知非能极遍，是有限制。故因有觉苦乐等而承认（起智可如是解）有觉。故以对于觉等之不和合因缘而生承认为觉之相。相者，亦指证其存在之相也。意与我合，乃能有知。意非如所谓精神，而似所谓物质，基师所云，其大如芥子。无知有作，其开始之动作由于法非法（即不可见因）。每身各有一意，体仅是微，且是有触，无有定居，急速回转。身外任何处如有尘缘，意即往接，故如充遍全体然。

德句义云何？谓二十四德，名德句义。

按《胜论经》曰，“德之定义为依一实，无有德，非离合之因。”依一实者，以一实为其本体，例如香以地为本体。无有德者，实有德而德则不能更为他德之所依。非离合之因者，则明德所以别于业也。

何者为二十四德？一色，二味，三香，四触。——五数，六量，七别体，八合，九离，十彼体，十一此体。——十二觉，十三乐，十四苦，十五欲，十六瞋，十七勤勇。——十八重体，十九液体，二十润。——二十一行，二十二法，二十三非法，二十四声。——如是为二十四德。

色云何？谓唯眼所取一依，名色。

味云何？谓唯舌所取一依，名味。

香云何？谓唯鼻所取一依，名香。

触云何？谓唯皮所取一依，名触。

按一依者，谓依一实物，非为极微之实，盖微为眼等所不能知也。故义蕴作如此解，且谓虽多极微合成一物名为一实。故一依者，亦可解为依一实。

数云何？谓一切实和合且为一或非一实等之诠及缘的因如一体等，名数。

按一切实和合者，谓数为一切实须有之性质。一非一实等诠缘因者，谓对于实之一或非一（二三四等，非一实等者，等谓多实，非等取他句义）而发观念（诠）认识（缘）。一体等者，谓数例如一性二性三性等也。数之所以不为一切德等和合者，盖德不能有德也。

量云何？谓微体，大体，短体，长体，圆体等，名量。

微体者，谓以二微果为其和合因缘并为二体所生之一实的微之诠及缘之因，是名微体。

按微体依二微果，为其微果性质之一，故曰以二微果为和合因缘。以此微性乃于二体（父母二微）所生之一实见之，故于此实可有微之观念（诠）及认识（缘），故曰二体所生一实微诠缘因。

大体者，谓因多体而有大体，此大体与积集差别所生三微果等和合，且为一实之大之诠及缘之因，是名大体。

按大体乃因多体而成，故与积聚之一种（差别可作如是解）即所生三微及更上各子微等和合。二微不能有大性，三微始有之，故与三微果等和合。三微等合成亦可谓实，故大体者，可使吾人对于一实而发生大之观念（诠）及认识（缘），故为一实大诠缘之因。

短体者，谓以二微果为其和合因缘，并为二体所生之一实的短之诠及缘之因，是名短体。

长体者，谓因多体而有长体，此长体与积集差别所生三微果等和合，且为一实之长的诠及缘之因，是名长体。

按此一段准上易知。

圆体者，有二种：一极微，二极大。

极微者，谓极微之所有，并所和合，且为一实之极微的诠及缘之因是名极微。

极大者，谓与空、时、方、我四实和合，且为一实之极大的诠及缘之因，亦名遍行等，是名极大。

按空、时、方、我遍满一切，俱是极大。余五实中地、水、火、风，体是极微。论虽未言及意，既非极大，又非极微，实为二微，窥基谓意大如芥子。

别体云何？谓与一切实和合，且为一及非一实之别的诠及缘之因，如一别体等，是名别体。

按别体定义与数相似，惟数者旨在聚，如聚三一而为三；别之旨在分，如三别体别于二别体四别体而言。故胜论人释曰，别体为分之观念之因。别体与异句义不同，别体指数，而异谛指一切之异。且异谛为遮表觉因，别体则仅诠缘之因也。

物各有别体，千缕成一衣，衣缕各别，缕中无衣，以此而持因中无果之说。后人传其理由有七：（一）因果观念异，无人见缕视为衣，无人视衣为缕。（二）因果名称异，无人称衣为缕，称缕为衣。（三）一因生异果，缕可成布，又可作索。（四）因果之时间异，因前果后，非同一时。（五）因果形异，衣非缕形。（六）因果数异，衣一缕多。（七）若因中有果，则因应只一，而不应有多因共一果，如由缕成衣，应无须助因（如作者及器械等）。以此七事应知因中无果。

合云何？谓二不至者至之时，名合。此有三种：一随一业生，二俱业生，三合生。

随一业生者，谓从一有动作及一无动作者而生。

俱业生者，谓从二种有动作生。

合生者，谓有无动作之多实，当其生时与空等合。

按《述记》（卷五）解曰，“此意但取初合（方初合之时）名合，此别有三：一随一业生，以手打鼓，手有动作（鼓无动作）所生之合业是动作也。二俱业生，两手相合皆有动作故。三合生，如牙（多实之物）等生，无有动作，与合等实合时所生之合也。”窥基此喻，盖谓多实合（第一次合）而牙生，牙生而与空等合（第二次合），故此为合所生之合也。亦有他喻，如身之与树合，由手合于树是也。空等者，当谓时方等也。

离云何？谓从二至物不至，名离。

此有三种：一随一业生，二俱业生，三离生。

此中随一业生，及俱业生，如前合说。离生者，谓已造果实由余因离，待果实坏，遂与空等离。

按此段准上易知，和合句义施于不相离物，合者施于相离之物，离者施于已合之物。

彼体云何？谓属一时等及远觉所待之一实所生，且为彼之诠及缘之因，是名彼体。

按彼体者，一关于空间，立在此岸，对岸曰彼；一关于时间，根据此一时，另时曰彼（此解属一时等，等者取方）。故彼体者，属于（所待）远距之知觉（此解远觉所待）。凡彼体者均由有此性质（一属一时等，二远觉所待）之实物而生（此解本文前半），而为发生“彼”之观念（诠）认识（缘）之原因也。窥基法师《述记》所解，失却本义。

此体云何？谓属一时等及近觉所待之一实所生，且为此之诠及缘之因，是名此体。

按此体准彼体解，易知。

觉云何？谓悟一切境。

此有二种：一现量，二比量。

现量者，于至实之色等与根等和合之时，而有了相生，是名现量。

按此现量者，由四事合生：（一）境，谓根等所可至之实之色等（如极微非根能至，此解与《述记》不同）。（二）根，谓四大所造之眼耳等。（三）意，为内具。（四）我，为作者。根外有意有我，故曰根等。须此四事和合而有了相生。

比量者，此有二种：一见同故比，二不见同故比。

见同故比者，谓因一见相故，及二待相及所相两相属念故，

及三我意合故，而于不见之所相的境有智生，是名见同故比。

按见同故比者，如见烟故（烟相为诸火之所同有，故比曰见同），而忆念此烟（相）恒与火（所相）不离而相属，故心与意合，而于不见火之烟之境发生知识。又如见野牛形状（相），而忆念此形状与家牛（所相）相属，于是我与意合，而于不见家牛之境发生知识（此在正理宗谓之譬喻量）。

不见同故比者，谓因一见因或果或相属或一义和合或相违故，及二待彼相属念故，及三我意合故，而于彼毕竟不现见境有所有智生，是名不见同故比。

按不见同故比者，（一）如见黑云（见因），以至忆与彼相属之天将雨，而我意合，于毕竟不现见（即天雨）之境而发生一切知识。（二）如见江中满新浊水（见果），以至忆与彼事相属之上流有雨，以是而我意合，于毕竟不现见境（即上流之雨）而有一切智生。（三）如嗅香或见霜而忆与彼相属之地或坚冰，而我意合，于毕竟不现见境（即地大或坚冰）而发生知识。（四）如见火之光色而忆及焚烧，盖能焚发光二性均和合于一事（一境）也。（五）如见台空而知风去，盖台空与风在为相违也（《述记》解说有误）。

乐云何？谓与一实即我德和合，以适悦为自性，名乐。

苦云何？谓与一实即我德和合，以逼恼为自性，名苦。

欲云何？谓与一实即我和合，希求色等，名欲。

瞋云何？谓与一实即我和合，损害色等，名瞋。

勤勇云何？谓与一实即我和合，且待欲或瞋与我及意合所生策励，是名勤勇。

按上文易知。自觉至勤勇，仅与我和合。乐、苦无动作，而为欲、瞋之因。欲、瞋为有动作，因欲、瞋而生勤勇。此上十七德为《胜论经》所有，下七彼经所无。

重体云何？谓与地或水实和合，且为一实坠堕之因，是名重体。

液体云何？谓与地或水或火实和合，且为一实流注之因，是名液体。

润云何？谓与水实和合，且为一实如地等所摄之因，名润。

按上文易知。金、蜡遇火为流质，故液体亦与地实和合。

行云何？此有二种：一念因，二作因。

念因者，谓与我和合，关于一实之现或比智，行所生之数习差别，是名念因。

作因者，谓攒或掷等生业所生，且依附一实，且为有质碍实所有势用，是名作因。——此种行即谓势用。

按行者，为潜伏潜行之心理。业报之能及久远者，以凡人作业均留有行也。以此而为忆念之因。（一）如见兵士（此现智）于此，而生种种熏习（此译数习差别），如兵士持枪军服等，此印象与我和合，是谓之行。以后各时忆及兵士，均因此时所见，故曰念因。或有时生比智，谓兵为国毒，此印象成种种熏习，而后时均可忆此，亦是念因。（二）业生势用，如攒掷等作业，均生一种力，而此力成为潜伏之行。后如发动，则仍可生动作，故为作因。凡力自均依于一实，如火力依于薪。且仅有质碍实（地水火风及意）乃藏有势用。念因，《述记》解谓智种子，作因则如物理学所谓能力也。

法云何？此有二种，一能转，二能还。

能转者，谓为可爱身等所生乐之因，与我和合，且有一实与果相违，是名能转。

能还者，谓为离染缘之正智所生喜之因，与我和合，且有一实与果相违，是名能还。

按善行生法，恶行生非法，于人有益名法，于人无益名非法

（见《光记》）。能转之法未离假智，仍生生死。能还之法已离染缘（《慈恩传》曰：“胜论师立六句，此六是我所须具，未解脱以来受用此六，若总解脱与六相离，称为涅槃”），即出世间。故（一）人于世中行善业（法），与此我和合，而来世降生或在天上，或在人间，为可爱身，以此生乐。（此上解可爱身等乐因与我和合）来生食果是乐，是可爱，非如前生，故此生之身（指一实）与来生之果相违。（此解一实与果相违）（二）但如此生正智（即明六智）离一切染缘，此等善法与我和合，能断业报出轮回，神我独立永住于喜，此所得果可使身离，故此身之一实与果相违。

非法云何？谓为不可爱身等所生苦及邪智之因，与我和合，且有一实与果相违，是名非法。

按此段准上易知。不可爱身等，谓鬼道、畜道等。

声云何？谓唯耳所取一依，名声。

按此准上色、香、味、触易知。《成实论》五曰，声是求那，以是求那故无作业，业与声总均非是常。声或从离生，或从合生，或从异声生，声是念念灭，声是相续。——凡此所说均出胜论，可详究也。

业句义云何？谓五种业，名业句义。何者为五？一取业，二舍业，三屈业，四申业，五行业。

取业云何？谓为上下方分虚空等处之极微等本合后离之因，且依一实，名取业。

舍业云何？谓为上下方分虚空等处之极微等本离后合之因，且依一实，名舍业。

屈业云何？谓于大长实，且依附一实，且为此实物之近处有合，而远于近处者本离而合之因，是名屈业。

申业云何？谓于大长实，且依附一实，且为此实物之近处有

合，而远于近处者本合而离之因，是名申业。

行业云何？谓与一切质碍实和合，且依一实，依次先合后离之因，是名行业。

按《胜论经》曰，业之定义为依附一实，无德，而为合及离之因。其义可按德之定义以知。取业自下向上，如自地取球向上抛掷。舍业者，自上向下，如手舍球掷下至地。屈业、申业为惰性及弹性之用。行业为一切物质之普通动作。

同句义云何？谓有性。

何者为有性？谓与一切实德业句义和合，为一切根所取，且于实德业之有的诠智因，是谓有性。

按有者谓诸法之所同有。诸法均存在（有之今译），故均有有性，故有名为同。而与一切实德业句义和合，且为于实德业发生存在之观念（诠智）及认识（即缘，盖有为一切根所取缘）之原因。《俱舍论》说胜论执有总同句义，一切法总同言智由此发生。与今解同。言即今所云诠。《光记》十九释此文错。又《因明大疏》卷七，述有法自性相违因，而倒引有性，甚可发明此谛真义。本谛详解，另见俱分句义下。

异句义云何？谓常于实转及依一实，并是遮彼觉之因，及表此觉之因，名异句义。

按物之互别，均以其相异。故大千世界有多总别，而总别之内各有别别。而推至极端，此物之所以不与彼物相混者，亦均以其有异。此异句义者，即为使人有表现此物之知觉，且有遮拒彼物之知识也。常于实转，可有三解：（一）常于实转谓异句义仅于实句义有之，遮德业等。此说虽基师所许，然实非理。（二）分常于实转为二，谓异句义是常，且于实转。此说虽通，而为本书定义之创例，盖诸门名别（常、非常等）皆属后文。（三）于常实转之讹。此言最胜，证之梵籍且有根据，然须改译文。所谓常实者，谓极微（地、水、火、风四极微）、空、时、方、我、意也。于常实转者，谓真正之相异不在实所造色（非常者），而在实之本质（如极微，此是常）。夫此瓶之所以异于彼瓶，由其泥异，而此瓶泥与彼瓶泥之所以异，实可推至极微之相异。一切实物虽各相异，而其所以异则本乎极微、空、时、方、我、意之异，故曰于常实转。本谛另有详解，亦载俱分句义下。

和合句义云何？谓令实等不离而相属，并为此之诠智之因，又性是一，名和合句义。

按和合句义能令实与德业不离而相属，此简合德之有离乃有合。且因有和合而生白属于雪之观念。“此诠智”之此字据梵籍应作“在此”解，盖白在此雪中，以是和合句义乃为此诠智之因。

有能句义云何？谓与实德业和合，凡共一或非共一所造各自果时之决定所须者，如是名为有能句义。

无能句义云何？谓与实德业和合，凡共一或非共一不造余果时之决定所须者，如是名为无能句义。

按《胜论经》，（一）实可生一实，或多实，或德，或业。（二）多实可共同生一同类之实。（三）德生诸实或德，或业。（四）多实亦然。（五）一业生德。（六）多业生德。惟业必不能生实，或业。慧月之有能句义，即从此出。所谓共造自果者，或如地、水共一而生泥，或如地实与香德而生实现之香。非一者，谓非共一。非一造之义，为独自造果，如地微独自生土地。凡一切共同或不共生长，均因有能，如豆种生豆是也。反之，豆不造瓜（余果）乃有无能。以此诸义而立有能、无能二句义。

俱分句义云何？谓实性、德性、业性及与彼一义和合如地性、色性、取性等，如是名为俱分句义。

实性者，谓与一切实和合，关于一切实之实的诠及缘之因，

而于德业不转，为眼及触所取，是名实性。

德性者，谓与一切德和合，关于一切德之德的诠及缘之因，而于实业不转，为一切根所取，是名德性。

业性者，谓与一切业和合，关于一切业之业的诠及缘之因，而于实德不转，为眼及触所取，是名业性。

地性等亦如是。

按俱分者，在本论之末又译为同异，其位置在同句义及异句义之间。盖此论中同谓有性，有性一切实德业所同有，无有与之异者，是乃同而不异，故又名大同（见《述记》）。此论中之异，谓指此牛此瓶，又此一极微甲，则凡大千世界一切事物如羊、豕、瓦罐等，如极微乙、丙等，均是彼非此，均与之异，此则异而不同，故曰异。而俱分句义者，如实性，对于地、水等则为同，对于德业等则为异。如地性，对于瓶等则为同，对于水、火等则为异。又如牛性，对于黄牛、青牛等则为同，对于羊、豕等则为异。而黄牛性等亦复如是。凡此均亦俱亦分，亦同亦异（此依相违释）。自其同言之，则为小同；自其异言之，则为同异（此依依主释）。故关于同异可有三种分别：（一）同而不异，（二）亦同亦异，（三）异而不同。第一家《胜论经》中之六句义，其同谛约举（一）、（二）两项而言，其异谛指第（三）项，此即《成实》及《百论》所陈之六谛。故《百论疏》曰，“同谓有、等。”有指第（一）项，等者等取第（二）项。第二家窥基所述之句义，其同谛即有，指第（一）项，而其同异谛则包括（二）、（三）两项，故与《胜论经》所言不同。而基师乃谓其说“依《百论》”（见《述记》），误矣。盖第一家之同谓有、等，而第二家之同仅谓有也。第三家十句义之同（与第一家之同谛异，而与第二家之同句义同），为上列第（一）项仅同而不异，有性是也。十句义之异（与第一家之异相同），为第（三）项仅异而不同（如此极微是矣）。十句义之俱分，指第（二）项，与第二家之同异句义实不相同，盖其同异包举（二）、（三）两项而言也。基、光二师均谓“当旧所说同异性”，实亦错误。

今撮取其要，立表明之（表见 143 页）：

总同异、别同异名，见《因明大疏》卷七、九右，可参考。有边异者，谓极端之异，有九：地、水、火、风四极微种及空、时、方、我、意是矣。非有边异者，谓不极端之异，谓四微所造色。如此瓶别于彼瓶，此牛别于彼牛是矣。有边及非有边异，本论下文误刊为边有异及非边有异。

无说句义云何？谓五种无，名无说句义。

何者为五？一未生无，二已灭无，三更互无，四不会无，五毕竟无，是谓五无。

未生无者，谓实德业因缘不会故，犹未得生，名未生无。

已灭无者，谓实德业或因势尽，或违缘生，虽生而坏，名已灭无。

更互无者，谓诸实等彼此互无，名更互无。

不会无者，谓有性与实等随于是处无合，无和合，名不会无。

毕竟无者，谓无因故，三时不生，毕竟不起，名毕竟无。

按无说句义为第四句义（同即有性）之反面。在因明正理宗许为句义，而弥曼差驳之。无义通分有四种，而本论加一不会无（《金七十论》亦有四无之说）。未生无者，实或德业之原因尚未至，则不得生，如薪未遇火，则不得燃。已灭无者谓实德业或因势尽已生而坏，如轮转直往，力尽则停。不会无者（《光记》十九误作不生无），如有性与实等无合和，如风无香德，是风香及有性之不和合，或实等无合，如树未与手合则亦是无。毕竟无者，如龟毛无因可生，故一向（三时）不生而毕竟无有也。

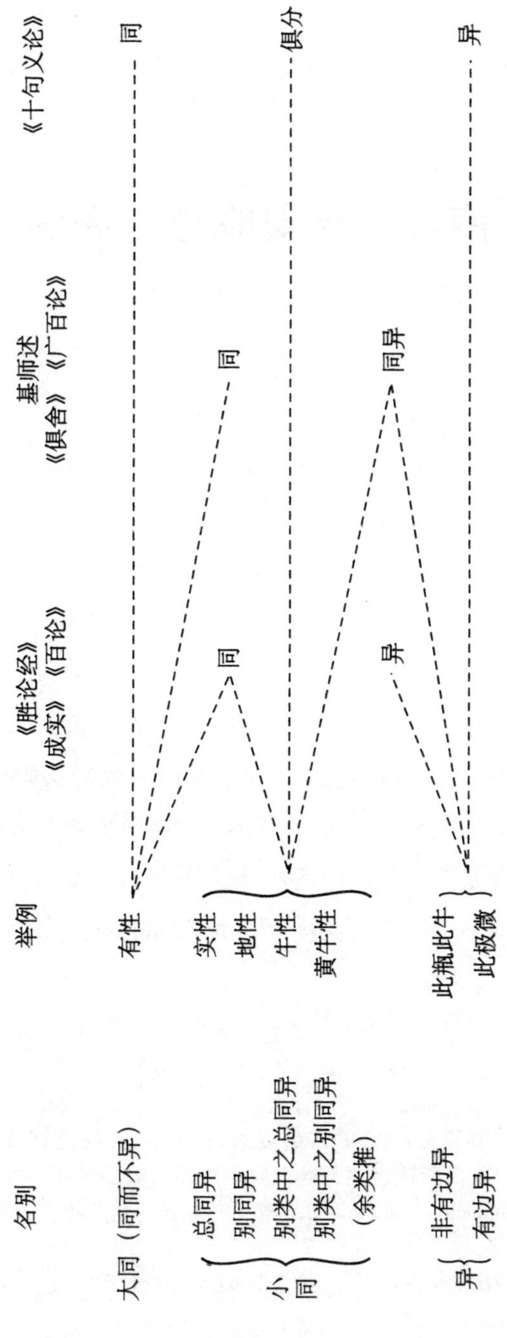
名别
举例
《胜论经》《成实》《百论》
基师述《俱舍》《广百论》
《十句义论》
大同（同而不异）
有性
同
同
小同
总同异
别同异
别类中之总同异
别类中之别同异
（余类推）
实性
地性
牛性
黄牛性
同
俱分
同异
异
非有边异
有边异
此瓶此牛
此极微
异
异

南传《念安般经》译解

译者谨按：中译《安般守意经》者，后汉安世高所出。东晋释道安《综理众经目录》述有二种：一《小安般经》，一《大安般经》，各一卷。现存藏中有《佛说大安般守意经》，上下二卷，标为“安译”，则似系《大安般经》。本文与陈慧注错参成书，文注不分，非复安译之旧①。

安般（ānāpānā）者，通译为息十念之一也。入佛法有二甘露门：一不净观，二持息念②。而于我国六朝禅法则息念为最要。安侯译《十二门经》在乎解色解形③，译《安般》则重发禅数之秘奥，而后者尤要。从之学者尘集。南阳韩林、颍川皮业、会稽陈慧，尤执持不倦。至三国康僧会助陈慧作注，约同时沙门严佛

① 参看《大安般守意经》康僧会序。按巴利文安谓 āna，般谓 apāna，“意”字于汉末三国时或即“念”字之别译，或为“末那”之译文，如安世高《八正道经》第七谛意，当后译之正念。该经并谓“第七谛意者日增三十七品不离意”，则所言亦见于《大安般守意经》。据此则守意者为 sati - upatthăna。唯安世高所译之《七处三观经》中有守身守口声守意之语，则守意者为 manokammanpaccupatthitam，据《安般守意经》本文，则意似指末那，或当后译之心字。

② 《五事毗婆沙论》卷上。《杂阿毗昙心论》卷一。《俱舍论》卷二十二。

③ 见《出三藏记集》，道安《大十二门经序》。

调撰《沙门十慧经》①，则亦绎《安般》之余绪。六朝定学称为禅数。数者，安般守意六事之一也。罗什《思维略要法》云："凡求初禅，先习转观，或行四无量；或观不净，或观因缘；或念佛三昧，或安那般那，然后得入初禅则易。"萧梁慧皎序："习禅自世高以至于玄高日，出入尽于数随，往反穷乎还净。"则彼时念安般之重要概可知矣。

本篇译文出巴利文《中阿含》，次在第一百十八，题曰《念安般经》（Ānāpānasatisutta）。寻其文义可分三大部：初缘起，二佛说，后总结。佛说又分为三：一奖挹僧伽，二安般主文，三广释主文。此又有四：一修念安般，二修四念处，三修七觉支，四修智慧解脱。此中修安般一段为全篇关键，真可谓"其文虽约，义关众经"②。南传锡兰诸籍谈念安般者均依此文。北传我国亦多由此推衍。如《杂阿含经》二十九，《大毗婆沙》二十六，均引此文。此即《修行道地经》之十六特胜，亦即《达磨多罗禅经》之十六行，即就安世高所译之经亦有所谓十六胜，然文则与此大异小同。此或上座禅法根本要谛原承佛说，故为各家之所同乎。此本文之可研读者一也。复次，《大安般守意经》说四种及六妙门，旧译《解脱道论》念安般一段为本经十六特胜段之广释，亦说四事，而巴利文之《清净道论》释本段时有八事之说。详如次表。

四种	数	相随		止	观			
六妙门	数息	相随		止	观	还	净	
四事	算	随逐		安置即止	随观即观			
八事	数	相随	触	安置	随观	还	净	遍虑

则南传北传固大体相通，此演进之迹大可详究者二也。

① 《沙门十慧经》为我国自撰佛书之最早者，今佚。《出三藏记集》仅存其序文。十慧者，即《安般守意经》之十黠。

② 引《安般守意经》谢敷序文中语。

本经既若是重要，故其广释亦须研寻。兹于迻译经文之外，取《解脱道论》所言赘为释文。一因《解脱道论》解此已详；二因彼论南传，遵之以见南方上座之面目；三因《解脱道论》之中译所据原文既有不同，而译者复劣，常有讹舛。今比列之以见整理校勘旧籍甚为今日切要之图。此支那内学院编印藏要，研究典籍，所以为精识宏愿也。

如是我闻，一时佛在舍卫城住鹿母故园大阁，与多数有名上座及弟子俱，如尊者舍利弗、尊者目犍连那、尊者迦叶波、尊者迦旃延、尊者柯底他、尊者迦毗那、尊者纯陀、尊者阿耨达、尊者阿难、并与其他有名上座及弟子俱。

尔时诸上座比丘教诲新进，有上座比丘教诲十人者，有教诲二十人者，有教诲三十人者。以至有教诲四十人者。彼诸新进比丘经上座教诲，日渐进得特长。

即于尔时当望日布萨之候，夏坐终讫之节，月圆之夜，世尊于比丘僧众围绕中露天而坐。

世尊旷瞩静寂僧众而告之曰："诸比丘，余坚执此道。诸比丘。余心坚执此道。诸比丘，汝其坚执无上精进信所未信者，得所未得者，实言其虚诳者。余将于四月之望再至舍卫城。"乡村诸比丘闻此，遂届时咸集舍卫城见世尊。于是诸上座对诸新进加以更上教诲，有教诲十人者，有教诲二十人者，有教诲三十人者。乃至有教诲四十人者。诸新进比丘经上座之教诲。日渐进得特长。即于尔时当望日布萨之候，即四月望月圆之夜。世尊于比丘僧众围绕中露天而坐。

世尊旷瞩静寂比丘僧众而告之曰："诸比丘，此群众不谈琐屑。诸比丘，此群众不作绮语，力争上流。诸比丘，若斯僧伽若斯群众，应受敬礼，应受施与。并应受问讯。诚举世无上之福田也。诸比丘。若斯僧伽若斯群众，对之薄施即厚施。对之厚施即

甚厚施。诸比丘。若斯僧伽若斯群众，世之所难得而欲面晤者。诸比丘，若斯僧伽斯群众。远人闻风亦均负笈而至。诸比丘，此僧伽此群众，如是如是。诸比丘，此僧伽比丘为阿罗汉漏尽圆成。行其所当行，离却负担，止于善果。有结灭尽，正遍智慧，最终解脱。若是者乃此僧伽之比丘。诸比丘，此僧伽比丘灭尽欲界五结。超人间世。于彼圆寂。永不转退至此世间，若是者乃此僧伽之比丘。诸比丘。此僧伽比丘灭尽三结，削除贪嗔痴，再来此世仅止一次，若是乃此僧伽之比丘。诸比丘。此僧伽比丘灭尽三结，得不来果，永不转退，必趣正觉，若是乃此僧伽之比丘。诸比丘，此僧伽比丘常修四念处。常修四正断，常修四神足，常修五根，常修五力，常修七觉支，常修八圣道，常修慈悲喜舍，常修不净观，乃至常修无常想定，若如是住乃为此僧伽之比丘。诸比丘，此僧伽比丘常修念安般。若如是住乃为此僧伽之比丘。

按以上叙广演念安般之缘起。据《大毗婆沙》卷二十六所引十六特胜，系出契经，恐为本经之北传本。惟其叙缘起事实大殊，此极简陋，彼则繁富，此中有无演进关系，不可知也。

原文语句重复极多，佛经文体固然，译时多仍其旧。昔释道安译经有五失本之说，主张裁除烦重，但今多仍原体，俾存其真。

诸比丘，念安般数数修习，有大果，有大誉。念安般数数修习，可令四念处完成。四念处数数修习，可令七觉支完成。七觉支数数修习，可令智慧解脱完成。

按此段主文，此下广释。

又按《解脱道论》引此文略异。其文曰："若人修行念安般成寂寂，成胜妙，成庄严，可爱，自娱乐。若数数起，恶不善法令除灭，身成不懈怠，眼亦不懈怠，身成不动不摇，心成不动不摇，令满四念处，令满七觉意，令满解脱，世尊所叹，圣所住止，梵所住止，如来所住止。”

诸比丘，如何修念安般，如何数习。如何有大果有大誉耶?

诸比丘，于此比丘或往林中，或往树下，或往空寂地。结跏趺坐。持身正直，系念在前。

按《解脱道论》释末句曰：“谓系念住于鼻端，或于口唇，是出入息所缘处。彼坐禅人以安念此处，入息出息于鼻端口唇以念观触，或现念令息入，现念令息出，现于息入时不作意，于出时亦不作意，是出入息所触鼻端口唇以念观知所触，现念令入息，现念令出息。如人解材以缘锯力，亦不作意锯来去想，如是坐禅人于入出息亦不作意入出息想，所触鼻端口唇以念观知。”

彼念出息，彼念入息。

按据《清净道论》，Assassati 释为出息，Passassati 释为入息，故出先入后。然据《解脱道论》，则入先出后。今姑依巴利文之《清净道论》为正①。

按《解脱道论》曰：“现念令入息，现念令出息。若坐禅人于出入息作意内外其心成乱，若心起乱其身及心成懈怠动摇，此是过患。若最长息，若最短息，不应作意。若作处最长最短息其身及心皆成懈怠动摇，此是过患。由出入息种种相故不应作著，若如是作心余缘成乱，若心乱其身及心皆成懈怠动摇，如是过患无边。起出入息以无边触，故应作想如是心不乱。若心迟缓，若心利疾，不当精进。若作迟缓精进成懈怠睡眠，若作利疾精进成起调。若坐禅人若与懈怠睡眠共起，若与调共起，其身及心成懈怠成动摇，此是过患。彼坐禅人以九小烦恼清净心现念入息，彼

① assassati 前接字之 a 字有入义，passassati 前接字之 pa 字有出义，《解脱道论》想据此以译。《清净道论》释此，不知何以恰相反对。今以彼《论》为南传，从之以见南方佛教之真相。参看忽滑谷快天《禅学思想史》卷上，一二六至一三七页。

相得起。名相者，如抽绵，抽古贝，触身成乐触，如凉风触身成乐触，如是入出息风触鼻口唇念作风想不由形色，此谓相。若坐禅人以修多修相成增长，若鼻端增长于眉间于额，成多处住，成满头风，从此增长满身猗乐，此谓具足。复有坐禅人从初见异相，如烟，如雾，如尘，如碎金，犹如针刺，如蚁所啮，见种种色。若坐禅人心不明了，于彼异相心作异想成颠倒，不成出入息想。若明了坐禅人不作异意想，念现入息，念现出息，虽作余想，若如是作意异相即灭。是坐禅人得微妙相，心不放逸，念现入息念现出息彼相自在，以相自在欲起修行，由欲自在念现入息念现出息起喜，已喜自在已欲自在念现入息念现出息起舍于彼，已舍自在已欲自在已喜自在念现入息念现出息其心不乱，若心不乱诸盖灭禅分起，此坐禅人已得寂灭胜四禅定，如初广说。复次，先师说四种修念安般，所谓算，随逐，安置，随观。问曰：云何名算？答曰：初坐禅人从初出息及至入息从一至十过十不算，复说从一至五过五不算，不令意误，是时当算乃至离算从入出息事念住，此谓名算。名随逐者，摄算以念无间逐出入息，此谓随逐。名安置者，或鼻端，或于唇，是入出息所触处，于彼作风想令念住，此谓安置。名随观者，由触自在当随观相，于此所起喜乐等法应当随观，此谓随观。彼算为觉灭令得出离觉，随逐者为灭粗觉于出入息作念无间，安置者为断于乱作不动想，随观者为受持想为知胜法。”

彼长出息并知‘我长出息’。彼长入息并知‘我长入息’。彼短出息并知‘我短出息’。彼短入息并知‘我短入息’。

按《解脱道论》释长短息颇难探索，或文有错漏。《清净道论》释此有曰：“若象若蛇，因其本性于长程中完成和缓，息息均如此出，是曰长。若狗若兔，因其本性于短程中完成疾速，息息均如此出，是曰短。”

方其出息了知一切身彼力学。方其入息了知一切身彼力学[①]**。**

按《解脱道论》曰："知一切身我入息如是学者，以二禅行知一切身，以不愚痴知故，以事故。问曰：云何不愚痴知一切身？答曰：若坐禅人念安般定，身心喜乐触成满，由喜乐触满一切身成不愚痴。问曰：云何以事知一切身？答曰：出入息者所谓一处住色身，出入息事心心数法名身，此色身名身，此谓一切身。彼坐禅人如是以见知一切身虽有身无众生无命。"

彼《论》又曰："如是学者谓三学：一增上戒学，二增上心学，三增上慧学。如实戒此谓增上戒学，如实定此谓增上心学，如实慧此谓增上慧学。彼坐禅人此三学于彼事以念作意学之，修已多修，此谓学之。"

方其出息静止身行彼力学，方其入息静止身行彼力学。

按《论》曰："令灭身行我入息如是学。云何名身行者？此谓出入息以如是身行曲伸，形随神动踊振摇，如是于身行现令寂灭。复次，于粗身行现令寂灭，以细身行修行初禅，从彼以最细修第二禅，从彼最细修行学第三禅，令灭无余修第四禅。问曰：若无余灭出入息，云何修行念安般？答曰：善取初相故。以灭出入息其相得起成修行相。何以故，诸禅相知喜为事。"

方其出息了知喜彼力学，方其入息了知喜彼力学。

按《论》曰："彼念现入息念现出息，于二禅处起喜。彼喜以二行成知，以不愚痴故，以事故。于是坐禅人入定成知喜，以不愚痴以观故，以对治故，以事故成。"

方其出息了知乐彼力学，方其入息了知乐彼力学。

按《论》曰："知乐我入息如是学者，彼现念入息现念出息，

---

① 按《解脱道论》译文"知一切身我入息如是学"（下同）系照原文直译。惟了知一切身等为十六特胜，即念安般时力学所得之果，故今改之，俾稍明晰。

于三禅处起乐。彼乐以二行成知，以不愚痴故，以事故，如初所说。”

方其出息了知心行彼力学，方其入息了知心行彼力学。

按《论》曰：“知心行我息入如是学者，说心行是谓想受二蕴。于四禅处起彼彼心行，以二行成知，以不愚痴故，以事故，已如初说。”

方其出息静止心行彼力学。方其入息静止心行彼力学。

按《论》曰：“令寂灭心行我息入如是学者，说心行是谓想受，于粗心行令寂灭学之，如初所说。”

方其出息了知心彼力学，方其入息了知心彼力学。

按《论》曰：“知心我入息如是学者，彼现念入息现念出息，其心入出事，以二行成所知，以不愚痴，以事故，如初所说。”

方其出息使心欢喜彼力学。方其入息使心欢喜彼力学。

按《论》曰：“令欢喜心我人息如是学者，说令欢喜，说喜于二禅处，以喜令心踊跃学之，如初所说。”

方其出息使心摄持彼力学，方其入息使心摄持彼力学。

按《论》曰：“令教化心我入息如是学者，彼坐禅人现念入息现念出息，以念以作意彼心于事令住令专一心教化，以彼心住学之。”

方其出息使心解脱彼力学，方其入息使心解脱彼力学。

按《论》曰：“令解脱心我入出息如是学者，彼坐禅人现念入息现念出息，若心迟缓从懈怠令解脱，若心利疾从调令解脱学之，若心高从染令解脱学之，若心下从瞋恚令解脱学之，若心秽污从小烦恼令解脱学之，复次若心不著乐令著学之。”

方其出息见无常彼力学。方其入息见无常彼力学。

按《论》曰：“见无常我入息如是学者，彼现念入息现念出息，其入出息及入出息事心心数法见其灭生，生灭学之。”

方其出息见无欲彼力学。方其入息见无欲彼力学。

按《论》曰："见无欲我入息如是学者，现念入息现念出息，彼无常法，彼法无欲是泥洹，入息学之。"

方其出息见灭彼力学，方其入息见灭彼力学。

按《论》曰："见灭我入息如是学者，彼无常法如实见其过患，彼我灭是泥洹，以寂寂见学之。"

方其出息见出离彼力学。方其入息见出离彼力学。

按《论》曰："见出离我入息如是学者，彼无常法如实见其过患，于彼过患现舍居止寂灭泥洹，使心安乐学之。如是寂寂如是妙，所谓一切行寂寂，一切烦恼出离，爱灭无欲，寂寂泥洹。"

诸比丘，如是修念安般，如是数习。可有大果有大誉。

诸比丘，如何修念安般，如何数习，可令四念处完成耶？

诸比丘。若彼念出息，彼念入息，彼长出息并知'我长出息'，彼长入息并知'我长入息'，彼短出息并知'我短出息'，彼短入息并知'我短入息'。方其出息了知一切身彼力学，方其入息了知一切身彼力学，方其出息静止心行彼力学，方其入息静止心行彼力学。诸比丘，若如是时比丘恒于身观身，热诚精思，常念戒世间之忧患，则于身知身，余即分别出入息，因此则如是时比丘恒于身观身，热诚精思，常念戒世间之忧患。

诸比丘，若方其出息了知喜彼力学，方其入息了知喜彼力学，方其出息了知乐彼力学，方其入息了知乐彼力学，方其出息了知心行彼力学。方其入息了知心行彼力学，方其出息静止心行彼力学。方其入息静止心行彼力学。诸比丘，若如是时于受观受，热诚精思，常念戒世间之忧患，则于受观受，余即分别至善作意于出入息，因此则如是时比丘恒于受观受，热诚精思，常念戒世间之忧患。

诸比丘，若方其出息了知心彼力学。方其入息了知心彼力

学，方其出息使心欢喜彼力学，方其入息使心欢喜彼力学，方其出息使心摄持彼力学。方其入息使心摄持彼力学。方其出息使心解脱彼力学，方其入息使心解脱彼力学。诸比丘，若如是时于心观心，热诚精思，常念戒世间之忧患，凡有结者，即余谓其不能修念安般。因此则如是时比丘恒于心观心，热诚精思，常念戒世间之忧患。

诸比丘，若方其出息见无常彼力学，方其入息见无常彼力学。方其出息见无欲彼力学，方其入息见无欲彼力学，方其出息见灭彼力学，方其入息见灭彼力学，方其出息见出离彼力学，方其入息见出离彼力学。诸比丘，若如是时恒于法观法，热诚精思，常念戒世间之忧患，如以智慧见知忧患之除去。则是能舍者矣。因此则如是时以丘恒于法观法，热诚精进，常念戒世间之忧患。诸比丘，如是修念安般，如是数习，令四念处完成。

按《论》曰："问曰：云何得如此？答曰：长出入息所初，四处成身念处，知起所初成受念处，知心所初成心念处，见无常所初成法念处，如是修念安般成满四念处。"

诸比丘，如何修四念处，如何修习，可令七觉支完成耶？

诸比丘，若比丘恒于身观身，热诚精思，常念戒世间之忧患。若持此念时可以不乱，若持念不乱时则念觉支坚固。念觉支得以修而修念觉支亦可趣于完成矣。若彼恒如是念，真知此法。抉择审视。得生圆智。

诸比丘，若比丘恒如是念真知此法抉择审视圆智得生时。择法觉支坚固，并得以修而修亦趣于完成矣。若真知此法，抉择审视，圆智得成，则精进坚固而不摇矣。诸比丘，若比丘真知此法抉择审视圆智得成精进坚固不摇时。则精进觉支坚固，并得以修而修亦趣于完成矣。若精进坚固。则离欲喜起矣。

诸比丘。若因精进坚固离欲喜起，则喜觉支坚固。并得以修

而修亦趣于完成矣。若有喜意。身心均轻安矣。

诸比丘，若有喜意身心均轻安时。则轻安觉支坚固。并得以修而修亦可趣于完成矣。若身安。则心易定矣。

诸比丘，若身安心易定时，则定觉支坚固，并得以修而修亦趣于完成矣。若比丘如是定。则心善舍矣。

诸比丘，若如是定心善舍，则舍觉支坚固。并得以修而修亦趣于完成矣。

诸比丘。若比丘〔不论〕于受观受，或于心观心，或于法观法，热诚精思常念，〔则均如上七段所说，七觉支得次第完成矣〕(此中删重出一大段未译)。

诸比丘，如是修四念处，如是数习，可令七觉支完成。

按《论》曰："云何以修四念处成满七菩提分？修念处时于念成住不愚痴，此谓念觉分。彼坐禅人如是念住知择苦无常行，此谓择法菩提分。如是现择法行精进不迟缓，此谓精进觉分。由行精进起喜无烦恼，此谓喜觉分。由欢喜心其身及心成猗，是谓猗觉分。由身猗有乐其心成定，此谓定觉分。如是定心成舍，此谓舍觉分。以修四念处成满七菩提觉分。"

诸比丘，如何修七觉支，如何数习，可令智慧解脱完成耶？

诸比丘，若比丘令念觉支修习。则依离依无欲依灭尽，并弃灭成熟，则可令念觉支修习矣。诸比丘。令择法精进喜轻安定舍修习〔亦复如是〕。

诸比丘，如是修七觉支，如是数习，可令智慧解脱完成。"

按《论》曰："云何以修七菩提觉分成满明解脱？如是多修行七觉分于刹那道成明满，于刹那果成解脱满，如是修七菩提分成明解脱满。"

佛说如是。诸众比丘皆大欢喜。

按此为总结。

附录一：叔本华之天才主义

天才主义为叔本华（Schopenhauer，1788—1860）学说中扼要之部分。其形而上学及伦理学中，在在均与此有甚深之关系。盖当叔氏时，天才问题为思想上最要之一问题，而其时天才亦极众多。如歌德（Goethe）、薛来（Schiller）、费希脱（Fichte）、两徐来格（Two Schlegel）、黑格尔（Hegel）等，均与叔氏先后并出，而康德则去其时未久，故时有“天才时代”之称。洛耶氏（Royce）在其《近代哲学精神》（*Spirit of Modem Philosophy*）中有言曰：“尔时青年几无有不自以为天才者。”良非虚语也。叔氏虽未自诩为天才，而其所言多暗影自身也。

叔氏性情乖急，所谓“天才近狂”（Genius is akin to madness）正其人之谓也。因所著书不行销，屡与书贾为难。丹麦学会悬赏征文，氏应征落选，但彼则自印其文，大书特书为不得赏之文，以示该学会之妄。居尝畏人之害其身。在柏林时，值虎列拉盛行（黑格尔死于是），氏恐及其身，乃急逃。其言行之奇异若此。而性复傲倪，目空一切。谥费希脱为气囊（windbach）。其学说亦别开生面，异帜独标，于西洋哲学史中殆罕见其俦。故人常谓其受东方人学说之影响也。

叔氏引申康德所言，其哲学可分两方面说之，即谓一切现象

（phenomena）无论为心理的或物理的，皆属于思想，心物不可偏废，二者相合，即为现象。一方面则谓世界本质（thing–in–itself）为意志，非理性所可管束，理性管束之特征，为多数及有限之个体。

凡在空间时间及因果之观念中，可谓某物为有，如言此为棹，因此棹占有空间故。此棹非古棹，因现在见故。此棹非彼棹，因接近故。因此物不可知，所知为现象，现象之能知，则以占有空间时间并有因果故。物之本质，无空间时间，且不受因果律之支配。平常人以为物之本质即为现象，是直以物如见制于时空及因果之中。然为世界本质之意志，乃图无限发展者也。以无限意志而对付此有限之现象的世界，故此世界为悲观为苦恼，氏之悲观主义，即以此为出发点者也。费希脱亦主意志之说，但费说之结果则为乐观。彼亦以此世界既属有限，意志无限，则不应以意志而屈服于现象世界之下。应鼓厥勇气，战胜物质，而后归入精神。人生最后之目的，当如是也。但叔氏一生潦倒，厌世极深，故其说亦不及费氏之强毅。是亦因天才各异之故也欤？叔氏以为欲超脱此有限之世界，只有二途：①天才；②圣才。今但言天才。夫人欲脱苦海，必须具有下列两个条件：①不受世间一切限制者；②无一切意志欲望者。

故今若有一种心理材料，能具此二个条件，即可为能脱苦之因。盖苦者以有限知识役于无限意志之谓也。叔氏意谓柏拉图所谓概念（Platonic Ideas），此概念为不受时空因果之限制，无有个性，为一普遍之概念。非单指任何物而言，乃指个物共同之性质，此概念虽与单独个物有关系，然不受时空因果之限制。所谓柏拉图之概念，为天才脱苦之利器。概念属思想，故思想对意志言，意志贪得无厌，为恶之源。天才思想必极发达，而意志则须缩减。天才未尝无意志，因思想发达之故，因而意志不如在常人之专横，陷人于苦海之中，凡一切主观的见解，均自意志中发出。惟柏拉图所谓概念，则发自外界，为完全客观的。

天才以何种心理作用而能认识柏拉图所谓概念，俾超脱此有限世界乎？此心理作用有二：①知觉或直觉（perception or intuition）。所谓知觉者，乃对于外界直接之知识，全非抽象思想。抽象思想乃主观的，天才用知觉期达最完全之客观（柏拉图概念是矣）。此种直觉之知觉，与常人在有限现象世界中所用者不同。天才之知觉，以物之不变本质为目的，不变之本质乃最客观者。故主观之意志、主观之心理遂薄弱，而天才知觉发动至极，可不有物我一切分别。②想象（imagination）。常人知物不能超乎物象以外，是因其知识不足，且少想象之故，天才知物不限于时空因果，只知其代表之形，如见日落，而可想象自然界之美，彼常人则见日落，以为入息之时，毫无高尚理想。所谓春江花月夜，天才对之，具有莫大意味，非可语乎常人者也。然而世界之物，均为有时空因果者，天才果凭何物而得其柏拉图所谓概念乎？此则于美术中可以求得之。盖美术品虽非柏拉图所谓概念，而实与之相近也。天才必为知觉及想象最发达者，故天才必爱美术。美术不限于文学之类，凡自然界之美者均属之。见一切美而生无限之快乐，惟天才为能。常人则无地不为苦所缚系，因其不能以直觉或想象以审美也。而美之中最善者为音乐，以音乐之起伏，可代表世界本质（意志）之变迁，可使全世界尽成客观。意志之在主观者，则为苦恼。今若将其变为客观，由音乐表现而出，则不觉其苦而觉其乐矣。

天才圣才，与常人之所以不同者，则以常人知识不能达到柏拉图所谓概念，常限于物象之中，而不能超脱，天地不为苦所窘也。而天才与圣才之别，则天才对意志不用压迫之法，而圣才则极力克制，使不能发生；天才以由主观发出之观念而客观化，圣才则断没一切主观的意志。因是之故，天才所得之快乐，只是暂时的；而圣才则除恶于根，故能永久解脱。

凡天才必非女子，因女子感情太重，主观观念极易发生。啼笑不常，喜怒为用。强之作毫无意志之天才，绝对不可。故天才必为身体健壮，脑力充溢者，始可当之。其余叔氏书中所道及天才之身体形状，多无甚理论根据，半悉先生之自况而已。

叔氏此说，在美术心理方面颇有价值。但亦有大缺点，如其言有意志为苦恼，而圣才抑压意志即无苦恼。试问，所用以抑压者，是否亦为意志，若为意志则焉将置之？其天才学说，亦犯同病。如欣赏美术，变主观悉为客观，应亦有意志作用。若谓主观意志为苦之因，天才所避，其运用美术心理，乃别有一种意志。如此，则意志可分为二种，是必受时空因果之限制。如是则叔说将根本推翻矣。

亚里士多德哲学大纲[①]

第一章　亚里士多德哲学之大旨

凡哲学家无古无今，其学说均资前人思想而有生发，亚里士多德之哲学固亦如是。盖哲学究恒有进步，虽其问题常相同，而实义则绝非全似。且每一问题经一次之解决，此方面变为稍易，他方面变为更难。亚里士多德之解决柏拉图之困难，亦犹柏拉图之补足苏格拉底之缺点，亦犹苏格拉底之对待前人之学说。陈述不同，而其情形固相类也。

希腊哲学托始于一极简单问题，即问世界事物至繁，何者为其一极简之解说；吾人经验甚广，何语可以概括之。由此而有许多之答案。Thales[②] 视水为原质，万物悉为其所变；Anaximenes[③]

① 译英人 Edwim Waddace 原著 *Outlines of the Philosophy of Aristotle*，英国剑桥大学出版部印行。——作者

② 泰勒斯。

③ 阿拉克西美尼。

则以世界为空气之现象；而 Pythagoras① 另倡新说，反二氏之主张，弃物质解说，而归所有现象于数，其意数者万物所同有之性质，凡生存事物，盖无不可以数或量表出之。惟苏格拉底以前诸哲学家甚少如氏之搜讨于感觉界之外者，类皆研究自然，其解决世界秘密恒于物质方面求之。故亚里士多德称彼等为物理哲学家。Democritus② 及原子学家尤甚，其意以为物质本为不可分之原子所构成，世中事物以原子配合之不同而形以殊。原子为物构成之本质，而万物仅为原子各种之变化。

久之而他项问题发生。前此哲学以万物即已成为经验之材料，为直接所知，并必系吾人所能知。不久而知识之性质成为哲学家问题。Democritus 有感觉知识与理性知识之分别，Empedocles③ 谓能知之心与所知之物中间有相似处。此相似即为知识之界限，除此以外，吾人经验不能及。其言实含真理。而 Eleatit④ 派，Xenophanes⑤ 与 Parmenides⑥，谓感觉均经吾人纳诸一系，加以存在性，非此则不能存在为理性知识之境界。言之虽粗，而摄至理。更有进者，则 Ana - xagoras⑦ 证有理性不但为内知之源，且隐为外物之根基与支配者。

因此，希腊哲学渐变本质问题为知识问题，始问何为存在，后究何为知识。洎乎苏格拉底及诡辩家则更自外境之搜讨，流为内性之研究，少对于物之构成，而多对于思之构成加以玄想也。

诡辩家主张以一主观体为知识之准则，知识于主观体为相对

---

① 毕达哥拉斯。

② 德谟克利特。

③ 恩培多克勒。

④ 爱利亚。

⑤ 克塞诺芬尼。

⑥ 巴门尼德。

⑦ 阿拉克萨戈拉。

的。一物之所以被知者，对知之之心而言也。故 Prota - goras[1]曰：人为万物之准则。其意盖谓万物自体中无标准，必经人考察解释之而后有意义。此种学说用之不慎，必至流为僻言。引申之，无物之自体为真为伪，物之真伪心理为之也。如是则无论何等意见之价值，悉赖乎发此意见之人。而此人意见与彼人意见之价同而应绝无相违之事，由此而信仰为不足轻重矣。他人之以为伪者与我之信仰无碍，而他人之意见遂无足注意矣。

因反对信仰乏标准之说，苏格拉底于是乎建知识中有不变之部分。人之概念绝非漂荡不定之现象，如诡辩家所说。无论一辞经如何之引用，必有一遍及观念为之根据。据芝诺芬（Xeno-phon）及柏拉图之所传，苏格拉底恒搜求每物之意义，常示普通人之谬处在用字无恰定意义，而以遍及之观念与其特殊之表现相混。于是氏之方法，乃在求名辞之通义，可以谓之为归纳法。例欲发现美之真义，则取“美人”、“美景”、“美质”诸事，定其何相为同有，可施之诸事而均通者，指之为“美”。故亚里士多德曰：苏格拉底在哲学历史上之贡献，一在其归纳之方法，二在其搜寻普遍之定义。

苏格拉底既黜诡辩派怀疑之说，然于氏未死以前，而尤为难决之诡辩说又作。唯名主义（nominalism）与个人主义（in - di-vidualism）盛行一时。而 Cynic[2] 及 Megaric[3] 二派，不信有普通或遍及之物，个人以外无有何物，而个人与个人之中，则亦毫无关系。此种学说，可用之论理，或见之实行。论理方面则仅许有相同断定，不能言“人是善”，仅能言“人是人”、“善是善”，此在论理名为唯名主义。在本质论为原子论，而在伦理则为个人

① 普罗泰戈拉。
② 犬儒派。
③ 麦加拉派。

主义。而此自私之个人主义，乃 Cynic 及 Cy - renaic 二派所公认者。虽 Cynic 以德、Cyrenaic 以快乐为人生之目的，然 Cynic 主张自满自足之德与 Cyrenaic 之主张快乐，同为当时自私自利之流弊。二派均以自足自满为人生之要旨。二说均不能出个人以外，均不知个人之自己成就须于个人外求之，其哲学中均缺乏个人性与遍及性之调和。

柏拉图起而欲补此缺。补之之方在以概念（Ideas）为实在（Real）。此项学说亦因人生之需求而成。亚里士多德解说柏拉图概念主义之起源，甚饶趣味。推其言则 Heraclitus① 之流弊在偏重感觉，柏拉图因此而知应为感觉以外之知识留地位，与康德因休谟之偏重经验而求经验外之根据情形正复相同。据亚里士多德之言，柏拉图承认 Heraclitus 万物流动之说，进而立说谓恒变之物绝不能为经验上之材料，而受思想之支配。然则物之被知，必另有根据，故柏拉图立新说曰：Heraclitus 之说仅限于感觉及现象。如为知识上之材料必出感觉以外，故感觉现象界之外，必另有一思想世界。盖感觉必须有统系而后乃能有知识，完全之感觉必须连言说而去之。一有言说，即出个性感觉之外，而使多数感觉生连属关系。有此连属关系，可证个性以外必有遍及之物，个人之所以被知、所以生存，乃因其为人也。一物之所以为美，乃因隶于美之概念也。

以此而柏拉图解决当时之困难，Cynics 及 Megarians 等谓命题（Proposition）不能成立，遂为妄言。盖每物之所以被知与其所以存在，悉有关于较大之全体，例如，苏格拉底不仅为苏格拉底，且为一人、一善人、一哲学家等。因是哲学之目的，在讨论多数不同概念之相符相违。推究（dialectic）为哲学家之职，旨在研

① 赫拉克利特。

究物之异同。演绎与归纳、定义与分划均合用之。多赅备于一，而一则施用之于多。故哲学之终点，在多中见一，一中见多，感觉之多仅可用思想之一解释之。

以此柏拉图解决特殊与遍及之关系，而此说在伦理上之实施则尤注重，古今哲学家固未有欲真适实用之如柏拉图也。故对感觉现象所起主观知识，即须变为实质之真知。小忠小信仅拘守外界法律，亦应化为对于义务之真知灼见。氏在其所著《理想国》（从今人通译之名）一书中，证明人之所以为人，必合其与他人、国家、社会之关系观之乃得明了。柏拉图又推用其概念说，而谓每一善举、每一福事，悉惟善之概念是赖。行为合于此理想，乃有真道德之价值。

然柏拉图既明知识须有遍及，存在亦赖遍及，而于二者之关系则少明文。据其所言，则思想世界与感觉世界似截然为二，构成万物之遍及似在各个万物之外也。

因救此失，而亚里士多德立说遂异。柏拉图用遍及解说个物，亚里士多德则依个物以说遍及。对于抽象普遍经验以外事物均加以正当之审虑，每一观念氏必使之经事实实用之解释，故其学说中无处无注重具体之表示。（一）推广此义，而论理学中遂有三段论式。三段论式者，用一中间之观念，使一较小普遍意思与一较大普遍意思相连属，如是而吾人可由特殊渐进于遍及。故无论何科学，非顾及其特有之特律，则研究不能精。（二）推广同义在本质论，氏遂主张世界本质不可得之于抽象之遍及，但须于不定性之物质与确定之形式相合而成。易言之，即自未发之本能达已完全成就之动作，其间历程即为世界本体之表现。（三）推广同义于心理学得同样之结果。灵魂非部分调和之谓，亦非数目之抽象体，实乃身体之实义（truth），故恒与身体为俱有。（四）推同义于伦理学中人生之目的，即非专注于善之抽象并绝对之概念，亦非沉于 Cynic 之自私个人主义。人生之目的，盖在使人性得于社会中有完全与正当之成就。

论理学显为亚里士多德所特创。苏格拉底首定观念之功用，柏拉图始有命题之学说，亚里士多德完成知识之分析而有三段论式。三段论式之特点，在依一观念而发现意义之普遍性质，并且该观念必广于意义而狭于普遍性质也。故科学之目的，在发现此种观念，所谓中端（middle term）是也。故中端者，放宽而统一吾人之知识者也。进而广言之，则氏之三段学说，乃证明所有思想均赖遍及之真理，而所有知识或演绎或归纳均依普遍（general）之命题始得完成。穆勒约翰反此说，主张思想悉自特殊（particular）至特殊，其举例曰：村妇因其女之如何病愈，而敢为邻人之儿下药。常人之思想，初不赖普遍之主题也。推此主张，则如村妇之饮水，向未有元素之分析，则氢氧二气合为水，不亦无其事耶。而化学之分析与论理之分析不同为虚妄耶。顾审亚里士多德所论，则此种浅说均立推倒。氏之言曰：于比喻或举例，似以一特殊情事，推另一特殊情事，不知此种理论之成立，仍在变换此特殊情事为普遍之命题。简言之，则理论之所以有生发，须换事实为遍及，三段论式特此理之扩大耳。

论理学既用此理于思想，本质论亦用之于事物。本质者，非抽象之遍及。论理学中广被之总类（genus）与特殊之差别（differentia）合而为别类（species）。本质论中，未成之物质（matter）与已定之形式（form）合为实质。柏拉图理想主义注重常，注重不变。亚里士多德认定物之当然，承认自然界有变迁，有生命自本能至实现，自可能至实有，自隐存至显著，自非有（non being）至存在（being），均为变迁，恒为进步。根据本质论原理，乃有心理学。氏之本质学说，实定其对于灵魂之主张，其视身体及灵魂之关系，与物质及形式、或能力及实现之关系同，故灵魂为身体之终的（entelechy），为身体之完就，虽非身体组织最终之结果，然乃一种形式（form），身体机能依之而有意思、有实义。以是氏讨论心理现象时，未尝忘却与其俱依之生理情状。

亚氏虽知生理及心理之密切关系，而绝未尝视物理之条件与心理情状为无分别，亦犹其未尝视一观念之心理来源与其本体性质可混为一。其哲学中恒自两方研究知识：（一）吾人对物之知识；（二）上帝之创造心理对物之知识（论理学中之归纳法与三段论式亦与此相对）。故在历史上为末，或在本质论中居先。进化最终之步度，或为该进化原有先天之条件。故思想或理性，虽感觉记忆及印象所合成，似属最终，然在论理上则居最先，盖为运用知觉及记忆之要件也。苏格兰一精深神学家之言，正得亚氏之旨，其言曰："思想为世界最要之条件，而吾人所有思想及知识，均根据于超人之思想或自觉（selfconsciousness），而此超人之思想，则所有思想者及思想境界均概括在内。"（见 *John caird*, *Philosophy of Religion*，一五八页）

同样理由亦用为道德之要点，思想之生活遂为人类最高之生活。氏得此结论亦由详细究讨。初则意在避 Cynic 之个人私利与柏拉图之不适实用之遍及主义（universalism）。人之幸福在人性之平均完全发达，人性既不纯属理性，亦不纯属感情与欲望，乃兼二者而有之。德者中（mean）也，要在用诸感情及人欲得当，不许趋于太甚，惟在不太多亦非太少，因此而道德有时只为表面之适合。然亚氏立说，无论为伦理学或其他科学，常显批驳柏拉图于先，而隐引用之于后，故人之真义务究为思想之生活，盖灵魂者固即此思想之所构成者也（此偏柏拉图说故著者云云）。

但思想之生活，非全离常人平日情状之谓，故其伦理学（即本志所译之本卷十第七章）谓吾人所欲之不朽生活，非在现时以外，盖理想必只得之于实在中。而政治学为伦理学实验之所，二者应同为一大学科。至善不唯当为个人所取，亦当为全国所用。道德家之理想，亦当为政治家之理想。虽亚里士多德不常注意各学科中之关系，顾于国家有道德之意志，则言之甚晰。于国仅为保护生命财产而勉强集合之说，则攻击不遗余力。而社会之实在目的，在其分子之所共之道德福利，则言之尤深切著明。亚氏又常详言音乐，而明悲剧对于道德之影响。吾国（译者按：此虽指英国，然谓为现在之中国亦无不可）现若是放弃美术，不整顿戏曲，若国民果服膺亚氏斯言，或可思过而速改也。

至若亚氏学说之真价值，则非此短简绪言中所可言及。惟其立说中必有为近世哲学所超过者，如康德在其三批评论（critiques）中，对于经验条件、责任基础所具卓见，若求之于亚氏所著本质论（metaphysics）中必不可得。亚氏于伦理学中德之研究，亦甚不圆满。视德为二极端之中态，易流于板滞之人生观。不知道德责任之无际，且如 Pythagoras 之徒认为善为有限，虽此狭隘之道德标准，有思想生活为最善之说（然亦涉私利）可以纠正，然比之神旨犹为不及。“汝其臻至善，即如天父之至善”。（见《马太福音》第五章四十八节耶稣第一次布道语，译者注。）神言如是，与吾人至广无穷之理想，此理想因为无限而不能实现，故吾人对之灵魂愈知卑虚而不高傲也。

虽近世思想多有超于亚氏断案以外者，然其著作不能谓为对于学者遂无价值。氏之纯粹科学学说或无价值，如天文或化学之论著，恒月新日异，常因新发明而成为无用。但研究人生，如果欲悉人性问题之性质，恒可用前人所读之书。学者如果欲知本质及生命之意义，当经历柏拉图与亚里士多德之经验。

复次凡此经验记在异国文字（指希腊文，谓非英文也），亦是利益。哲学实为不可传授之物，一经传授，即没本真。哲学问题之价值，在其无一定答案，须必个人亲自领会。凡物理科学，众人所可同有，而哲学道德之真理，须人人心印以自力得之。而此种讨论之练习，得诸古人较得诸今人尤易。盖读古人之书，恒经翻译之劳，翻译非在字句而在思想，实为最良之教育，绝非今文书所能有也。夫研一科学当首悉其最初，而逐步视其问题发达之顺序，则亚里士多德之书，必永为伦理及哲学之最好着手处。吾人对真实外界之知觉，是否出于理性，抑出于感觉；遍及实质是否根于个人，抑或反是；身体动作是否心理作用之前因，抑或心理乃身体之实据；最高生活是否在实用，抑属玄想；思想之发展，是否与道德进步并行；国家是否仅为保生命财产而集合，抑发展正义之道德组织；美术是否人类生活偶然之事，抑为要素；凡此困难，今日仍亟待解决。而研究亚氏学者，均承认氏于此类问题，给吾人以极好之教训也。

第二章　事迹及著作

一、生平事实

亚里士多德西历纪元前 384 年生于 Chaleidice 半岛之 Stagira 城，死时值因避祸出亡在 Euboea 岛之 Chalcis 城，时纪元前 322 年也。在纪元前 367 至前 347 年之间，学于雅典，曾受业于柏拉图。厥后留住 Mysia，其地专制王 Atameus 乃其友、且同学，娶王之近戚 Pythias 氏为妻。自纪元前 343 至前 340 年之中，为亚历山大王之师。自纪元前 335 至前 323 年间，讲学于雅典之 Lyceum 学校之散步处——Peripatos（以此而亚氏学遂常称为 Peripatetic Philosophy，而亚氏弟子遂名为 Peripatetics）。据氏所留遗嘱及传说故事观之，氏为一热诚而广大之人。〔吾人所知最古之亚氏传记为 Diogenes Laertius 卷五，此前传记均失去。（此注乃节译原文原书。自此于每节之后多有考证或解释，兹择其要者节译，余均删略。）〕

二、著作之传授

亚里士多德著作，始为 Theophrastus，Neleus 及其戚 Apellicon（前 100）、Sulla（前 82）及 Tyrannion 等人所保有之。后至纪元前 70 年，似始为 Andronicus of Rhodes 所搜集编订。Strabo 之所言，谓自。Theophrastus 至 Apellicon，亚氏著作学者知之者甚稀，似为不稽之谈。

三、著作之真伪

亚氏著作之真伪，向为聚讼之点，其故因 Diogenes Laertins 所传之书目，与现在所存者多不同。然亚氏常用不同书名指同一著作，如其物理学又常自名为本原论或本体论等，故书目异同究尚可解说。至于其著作之格式，尤为难断。现所存者大部分似仅为讲演笔记，为学生所编辑者。除现存者外，氏似常作有问答体（Dialogues）文，然此实不必即为“通俗著述”，此则亚氏似指当时普通所通行之学说及意见（谓不必是亚氏自作也）。

四、著作之次序

亚氏著作之次序不能确知，其故有三：（一）氏或同时兼作数书；（二）氏常于早年著作有所加正；（三）氏在此书中引及彼书，不必彼书已写出，或仅在其理想中耳。然亚里士多德似先作修辞及论理诸书，以及伦理学及政治学，次及关于物理诸书，而终之以本质论。而本质论之作述，当为氏全生事业也。

五、亚氏学之传授

亚氏学（Aristotelianism）在其死后 Theophyrastus（前 373—前 288）、Eudemus 及 Strato of Lampsacus 等继续而发达之。而 Strato 则特以唯物论解亚氏学说。其较确解释及注疏，则功属 Alexander of Aphrodisias（200）、Themistius（330—390）、Philoponus 及 Simplicius 等。自 Justinian 帝禁逐在雅典研究哲学后（529），斯学赖东方之叙利亚及亚剌伯文译本而得保存。约于纪元后 1200 年以还，由亚剌伯文译成拉丁文，始大流传西欧。此前则西欧仅知亚氏之论理学，盖为 Porphyry 在罗马所讲释而 Boethius（470—525）所译也。

六、亚氏之渊博

亚氏一生受无数熏陶影响，机遇至佳，故于哲学各部均能领会得要，而修为一大成之哲学（Encyclopaedic Philosophy）。

七、学之大成

此大成之学，以思想有三种目的，故含三种学问：（甲）玄想哲学：其目的在真理；（乙）实用哲学：其目的在行为；（丙）美术哲学：其目的在美术创作。

八、哲学之分类

玄想哲学（Speculative Philosophy）再分为：①第一哲学（Prima Philosophia）（参看本质论 $I_0$2a618—21）又名神学；②数学；③物理。实用哲学（Practical Philosophy）再分为：①伦理学；②经济学；③政治学。美术哲学（Poetic Philosophy，直译应作诗辞哲学）则论美术，而诗学、修辞则为其特科（论理学为通用之学，不与各科并列）。

第三章　论理学

九、亚氏之论理著作

亚氏之论理著作，甚早即为“散步者”（Peripatetic）收集，编为一书。因其为法律为工具，各科学研究均赖之，故名之曰工具（Organon），吾人所谓之“逻辑”（Logic），亚氏用之指语言推理（Verbal resoning）。而今之所谓论理学则名为分析论（Analytic）。氏此诸著作之中，大半为今日形式论理之诸部分：（甲）其范畴篇（Categories）为端（term）之分类；（乙）解释篇（De Interpretatione，言语有解释思想之功用故有此名）为命题（Proposition）之分析；（丙）先后二分析篇（Analytics）详说三段论式；（丁）辩证篇（Topics）论或然推理（Probable Reasoning）；（戊）斥诡辩篇（Sophistical Refutations）讨论诸种谬误（fallacies）。

十、十范畴

亚氏范畴首在单个名辞（isolated words）之分类。单个名辞别于命题而言也。范畴有十：实体（substance）、数量（quantity）、性质（quality）、关系（relation）、何地（place）、何时（time）、地位（situation）、情状（condition）、行为（action）、感情（passion）是矣。盖天下事物皆可用实体数量等表显之也。此十者排列之次序似全未凭一原则，然可视为吾人欲知一物而对之发问之次序。如先问此为何物，次及其大小，次及其性别等。而亚氏则恒以实体为最要。实体又有第一、第二种：第一实体为个性物，第二实体为第一实体所属之种类。数量分为断及续二者。关系者其存在属于他也。性质之中被动或第二性质则甚重要。（自此后书中每段均附有希腊文一段至数段不等。性质虽是注释，然悉摘录亚氏原文，甚可参看。惜译者未谙希腊文，不能译。）

十一、命题之分析

单个意义不显真误，必俟观念联为命题，真误始起。命题可分为名词（即主词）与动词（即宾词）。名词不表示时间，依世人习用而始有意义（如人字依习用而指二足动物，其实不必须用此字也）。动词则加入时间之表示，所以与名词有别。普通名词（如人、如犬、如善等）之外，有无限名词（nomen infinitum）如（非善）一语，凡积极观念（指善）所不包之物彼莫不包之，故为无限无定也。

十二、命题及其种别

字既联合，而合理之语言及思想（Logos）以起。Logos 者举全体及各部之意义均括有之。有许多形式，不过论理学仅翔实然形式（indicative form），因其独可表显真误也。命题之真误，依其与所代表之事实相符否为断。而错误命题，于应分者合之；于应合者分之，故命题者表示此物与彼物之和合之声音也。命题因遂分为肯定（affirmative）与否定（negative），而二者又各有遍及（universal）特殊（Particular）及不定（indesignate）分别。命题又可有样式（modality）之分类，根据主词宾词相和合之程度而分为必然及或然等。

十三、命题之对当及换位

如命题甲之全部所承认或否认者，即命题乙之一部所否认或承认者，则甲乙为矛盾（contradictory）。如一普遍肯定与一普遍否定相对，则二者为反对（contrary），以是二矛盾主题必不相容，其一必真，其他必误，而反对主题则可均误。依形式言之，对当（opposition）有四，而实则只三，因一特殊肯定与一特殊否定之对当仅虚言也。命题又可依换位法（conversion）换端之次序，而得一相等之新命题。但于普遍否定可作简单之换位，而肯定则须作有限制之换位。

十四、可作宾词

词之可作宾者（predicables）谓一命题中宾词可与主词发生之关系，总类（genus）、性质（property）、及附性（accident）是也。吾人如用归纳法审查各项命题，或用演绎法视其应然，均有此二种，盖宾词或可或不可与主词换位。其可换位之宾词，或为定义或为性质；其不可换位者，则或为总类或分别或附性。定义者，说出主词之特性是也。性质者，恒与主词俱有而可换位，且不言及特性者也。总类者，可施于不同之许多事物也。附性者，或属或不属于主词者也。

十五、定义及其方法

定义既在显物之特性，必合一总类与一分别表示之，故欲得一真定义，必须于一总类发见诸性质。诸性质分言之则各广于欲定之主词；而合之则恰与之相等。知〔根基〕（prime）、〔奇〕（odd）、〔数〕（number）分之则各广于〔根基奇数〕，而合之则与恰等。故欲知一概念之类别，必先分类（division），俾可不致遗漏应有之别类（species）。于已定之别类，当分察其共同性质，然后合各类而查究其共同之特性。如同点不可得，则各别类间必有真正之分别在。例如，对宽宏下定义，若有人宽宏而不能忍辱；有人宽宏而漠然于命运，而二者中间不能求得相同之点，则必有二种之宽宏也。定义之不完全者有三：一以暧昧；二以太广；三以未言特要性质。暧昧之故，或因语有多义（equivocal），或因用譬语，或用奇语。未言特要性质者，其故有三：①用反对者定反对者；②显明或暗中用被定之字作定义；③用一较低义定一较高义，而较高者实包于低者之内。

十六、三段论式

三段论式者，广言之乃依已认事实而得不同事实之思想程序也。此项手续，柏拉图已用之于其“分类为定义”之说。但柏拉图之方法，在用继续二分法（dichotomy）以求物之性质，其法实已先包含欲求之性质在内。以其法系出武断，非先用一较狭之义俾可由特殊者推至较广者，故亚里士多德自以三段论式为其所发明。三段论式之原理为：凡可作一命题宾辞之宾词者，亦可作其主词之宾词（例如“苏格拉底是人”一语，“死”如可作“人”之宾词，则可作“苏格拉底”之宾词）。

十七、命题之格

三段论式各有三端，大端、小端及比较此二者之中端是也。依中端之地位而有三格（figure）之分别：①中端恰在二极之间，小于大端而大于小端；②中端大于二者，而因可作二者之宾辞；③中端小于二者，而因可作二者之主辞。第二格仅可发生否认断案，第三格仅可有特殊断案，第一格独有普遍断案，而名为科学格。

十八、变不完全格为完全格

第一格以中端在二极间故，合现象之天然顺序，亚氏因指为完全格，余二者则为不完全格，以其断案不必出于其所有二前提也，故须证明后二格之真确。证明之法，在凡此二格之真确者，可变为第一格，而知其不误。变之之法有二：①为明换法，即用换位法使之成为第一格；②为反证法，即假定原有断案为伪，而由此假定推得与原有前提不符之结果。

亚氏所谓三段论式之最要条件有三：①前提之一必为肯定；②前提之一必为遍及；③在断案中，周延之端必先在前提中已周延。

十九、假言断定

亚氏之假言三段论式有异于今人之所谓假言论式。氏之假言论式，乃用以推“如甲事能证实，则乙事随之而真”之理。氏说假言断定（hypothetical judgement）之原理曰：今有二端关系如此，如前者为真后者亦真，则如后者不真前者亦必不真，惟后者如真则不必前者之必真也。

二十、归纳法

三段论式非仅自全体至部分之演绎法，亦为自部分至全体之归纳法。归纳法使吾人可于特殊中搜得遍及，恒自特殊举例进至公共法律，在诸现象中求准则是也。依形式言之，则为用小端证明大端为中端之宾辞，而小端则须包各例言之。归纳之种类，亚氏未常明分，然偶涉及多数所谓〔试验方法〕（Experimental Methods）之原理，而以共变法（Methods of Concomitant Variations）为尤著云。

二十一、省略及举例

省略（Enthymene）及举例（Example）为三段式及归纳法之

修辞的形式。省略者，以前提为共认之格言，或为引及他事实之事实，均以世所共认，故不说出。举例者，用似小端之端，证大端属于中端，所谓自特殊至特殊之推理也。但亚氏知须变特例为遍及，此项推理乃得成，故为三段论式之附属也。

二十二、知识之二系

三段论式及归纳法恰表示生存之二面，物之被知之二法。天下事物，可就其自身视之，所谓对于创造心理（creativemind）之显示，其他方面则就物之示诸吾人者观之，故在数学点居最先（著者意谓点虽居先，然为吾人知识经验以外之物），而平面立体继之。平面立体，皆与吾人最先有关系者也。三段论式当对物知识之第一方面，以其托始于法律或原因，而继用理顺推，以讫于实施或结果。归纳法当第二方面，以其始于人生经验之事实，而继用理逆推，以达于原因或原理。但正确言之，知识者在用居最先者解说事物，在知原因必须引到一定之结果。

二十三、论理的证明

归纳法仅指明何为法律，而不加以证明。依据最先者观察事物，则独可达论理的证明（logical proof）。论理的证明与推究（dialectic）之别，正复在此。盖论理的证明与吾人以最要必然之真理，而推究则仅引吾人至或然界，而任吾人于其中选择，故真正之论理的证明，须预先认定遍及（universals）之存在。柏拉图所谓之概念，乃超出感觉之外，或非实有。然普遍之可作宾辞（Predicables）为证明所必须，仅就个物（individual）而言，实不能为证明之根据。而遍及者，非仅公同之谓，非仅有普遍实用性之谓，盖实乃主要性质（Essential Attributes）之谓。主要性质者，可显现于根本之形式（form）中之总类概念也。由是言之，遍及即等于原因，而原因者乃三段论式之中端，而真正之论理的证明，为用三段论理求索附于一物一义之主要性质也。

二十四、科学的知识

求知识为科学的，须灼见现象之诸原因。而科学的知识（Scientific Knowledge）可供给最确实必然之结果，故与平常意见（mere opinion）有别。科学的知识，在知事物与遍及及原因之关系；经验之知识，在知各个未经解释之事实，故科学与感觉相反对。感觉虽对为遍及性质所定之物而生作用，然其运用则限于“现在”及“此处”之特殊印象（impressions）。原因以既成遍及之中端代表之，故科学职在搜求中端。如问“一物之是否存在”、“一事之是否若是发生”，即问一中端之有无。如问“何为一事之理由”、“何为其要素”即是中端之搜求。科学的天才，在敏速寻得中端，以明因果，且能立悟事物与他现象之关系。而于此则三段式之第一格最为有用，因其表显现象之根据及要质也。

二十五、定义乃科学之目的

定义者，居三段论式与科学的知识之最初，亦可谓为其目的。此等定义可为真实的，即说一物之真为何物；又可为空名，即仅释普遍之所承认者。但定义要为达旨之实体（谓依此实体物以之被知，如举旗为停车之记号然），功用在解释实物之要素。夫描写何为一物亦当及其何故如此。虽多数定义仅如三段式之断案，绝不能依之知其前提，而真正定义在解说得此结果之历程，例如变一不相等边平面为正方，其定义不当为“画出等于此不等边平面之等边正方形”，而为“中项比例之搜求”。且定义不仅为对于实体之抽象的说明，盖对物之性质有知识，恒于其实体之了解亦有重要之助云。

二十六、科学推理之诸原则

科学的知识包含三事：①特殊题目须查究者；②诸要性须证明者；③普通原理用以推理者。真正知识者，在能以一概念之要性与其特有原理及本性相连属。每一知识界各有特别原理，吾人故不能以一科学之原理移以解决他科问题。例如，虽几何之原理可用之于机械学，算术之原理可用之于音乐学，然吾人不能依算术之材料（data）推几何之理。此等特有之原理不能证明，亦犹各科同赖之公共真理，亦是不能证明也。人如对不能证明之事而求证明，则可见其未经论理的训练。柏拉图常想集各科之特别原理而译为一总成科学，实绝不能之事。更进一步而问“各科原理之如何得来”，则实先决“知识如何起源”之问题，而成为亚氏之认识论（epistemology）。

二十七、知识之起源

亚里士多德认识论之确意，吾人不能断定。盖亚氏对于知识之构成，以感觉与理性同一注重，并且据亚氏书中似常主张感觉主义，其意似可以“若不先在感觉中者，不能在思想中”。故亚氏之真义，或可以 Patricius 之成语代表之，其言曰：“思想皆自理性托始而最初则须来自感觉。”盖亚里士多德见以知识全为先有，或全系后得，其困难相等。前者意谓吾不经证实，即先有最确之知识；后者不能决所欲决问题，而反挑起之。于是吾人仍须问：“如先无知识，吾人如何能依证明所用之原理以知该原理?”氏故以知识为由感觉印象所发达，而感觉自身不能供给吾人以知识，因是氏一方面以知识为自特殊至遍及，一方面以知识自遍及至特殊，自抽象至具体。虽归纳法为吾人得最早观念之方法，而吾人亦应知归纳法仅为理性之代表。亚氏说知识之生长有五步：

①感觉；②记忆；③经验（即心中普遍观念之组成）；④科学；⑤艺术。

第四章　本质论

二十八、哲学之缘起

亚氏意谓真正之哲学，发生于物质需要已满足之后，起于好奇心。神话即餍此心之一法也。最初玄想家均为自然哲学家，而以 Pythagoreans 之数术论继之。若纯粹理想阶级，则 Eleatics 及 Anaxagoras 均未全达到，迨苏格拉底始跻此级，盖氏依归纳及比喻法而注重定义及普遍概念，始导人于正路也。

二十九、本质论诸问题

本质论（Metaphysics）一语，编订亚氏著作者用以名其第一哲学（prima philosophia）诸书，因其在物理（physics）讨论之上或之后（meta）也。本质论者，乃科学的知识之一种，乃研究万有之最高原则或最后原因，其要职在讨论纯粹的存在（being qua being）及其重要性质。本质论故以此似数学。盖数学亦出乎物理之外，讨论虽非纯粹的存在而乃线角存在之特性也。本质论虽与推究（dialectic）及诡辩（sophisic）同为遍及之学，然与推究则方法不同，与诡辩则用心不同。盖推究为或然的，而本质论为决定的，若诡辩者，则徒知识之夸张，毫无实在也。

三十、矛盾律及其价值

科学之原理，如为完全存在之性质者，则当为本质论者所研究。亚氏反对 Heraclitus 及 Protagoras 之徒，而保卫矛盾律（axiom of contradiction）及不容间位律（axiom of exc excluded middle）。盖不认此二律，及 Protagoras 之极端相对论，实乃自杀。盖推扩其说，可至于所有事实及断语均无分别，而至于道德上不注意，则实否认二律者之所不及料也。夫人固无有以堕入阱中及防避堕入之为一事也（此喻在证明否认矛盾律之非理也）。

三十一、柏拉图之实在论

本质论既为纯粹存在之学，故亚氏第一哲学之主要问题为何谓实在（real）、何为真正实体（substance）。柏拉图对于此问题之答案，在指出知识及存在中有遍及与不变之原素，所谓概念（idea）是也。概念者，在变动感觉现象中之惟一实在不变之物。柏拉图承认 Heraclitus 学说，谓感觉中物恒有变动，而断感觉之物为不可被知；若物之所以被知者，乃依赖苏格拉底所求之遍及观念也。

三十二、柏拉图概念主义之缺点

柏拉图概念主义，自①物理方面；②心理方面；③哲学方面论之，均有缺陷。

（1）概念不能解释继续不断之生命及转变之自然界，不能供给感觉境界以变动原因。

（2）概念且不能解释知识，其故有二：①知识对实体而起，实体应在事物之中，而概念反置之于物之外；②如谓加入概念则对物知识可较完善，是犹谬谓增加数目则计算较易也。

（3）概念亦不能解释生存，其故有二：①概念应不存在于依之为范之物中，顾其实则实体（概念之一）不能离有实体之物；②概念与物之关系则未加明释，说概念为样本、为物之模范，乃诗人之比喻。且如为一物之总类者，即可为上一级种类之别类。是同一概念即为模范，又以他为模范，又在概念与单个物中间，必有一居中者，乃至无限，如个人与人之概念中，恒有一“第三人”。

三十三、概念在现象中非在其外

对于何谓本质之问题，亚氏答案与柏拉图不同处，多不在意义，而仅在陈述方法。自亚氏视之，柏拉图概念主义之大缺点，在其以概念为出经验外，且离感觉界，而不能解释生命与变动。故亚氏之结论曰：知识非徒由感觉而为科学的，故须有遍及要素（指概念）。个物既然无量无限，个物自身又不可为知识材料，故概念不能在多（Many）之外，而在感觉万有现象之中也。

三十四、具体即实在

故依亚氏意见，真正实体非抽象的遍及，而乃具体（concrete）之个性物。然亚氏之实体学说，非完全前后一致，其范畴论中，常倾向唯名主义（Nominalism）；而其本质论中，则倾向唯实主义（Realism）或唯心主义（Idealism）。其说互相矛盾之最显著者，为既谓科学与定义研究遍及，而又谓其研究个性之实体。其矛盾之故，因亚氏恒欲慎重声明，其说与柏拉图不同，然其义则固非矛盾。实体者，原是具体，其中遍及变为个，物即一个物，以其附有关系而变为遍及也。具体之实体，乃物质（matter）与形式（form）、可能（potentiality）与实有（actuality）合而为一。知识自抽象遍及进为具体个物，而真实存在亦自原有抽象体渐渐进化成为实在也。

三十五、物质与形式

据亚氏说，物质有四义，而互有关系非可绝对分析：①物质为变迁定质之所依生灭之主；②为可能性中含有能力可发展为实在；③为无形式者不定而是偶然（contingent）；④为绝无一定形式，几可谓为负量（negation）。以是物质实为一相对观念，而最后实与形式无别。

三十六、可能与实有

可能及实有之相对，与物质及形式之相对同。不过后二者定而不动，前二者则变化而进步。实有者，盖即达到终的（entelechy）之手续也。前二者分别，以论理说之甚难，而观察事实则易解，例如建筑及建筑者，眠及醒等关系是（可能或为有知的或为无知的，有知则行为可有多数供选择，无知〔如自然界中能力〕则行为定出一道）。自可能至实有、自尚未有而能有性者、至已实有为继续之发达，此说乃亚氏哲学最要之部分。氏用以解决前人诸种困难，如存在起源及一多关系等。但亚氏虽以发展进化解物之缘起，而亦不否认研究事物可自历史方面观，亦可自构成自性观。且常注意申明，谓依时间次序，则能力或不完形式在已成行动或完全情事之前，而依思想及真正存在次序，则完全先于不完全，全部先于一部，已成先于可能也。

三十七、四因

亚氏可能及实有与物质及形式之分析，于其四原则（或因）论言之更详。此原则者，物之存在与起源与被知均依之：①为物质因（material cause），即物造成之原质；②为作者因（efficient cause），即造成所用之方法；③为形式因（formal cause），即此为何物之表明；④为最终因（final cause），即物之所以存在之目的。但最终因易与形式因混而为一，而二者又可与作者因相同。四者之中，形式与最终为最要，而解释事物最确实。亚氏之鹄的论（teleology）视物之目的之成就，非自吾人眼光言，而在自己之完就。以此亚氏之最终因，乃自内的（物之本身）客观的（对人而言），而非自外的（指人言）主观的（对物而言即是指人言）也。

三十八、永久要素

实体为具体本质所构成，此具体本质有特别名称，“要素”（直译希腊原意为“一物依以存在之本质”）是也。此名称似为“本质”及“其所以现时存在”二语所合成，而换现在辞为过去，以成此观念。盖“一物之依以存在（being，原文系过去时间）之本质”非现在之实相，而为永久主要之构成也。故要素者，乃普遍观念之现象，即所谓脱离一切不定及偶然之实体也。以是显为定义之主辞。

三十九、上帝乃第一实体

亚氏以上帝为实体中第一，决为变动之源，而自身不变动。其生命永久，其幸福完全，而自观（self - contemplation）无已时，对于世界为爱情，欲暨理性均于此合为一。实用道德（moral vitues）甚赖物质身体世界诸情状，不得谓上帝有之，然其天性之单纯之不变，实生以最净最安之乐也。

第五章　天然哲学

四十、天然哲学之范围及方法

亚氏天然哲学非研究存在之本身，而为存在之属于动者，其范围为实有的感觉的实体，所谓思想加入物质中者是也。惟天然学者不当仅知物质，亦当知支配此物质之思想。故物理哲学解释一物，须备其言四因，而灼见其实体。对于现象作物理的研究，故是具体之研究，恰如对现象作纯理的研究，乃抽象之研究，而于事实无关者也。以此亚氏谓习于天然现象者，长于陈原理，授天然界以统系，而理论家不察事实，仅据数端遂以发见原则为易事。

四十一、〔天然〕之诸义

天然一语，亚氏视之为本来自生自定并且于动作诸态必为一律也。此与偶尔自生及偶然均相反。偶尔自生者，物之不循常规无因而生果是也。偶然者，物与人中关系为所不及料者也。天然即是自生自定，故异于艺术。艺术创作悉是外物而天然生长则为自成也。以此天然既为最先之基础，又为变迁已成已完之情状。依此义言之，国家可谓为一天然机关。

四十二、动及其种类

动者乃可能之体，在天然界中继续实现之状也。亚氏言动有三种：量（生灭）、性（变化）及空间的（异地行动）是也。实则三者均括于第三项下。盖生死即是离合，即包含有空间之意也。

四十三、空间

空间为感觉的世界所必有、所俱有（concomitant），故不能视为物中元物质或形式。盖物灭后空间犹存，且如空间为物，则二物（一为空间一为居此空间之物）可同处一地。又空间不能指为二物间之空隙，盖此则随物变迁，而空间则不问中含何物，乃为常住不变者。故空间乃第一不变之限，能包含而非所包含也。

四十四、时间

亚氏视时间由于吾人思想中之继续。知觉由于经历各事间之分别知识，如无知识，则吾人不觉有此。故时间者，动之先后之数量也。亦为实在世界所俱有，如空间然。因可数量，故须有能数能量之者，有知之心是矣。

四十五、动与世界均是永久的

亚氏知时间应为永久的，因无此则前后之观念均不能成立。但如时间永久，动亦应然。以此每动之前，应另有动作，以至无穷。更须详证，则如一动起，其能动与所动者当于此前或已存在或未存在，因此而动之永久为必须的。动既无始无终，而世界亦遂永久，不进而存在亦不出存在外也。

四十六、动之首因

然自一方言之，动为无终；而自他方言之，则应有一物为动之原理，而己身不动，且与动同为永久。盖因果蝉联，当有一最先之总因，此因应非暂时之目的，亦非表面上之作者。此种因为纯粹行动必非物质，且为不变。故思想者世界必具之前提也。天然者有机之全物，其中万有均明为法律支配并定有一统系。此统系既非全在内，亦非全在外，实兼而有之，如军队有秩序之组织也（此秩序为军队之特别组织，故非在内。然无军队则无组织，故非在外也）。

四十七、唯物论之失

Democritus 持机械说，以为万物起源在无限数量之一致原子所离合而成。亚里士多德反对此说，主张原质应有性质之不同(此反对原子一致之说)，且非仅极微之分合，性质上亦应能有变化。氏力言依鹄的论研究天然，则于物独能得卓见，而物理家眼光应助以哲学。哲学家者，能知在生长序中居末者，在现象之定质则居先。天然及上帝常依鹄的进行，期臻完善，但有时天然界中物质战胜，怪异及畸生遂为其结果焉。

四十八、天然之继续

天然之继续，显自植物渐变为动物。植物生长，食育而外，无他生活，而经人培植则亦有变异。动物因有知觉，故知识已达初步，而现有心理及道德诸特点。此诸点在人则更发达，故灵魂不应仅就人研究，而当推及其他动物之现象也。

第六章　心理学

四十九、灵魂乃身体之实义

亚氏灵魂之定义为天然身体之完全表现或成就。此等成就属第一级，且是隐含而非显著（眠时亦有灵魂，故灵魂应为第一级及隐含之成就)，以此而心理状态与生理手续有密切关系。魂之与身，犹蜡之与其上之印，是一是二，无庸讨论。亚氏以前之心理学者，误在以抽象以玄想讨论灵魂，而绝不顾及身体，然亚氏亦未常视心魂为生理之产物，指为身体之实义（truth)。在此实体中，身体情状乃得其真义焉。

五十、心理官能

灵魂作用于表现诸〔官能〕（faculties）或诸部中。此诸官能当生物进化之诸级，食育（植物特征）、知觉（动作特征）及理性（人类特征）是也。诸官能如算数，高者括下者在内，不能谓为实在分部，而如弦之内向与外向同在一线上分别也。心实常住于一，如柏拉图谓以此部生欲，以彼部生怒，乃妄说也。

五十一、知觉及其对境

知觉乃受外间对境（objects）之形式（forms）而不限于构成此形式之物质；喻如蜡仅受印文，而不受构成此印之金类也。如为受印象之主观，则有动作及一种性质变化。然此知感非仅受象及被动，且能动作。以其分别外物性质，而称为“灵魂依身体之媒介所有之动作”，故外境及器官中有相当比例。若此比例如因色声等太强而破坏，则知觉不起。感觉之对境，可分为：（1）特别（色为见之特境、声为听之特境等）；（2）共同（诸感官同受如动作或体样）；（3）推知（如依白之直接感知而推知一白之对境如白人）三者。特别感觉有五，其中触最浅最普遍，听最可使人通达，见最可使人高贵。感觉器官未尝直接生作用，必待媒介，如空气是。即触似起于直接集合，实或有为之介者也。

五十二、公觉

亚里士多德之公共感觉（common sense）除认识诸感觉对境所含之共同性质外，且有二用：（1）此公共感觉使人有感觉之知识；（2）此觉举一物之全象现于心前，使吾人可分别各感觉之报告。故肉团心似为其器官，以其亦占全身之中枢也。

五十三、想象力及幻想

亚氏想象力之定义为“实在感觉所得结果之动作”（又常谓为败坏之感觉）。换言之，则即感觉印象以此手续而现象，以此手续而留于心前，故为记忆之本。此再现之像为想象力所供给，理性之材料也。幻想及梦，均为感官之触动，与实象所成者相似也。

五十四、记忆力及联念

亚氏记忆力之定义为永存感象，代表对境。追忆即重行引起记忆力材料于心中之谓。此项追忆依赖支配联念（association）之法律，而吾人就一对境追求所联之念，此对境与联念必或为相似、或为相反、或为相连也。

五十五、理性乃思想之源

亚氏以理性为知识原则之源，故与感觉反对。感觉有限而属个人，思想自由且是遍及。感觉对待具体物质之现象，理性对待抽象理想。然理性虽为普通观念之源，顾仅为可能性，盖必由感觉渐进统一之、解释之，经此手续之后，乃达完备之知识也。

五十六、理性乃创造的

理性之职既在思物，故生出一疑问：即非物质之思想，何以可受物质？此问仅一法可解，即思与物中间必有一公共点。故于初动理性（其用在受特连合比较思想诸对境）之上，应有创造的理性，其用在造思想对境，在使世界符合思想，与物质以范畴，使之可为思想所能及。实如太阳发光照物色等，缺之必不可见，眼觉亦不生起，故理性实世界之恒所依赖。亚氏虽属理性于灵魂，然言其本自外来，意似在指为常遍能思之神。人类理性亦包含绝对思想之特性。绝对理想者，乃主观思想及客观思想合而为一者也。

第七章　道德哲学

五十七、至善

亚氏以伦理学在求何者为人类之终的或至善，目的必是最终。盖平常目的仅为达到他种目的之方法，而吾人欲望必须有一绝对目的乃有所依止。此最终目的常言指为幸福。然对其意义则人恒各执异辞，故亚氏视对于其性质之讨论为必要的。此项讨论自必以人性为根据。盖道德者必依于人生情状，入手方法在究人生经验之事实，故幸福不能于抽象出世观念（如柏拉图之自存上帝）中求之。幸福既在实用，是当得之于人类之事功生活中，此则非人与植物同有之生长性，亦非人与动物同有之感觉性。以此真正幸福在活动之合理生活，在真魂真我之完全成就，此且为终生之事业也。

五十八、心理根据

心理学既在分析人性，故能解释此对于幸福之生理观念。幸福既为人之真魂之成就，故伦理学家必须稍有心理学之知识。夫灵魂一方为植物及动物的，一方对于伦理学家有二事可言：（1）能合理性之感情及欲望；（2）理性暨思想力是也。故完成人性需要二事：（1）于实用道德（moral virtue）中感情及欲望可完成，真可就范；（2）于思理之德（intellectualvirtue）中思想机关可以完成也。

五十九、德者是习惯是中道

实用之德以人力能改进其材料，故与天然现象不同，而实由与兽同有之天然本能（此可谓为天然之德）进化而来。此等本能虽本非属于道德，以习作之，故结为一定趋向，而意志因以常久，因以纯粹，因以有其他特性。诸特性者构成道德之分子也。又幸福既为人性之完全成就，则德之别于恶者以其舍过与不及而守中道也。中道者，不长吾性此一趋向抑他一趋向，而求得当之支配，以发达所有趋向也。故 Cynics 视全灭人欲非视管束人欲为道德之目的，真为误谈。但德现中性，惟就世界事实言之，以其至善之性言之，则是极端（而非中道）也。此中道以其为主观的、相对的，故须用理性标准管束之。

六十、诸种德性

德为中道之说，亚氏以德之分类表明之。氏先列自卫之简单诸德，进列他卫关于社会诸德，其表如下：

〔不及〕	〔中〕	〔过〕	〔不及〕	〔中〕	〔过〕
怯	勇敢	血气之勇	冥顽	节制	荒淫
吝啬	宽施	奢侈	小气	宏度	俗气
下小	高尚	虚浮	毫无志向	志向得正	妄冀非分
麻木不仁	和蔼	情感激烈	争攘	友爱	谄媚
伪谦	诚	夸	无味	雅谑	滥谑
无耻	谦抑	羞缩	奸诈	义愤	嫉妒

表中最著之德为高尚，以其为一种理想自重，遂视为诸德之主，既藉诸德而成，又可增诸德之力。上表似系由公式（指德是中道）演绎而成，非据事实立言，公式乃依之以立，故常有德之过或不及（如关于志向），亚氏不能觅得语言代表之。全表均注重意志之自动为德之要件，如必须为名誉责任而发，乃为真勇，如不为乐善爱善而为张扬厚财，则宏度变而为俗气矣。

六十一、公平与衡平法

公平有特别及普通二义。依普通义，公平与遵守法律同意，而与德之所包界限同。不过德乃于抽象中运用此趋向，而公平则实施之于他人。特别公平有二现象：（1）分配公平者，依受者之功绩而授名授赏；（2）改正公平者，不论当事人等之地位，而削此之利，增彼之不足，以得平等者也。故简单报复及互换（reciprocity）不能即谓为分配及改正二种公平。然社会行事实如金融，可以生产者与用产者之关系表出之。顾人生复杂，公平亦不能尽驭之，故应助之以衡平法（equity），俾法律可改变以合于事实也。以是道德显需一标准，既可支配绝对公平之不足，又可为道德进步之理想目的也。

六十二、实用之智与德之统一

道德之理想标准得自实用之智（moral insght），实用之智乃德之原因，亦为德之结果。真正善人固同时为完全之智人，真正智人亦必道德完善。故道德原理（道德行为终的之观念）由习惯经验而生长，由特殊知觉渐渐造成，而于此项特殊事（particulars）之了解，必含于理性作用之内。思想与道德之关系不如苏格拉底所说之密切，实则德中之理性分子，不过技巧机能，可以流为合德智慧，可以流为极深奸谋。亚氏之改苏格拉底主张，亦在谓德者既依实用之智（不依非理性之本能），是仅指真正及已成之德。此种道德原理之主张必可令诸德统一，故人如真取有一德，即实包具所有诸德也（谓诸德均智之所发，而人之真有一德，必是真有此智。既有此智，诸德自全具也）。

六十三、道德意志

道德行为非思想作用之结果，在人类亦非仅发苦乐之嗜欲

（appetite）之结果。嗜欲之前先有有利之观念，此观念无嗜欲之助力则毫无用。故道德应有之意志，为理性、为欲动或欲（非全属兽欲）为理性支配而生行为。意志之自由与否，善恶当相提并论，如行为由他方所强迫，或由昧于实情，则为被动；行为如发动之因属于作者，则是自动也。

六十四、道德薄弱

道德薄弱者，知何事为善而偏作恶，长嗜欲压理性是也。此则实有其事。苏格拉底指为虚构，误矣。盖道德行为亦可以三段论式表之：道德原理乃大前提也；特殊实施乃小前提也；其断案则可理推得，不必现于实行。惟此问题不属论理，实当揆之心理与生理。依心理与生理言之，则如心中有二大前提，嗜欲力能令一小前提弃此就彼。至于兽类，则因对彼等无原理冲突之可言，而不得谓之为薄弱无节制也。

六十五、快乐与善

快乐与善绝非一事，然世之反对合二为一者，其理由均不免有误。如柏拉图以快乐为有知识之变化，自异状进而为常状，因是为变化，故非真实非终极，此说除身体快乐而外，不能解释。盖快乐乃自由自动行为之觉悟，如视觉然，不可分析。若完全器官遇完全对境时，则必生快乐。以此快乐有诸种别，因为其机能之现象，故依机能之差别而有差别。至于快乐之价值，则依善人定之（以善人于善恶有真知灼见，故知快乐之有价值与否也）。

六十六、思想生活

人之终的在完全发达其真性，尤在发展其最高官能。最高官能者，理性是矣。人之所以为人，盖以有理性故，如弃理性而逐他项目的，则是舍自己生活不求，而作下等动物之生活也。故自爱为道德之最高法律，虽仅满一己欲望之自爱可谓为自私，然爱最高合理之天性实爱真我，不可执为非也。此等思想生活最可乐、最自足、最长久，且与闲暇（亚氏以闲暇为美德）尤为相宜。更有进者，则此生活极近于神之生活，盖神不能谓为有实用之德，其幸福必在玄想也。

六十七、友谊与道德

友谊为造成高尚道德生活之不可少条件。即使不可谓为德，亦为德之必随附之物，于吾人生活诸事均有辅助。然此项结果，不能于嬉友利交中得之，必须本乎道德者。真正友朋实为第二之我，而友谊之道德价值，在可资吾人道德借鉴，使吾人对于生活有觉悟有兴味也。

第八章　政治哲学

六十八、政治学与伦理学

亚里士多德谓政治学不能与伦理学相离。在真正人类哲学中，政治学完成道德学说，行政之德实即施于个人道德之他一面也。人之本性本为政治动物，人之所以独能合群，以其能言语也。

六十九、自家而国

家庭变而有村市，由村市而发达为国家。国家之立，先为满足天然需要，后渐为道德目的，为增进高等生活而设。其结合之因，非在防恶，非在便交易，非为物质功利之组织，专在保护货产。盖国家者，实道德之结合，用以促人类之进步也。

七十、奴隶及家政

依时言之，家在国之先，于此须讨究夫妇父子及主奴之关系。亚氏以奴隶为有生命的财产，除赖主人外无生命可言。奴隶有天然应为奴隶与被征服作奴之别，但社会中之有主奴二类，犹人之有灵魂与身体，故奴隶实为天然制度。家政在敛财，然非因仅欲得钱而为此。财者其价值可以钱量之之谓，富者用货产而非聚货产之谓。

七十一、交易与钱币

交易始以同类货物互换，但国际间运送因路远困难，故钱币起。先则仅有定量之金类，后始金上加印，记其轻重。需要乃价值之标准。钱币居出产者受货者之中，使可交易，为世人用以代表需要之方法。用钱以取极重利息，既非自然，又可痛斥。

七十二、柏拉图共产主义之批评

柏拉图《理想国》书中主张公妻公产，实根于对政治社会之误解。柏拉图以国为一致之统系，而不知为杂乱分子之产物。其说又实在文字用“全体”一语失当，不知全体之事易变为无人所管之事。此事若行，则实施贞节均无所用之，且破坏友谊（此实政治组织之基础）。且氏以法令所欲得之目的，固均可易以制度教育得之。所有社会主义，均忘财产均平不如节制人欲及限制人口之善而尤为必要也。

七十三、政府之种类

政府可为统治者或被治者之利益而设，可执于一人或分于多人之手，宪法依此根据而生种别。政府遂有三正体，君主独裁、贵族政治及立宪共和是也。邪体亦有三，暴君政治、寡头政治及民主政治是也。末二者之别，非民主权在多数，寡头权在少数，而民主乃贫民之治，寡头乃富豪之治。抽象言之，此六体之价值次序如下：（1）君主独裁；（2）贵族政治；（3）立宪共和；（4）民主政治；（5）寡头政治；（6）暴君政治。但以完人居上，则君主独裁为最善政府。然世无此项完人，此体不成问题。真正贵族政府，以德为基，此种制度中善人即可为善国民。然按之实事，贵族政治实无不败坏者，故吾人不论理想国家，立宪共和实可达到而又最良，尤以其使中级人民当权为善策。盖中级人民者，国家之基本也。惟如人民增加散布，则民主政治或成通行之体。据亚氏之意，公民舆论对于行政实甚可靠，犹之普通人民对于美术批评亦甚可靠也。

七十四、理想国之要件

何谓最优国问题不能有绝对之答案，以种族不同则其合宜之政体亦不同。故政治家所欲论非抽象之最优国，而为相度实情现状所得之最优国。统言之，则最优国中人民可行事最善，生活最乐，即使人可作广大之进取生活。欲达此目的，国应不太大，亦不太小，但须能自足，海陆地位均须便利，其人民应有北方之精神，而有亚细亚人之聪慧，且政府须不许有商贾，而“最优国则不应有作工之国民”，且须津贴宗教崇拜，而道德鹄的则用法律及教育长养之。

七十五、法律

亚氏以为法律者不为感情所缚之道德观念之实现也。故非合约、非习惯（如 Lykophron 所说）而为与德并行之道力。以其为遍及的，故须依情势以衡平法（Equity）改变之。

七十六、教育

教育须符合心理分析，令身心逐渐发育，皆须用法律定之。儿童须保卫之，不使与罪恶交染，而一切游乐须可作成人负责任之预备。文字教育，须始自七岁讫于二十一岁，其中分为二期，一自七岁至成人，一自成人至二十一岁。教育不当任私人为之，而应归之国。盖国民者，属于国者也。教育大别有四，读写、运动、音乐及画是也。凡此皆不宜用狭隘或功利心出之，当出以宽大，俾可成就真正公民。故运动不宜仅顾运动，否则养成野蛮性格。习画之旨，不专在使人不为画所欺骗，而在使人能领会美感。习音乐不仅在取乐，但旨在怡悦性情。真正教育实如柏拉图所说，意在锻炼人之感情，使好恶可得中也。

第九章　美术哲学

七十七、美术摹仿

亚氏美术之定义，为真正观念之外形之成就，其源有二：一为人类本有之摹仿性；一为见相似物之欣悦心。然美术不在徒事抄袭，实进自然物为理想而补其缺也。职在于特殊现象取其遍及之模范。故诗章及历史之别，不在一用音韵，一则无韵，实在历史仅载已有事实，诗章描写遍及之物，以是诗较史实多含哲理，更为高尚也。

七十八、谐剧与庄剧

摹仿表现，较之常情或较优或较劣，或出于标准人以上或在其下。谐剧摹仿最下等人性，非必道德极坏，然笑谑实仅于卑下中得之。庄剧不然，其职在表达庄严完全，意味深长，影响广大之行为，其表达之方，不在言语，而在行动。因其所写事实，可生恐怖悲怜，观剧者感情以之纯净，其同情心依以推广，依以得中，此等清净感情之法。Zeller（著名希腊哲学史家）谓之为以病攻同病之治疗法。氏谓美术既使特殊事情变为遍及，故庄剧描画情感危急情状，功在使离个人自私方面，而推之于普通人类。Zeller 此说实有见解。亚氏谓祭酒神（Bacchus）等之狂乐，可舒宗教激烈情感，而使情出于正，其用意亦与论剧相同也。

希腊之宗教

今日之论希腊者必须首防一种流行谬说，种族主义（Racialism）是矣。政治人种学（Political Ethnology）非真科学也。日耳曼人借之为其野心作解嘲，而遂得以战争相尚相高；协约国藉之又以和平相责相竞，谓种族有高下之分，实荒谬作乱之说。欧洲之压制与美洲之虐杀（指在美白人虐杀红人黑人等）悉假之以行。若希腊人则异是。希腊人悉混合种，其构成分子相同而成分不一。其著名之美质，至西塞罗（Cicero）游雅典时已将衰谢。其故在健全之户外生活及操练，而加以衣服之合适。以余度之，彼辈之美，盖不过如牛津之竞舟生及伊顿之青年也（牛津大学之竞舟学生及英国著名之伊顿预备学校学生均以美容著称）。当其人才并出，如花如锦，其原因与发生意大利文艺复兴之原因相同。盖都邑国家为激起伟烈之地，而才智衰歇亦速。希腊之混血且至不一，致斯巴达几全属北方民族，雅典几全为地中海民族。而最初之殖民者供献于希腊史上之名人固不少，自更不能保持血族之纯一。即文化一端，希腊人亦非共同一致。斯巴达制度以一小而善战之民，国于四面受敌之地，如非洲之苏噜族。阿克地（Arcadia）之人野、伊他利（Aetolia）之人蛮、波依地（Bcetia）之人深沉，马其顿则半属域外。希腊之对于种族之自觉心，与近世人对于白种或耶教徒之自觉心，正复相同也。

吾人所论之希腊非一种族，乃一文化、一语言、一文学，并且为一种之人生观，起于荷马，连续不断。以至于茹斯底年（Justinian）帝封禁雅典学院，其中之变迁固甚大。政治上希腊已死，而文化之流传，其责任又不归之开创文化者之嫡系（指希腊人之文化藉罗马人之力以流布）。其流风余泽，存于文学、建筑及社会习惯中，因以得长保。罗马帝国之文化非属意大利，而实属希腊。黑暗时代及中世纪之初，正西方希腊学（Hellenism）断绝之时，即尔时之绝亦未至极顶。盖彼时为天主教神治时代，如吾人欲指一人为此天主教之神治学说之祖，吾人不当取奥古斯丁（Augustine）或圣保罗，并且非耶稣基督，但当取柏拉图。柏氏在其法律论（Laws）中，预写此种政治（即以神为元首之神治政府）之要件及其必取之形式，其言悉著奇验。即在玄学，奥古斯丁多得力于柏拉图派，经院学者多师亚里士多德，而秘密派则尊蒲罗克拉（Proclus）之弟子世谓为特阿尼修（Dionysius）者是也。仅希腊科学及科学精神几全失灭，而当西人脱神治之束缚，凡百皆须新创耳。

故希腊学非一特殊民族之心理，亦非一特殊时代之心理。虽失政治自由，然实未覆灭，仅被削弱，既未被杀，亦未正命而死。其哲学始自谢里氏（Thales）至蒲罗克拉，继自芬其那（Ticino）及毕卓（Pico）一二人俱文艺复兴时提倡柏拉图哲学者一至洛自（Lotze）及布来得雷（Bradley），其中（自中世纪之初至中世纪之末）并非死亡，仅沉睡耳。教会之最初语言思想均属希腊。在希腊自由之日，希腊人者，指一希腊都邑之国民。而亚历山大以后，则指受希腊文化者。斯多噶派之名人均非出自希腊本土，齐诺（Zeno，此派之鼻祖）即一细米底人（犹太及亚拉伯人属细米底族），希腊末世之作者；马克斯奥里留斯（Marcus Aurelius）为受罗马化之西班牙人；蒲洛台那（Plotinus）或为考卜提人（Copt）；包夫里（Porphyry）及鲁歆（Lucian）俱叙利亚人；裴罗（Philo）圣保罗均犹太人；而作第四福音（指约翰福音）者，恐亦属此种。凡此诸人，固均隶希腊文化史也。且也，如谓此诸人均希腊人，则吾人何能谓拉飞叶、麦坎吉罗（均为文艺复兴时大美术家）、斯宾索（Spenser）、西德尼（Sidney）、克慈（Keats）、薛雷（均英国诗人）为非希腊人耶？读布拉克（Blake）之章：

煦日之光，普照下土，
凡具慧根，悉能享受。

不但显湖滨诗派（指威至威斯辜律己等）之哲理，实并代表希腊大成之思想；威至威斯（Wordsworth）译麦坎吉罗（Michaelangelo）之信仰忏悔曰：

灵魂自天生，恋恋归天府，
色根皆欺妄，快乐非实有，
愿获无上法，超尘绝俗累，
贤士所托命，宇宙共长久，
刹那生灭者，掉首何足顾。

柏拉图读之，能不喜乎？希腊宗教之胜义，威至威斯更以己之诗句妙为表出，岂有人能及之乎？凡此威至威斯乃一时神到所作，非得之书卷，与布拉克同。其诗曰：

昔为孩提时，早慧有先机，

神明临我前，骀荡显灵威，
感深信弥笃，清切见纤微，
虚象同实物，色根翻足讥。

人民精神，不仅寄于流风余泽，亦有直接文化源头者。吾人所论为一种人文之永久规范，其名称应为希腊。盖此文化在希腊各城，实臻其极盛，而对于西方文明，则不能指为自外输入。吾人如未受大惠于希腊，吾人应无吾人之宗教，无吾人之哲学，无吾人之科学、文学及教育、政治。吾人当仅为野蛮人。乏希腊之渊源，吾人诚能自行发见几何，现可不必猜想。吾人文明譬如一树，其根出自希腊。或用亚历山大利亚城之克莱孟（Clement of Alexndria）之妙喻，则如长河，吸受甚广，而希腊者则其源也。关乎宗教及宗教哲学之希腊思想及行为，实亦继续不灭，而有特殊之重要，尤今日所应注意者也。吾人之学校课程，大足使学生之心目中视斯多噶哲学与基督教间完全中断，若末期希腊宗教哲学则一概抹杀，而溯基督教理上至巴勒斯坦，实则此间之关系甚鲜也。

吾人对于此种文化之继承之不明了，亦另有他故。人常独取希腊生活思想之一方面指为其特性，然于古希腊此外所有之生活思想，则指为例外不足代表。在此篇所欲论之宗教，则论者视柏拉图及尤立比底氏（Euripides）为希腊国家习俗之叛徒，而非为应国家际运之所当产生者，若我则不敢如此。一国之特性，或当以叛徒为代表；一宗教之特性，或竟得代表者于外道中。尼采常呼柏拉图为耶稣前之基督教徒。其言若当，则我亦不能不视之为希腊人。基督教会之宗教及政治哲学，与基督教之秘密宗教，我均溯源至柏拉图。由是而至希腊全体，若尤立比底氏，可谓为19世纪之怀疑家、泛神家及人道主义者。彼亦非雅典之破例，而乃希腊示吾人以新路也。吾且不愿毫无证据而谓后柏拉图派（无论指之为宗教为哲学）为非希腊的，尤其此等确守希腊古训之学派不能谓为受亚洲之影响。正当之方法应当研究如何而秘密之宗教哲学系自古代天然哲学所产生，亦犹如近代之哲学科学必凭借认识论及心理学也。“如汝自己”之命令，为古代之至智，而海拉克来他氏（Heraclitus）之方法为“余已省察自身”，此等思想固治希腊学者所习知也。

近世所受之遗产，亦有绝与希腊无涉者，后当具论。此等在柏拉图或尤立比底氏书中所不见，且亦不见之于希罗多塔（Herodotus）及苏封克里氏（Sophocles），但有宗教之变形，为治希腊学者素所深恶，而认为与希腊思想行为大相径庭者，如苦行、魔术、宗教狱及畏葸而仰仗主权等，均为希腊精神之毒而流入耶教会者也。克里安子（Cleanthes）待亚里斯他加（Aristarchus）亦如教会之待格里辽（Galileo），因其先见及格里辽之所发明也。布鲁特奇（Plutarch）或其父有言曰：“汝疑吾人对神之意见，而于事事均求一解释、一证据，此实冒大不韪，实问不应问之事也。古代祖先之信仰即已足，如稍动其一，传流之性质全部必坏，而无人信之矣。”索尔苏（Celsus）曾责耶教，谓其主张在“不考问而仅信仰”，但此非克莱孟及欧利金（origen）之态度，亦非勇猛之圣保罗之态度，而为平常非耶教徒之态度。当此之时，保卫世俗之迷信，已非仅为政策，且为人民之要求。马克斯奥里留斯祀神极勤极敬。耶教徒之见恶不因迷信，而因其不信仰。阿邦那台卓城之亚历山大（Alexander of Abunoteichos）屏逐耶教徒及伊壁鸠鲁学者于其会堂之外。鲁歆乃笃信时代之福禄特尔（以非宗教著名）至于祈禳之术。奥维德（Orid）显谓希腊人创为洗涤罪恶之说，其诗云：

始作俑者希腊乎，妄说罪恶可涤除，
有如河水洗尘污，杀戮孽重万骨枯，
天道岂容宽汝逋，为此言者一何愚。

基督教会为上古文化最后所创造之功业，其特质非属亚细亚亦非中世纪。其所以无亚洲性者，以耶教为大宗教中最无东方性者。而细米底人或与之脱离关系，或除去其希腊分子，而仍奉犹太教，或笃信回教，如惠斯哥（Westcott，英国宗教史家）所谓之“化石之犹太教”是也。耶教向在亚洲各国传教少功（亦可证其无东方性），且天主教亦非中世特产。继西罗马消亡之后，教会守罗马帝国主义，并于神国之外留存人世帝国之观念，其组织悉师罗马帝国。认罗马为世界首都，而以罗马最上威权法律塞竞争者之口，即其复仇之律亦取自后世罗马法典，保存上古之国语（指拉丁）及最早罗马贵族之名号。而耶教之先达，亦非不愿认其与上古之师承，虽最初保教者（Apologist）之旨，在证明其取法犹太教。然在纪元后70年，圣城（耶路撒冷）覆灭，犹太教微。而第二世纪之保教者，要求对于耶教之宽容，谓至上之希腊哲学家，与耶教徒所信仰大略相同。杰士丁殉教者（Justin Martyr）曰：“吾人教人与希腊人同，惟吾辈以所教训而见恶。”陀徒林（Tertullian）曰：“吾辈中之熟习上古文学者，曾著书证明吾人之教理无有不为普通公众文学之所许者。”杰士丁又曰：“柏拉图之教不与耶教教理相反，即斯多噶派亦然”，“海拉克来他氏及苏格拉底，依神律（Divine Logos）而生活。”亦可谓之为基督徒。克莱孟谓柏拉图之著作乃由上帝之启发，其后奥古斯丁谓仅变换数语，柏拉图学即与耶教完全符合。汉纳克（Harnack，德国有名耶教史家）之伦包夫里（Porphyry）也，谓当时之非耶教的道德与耶教道德几全相同，虽与五百年前及一千五百年后之道德标准不同，然其不同亦由种族，而非由信仰。天主教与古代文化，历史上系继续的。古代文化当其他遗传习俗败坏之后，依此略以生存。在历史上现象与实情相差如此，例实稀少。就现象言之，耶教与犹太教之继续似未中断，而与古代文化则似非续，然就实情言之，事适相反也。

此重要真理之不明，其原因有数端。向来教育习惯，使历史中断，前已言及。而且教会之初期历史，均误于成见。耶教互自称其优秀，而于古代文化则专数其劣点。森尼加（Seneca）、尤温纳（Juvenal）及塔克多（Tacitus）等文人之讽斥，均执为实在，而不知当时之讽刺家以用笔刻毒为习惯。且斯多噶学者（如森尼加是也）在政治上，对于王权本有恶感，而彼等所写首都之恶习，固不能为一般人之代表也。边恩（Benn）曰：近世教会历史家之经验，得之于学校或教堂，于本国所知已少，于中世纪之道德则几全不知，于现在欧洲多处之道德如何，则更未之闻。然在最近出版的书籍，则立论均志在持平，而耶教亦可无受一偏批评之恐惧矣。

且博学之汉纳克与哈基（Hatch）等亦常谓，希腊分子乃后加入耶教者，因其加入而原有之纯一宗教变为驳杂。此诸学者，咸欲证明天主教之最初毫未取法于希腊。虽圣经之最早者不属希腊，然实则教会向来即半受其化。圣保罗为出亡之犹太人，而非出自巴勒斯坦，其所受之耶教，乃得自斯提芬（Stephen，受外族化者），不得自耶稣之弟詹姆斯（James，犹太派耶教）。保罗之书函中，希腊秘密之语甚多，而致希伯来人书及第四福音，如不知斐罗（Philo）不能知其义。而斐罗之宗教学说，则犹太性少而希腊性多。圣保罗曰："吾人不注目所见之物，而注目所不见者，盖见者暂时，而不见者永久也。"此著名宣言，为纯粹之柏拉图学，而大与犹太思想相反。犹太派耶教限在一地，而且生命甚短也。

再者，论者过于注重耶教之崇拜与非耶教之国家祭祀之冲突，不知当时宗教、哲学完全混合为一，单纯之笃信者尚固守寺庙与典礼，尤以乡间为甚，此自不可轻视。然帝国之主要宗教系与秘密教有关，而与哲学生活之训练有涉，所谓天主教与希腊学之相承，悉于此见。尔时之哲学家亦为宣教师、忏悔师、牧师及传教师，所有僧之职业，多由希腊哲学家直接所传授。

师承之说，如自帝国政府之酷刑禁锢观之，则似为异说。仇教之因，要有数端，此种帝国半凭宗教之助。奥古斯都（Augustus）帝奖励皇廷诗家，鼓吹信仰盛德复兴，政府因不能问宗教之信仰。惟可用威力求人人对于法令所立之崇拜，加以表面一致之敬礼，耶教徒及伊壁鸠鲁学者，均因其无神而认为有罪。国家毫不与秘密教争，因其事属私人。惟公然不敬国神，乃大不忠。非耶教徒咸不悉教会何以不许有宗教之混合，彼辈以为此为国家混合之必然结果。故阿蒲留斯（Apuleius）书中，女神（Igis）现身于鲁修斯（Lucius）之前曰：“罗马之神为全世界各邦所崇祀，惟其崇祀之方法仪节及神之名异耳。”遂历数其诸神之名号。此种宽容之精神，自混合之帝国人民观之，为政治情形之应有事。而故意超于此外者，自必为社会之仇敌。此为教会帝国间之真正争执。奥古斯丁所攻击者为旧日之国教，且非笑无量数之罗马小神。柏拉图、尤立比底及芝诺芬尼诋其国神话之甚，固与耶教徒同，然亦不能逃责备，而况耶教之自绝于希腊旧日诸神更为彻底耶。

罗马帝国时代国教之复兴，亦如法国之新天主教然。其主旨系爱国及国家主义及保守主义而非真正之宗教运动。塞尔苏（Celsus）在其今已遗失之攻耶教书中似以爱国动人，求国民于危时力助国家政府。至教会人数权力日涨，旧日习俗因上中级人民生产日少而颓败，保守党保旧文化之心愈急，而视耶教为极丑之黑暗，将令全世之美物均行消灭。吾人对此等恐惧亦可同情，惟不赞成其所引起之愚笨方法。最早之仇教，如俄罗斯之党杀（Pogroms）然。政府暗中指使，以减少人民之不平。当此之时，常人均恨耶教，信不实之谣传，其攻击并不频续，而且不热心，大异乎西班牙之惨杀犹太人或新教徒。在亚历山大利亚城，海君（Hodrian）帝见其人民均爱金钱，崇拜耶稣，亦可崇拜沙拉皮（Sarapis，邪教之神）。由此可知，当时人民并未分为二部，永久交战也。第一次之战争实为末次。在第阿克雷帝（Diocletian）之时，其待决之问题为罗马旧教与耶教孰为国教。此等仇教之举为断送旧文化之具，真无疑义。

汉纳克分耶教之受希腊化为三期。在最早耶教文学中，除保罗、约翰及路加外，皆未受希腊影响。希腊思想生活之输入，始于纪元后130年。所言例外太重要，故所言实非是。氏续谓纪元130年后，希腊哲学变成新宗教之中心。约再百年以后，希腊秘密教及文化之发展，均与教会以莫大之影响。然其神话及多神教，则加入之时尚在此后。再百年后，全部希腊学均在教会中得以立足。此项变迁始于耶教牧师用希腊语，而亦未曾如汉纳克所说之完全。逻各基督论（Logos - Christology）之至关重要，诚如氏所论，已见之于圣保罗之书函中，仅无逻各之名耳。耶教以为上帝之默示（revelation）乃在一定时间，由一人作之。希腊于永久真理之领会，谓凡人经适宜之训练，均可得之。二者之不同，希腊耶教祖师当之，已有一部分之解决矣。汉纳克又以神智主义（Gnosticism）代表真正之希腊默示学说，不知柏拉图派正宗与耶教同反对之。耶教之反对神智主义，即是保存纯正希腊学，而反对其败坏后变为野蛮之支裔。但无论何时，耶教并未全为希腊思想所征服，实则旧日文化之大部，已随其保卫者同逝。保卫旧文化者，循天然法律之公例，因让地位与向来屈服之人而全灭，而此屈服之人，则原来固于旧文化毫不关心也。

另一误会之原因，可举安诺德为例。安氏分人类为受希伯来化者及受希腊化者，而以近世英美为受希伯来化者。氏谓希伯来伦理之原则为“循汝所有之光明以行”，而希腊伦理之原则乃“汝其留意汝所有之光明非黑暗”。受希伯来化者小心而不开明，受希腊化者脑力清然而不谨严。山陀耶那（Santayana）教授近亦论拉丁与英国民族中相同之区别，地中海文化较旧而较老成，留心价值上之正否，而北方民族则不论何事均期力建大功，如克罗（Clough）之忠告云：

中心勿自疑，事成亦奚益，
但当力趣前，时哉不可失，
机来不图功，三鼓气已竭，
问君果何为，悔怨无穷极。

但山陀耶那固未误以宗教改革为复兴巴勒斯坦之耶教，即宗教改革家亦自信如此。但凡宗教上之革新，均凭借旧化之声望。耶稣虽败坏犹太法律（指宗教之经书），初亦托名犹太教。即改革宗教者之所信亦有理由，盖彼等所反对者，为非属巴勒斯坦而乃得自希腊之教义，但其所保留者绝非犹太所有。自一方言之，宗教改革乃弃罗马主义而复兴希腊学。最早之耶教哲学大半属柏拉图派，最早之耶教伦理学著作家若恩卜罗斯氏（Ambrosed）大半属斯多噶派。尔时之新柏拉图派（Neo – Platonism）为柏拉图与斯多噶之掺合物，故二者可并行不悖。奥古斯丁驱斯多噶伦理学于教会之外，直至宗教改革乃得复活。加尔文主义（Calvinism）仅为受洗礼之斯多噶学，因其认世界只一意志，故论理上言之应为泛神论。19 世纪科学与信仰与此相同。清教（Puritanism）虽酷爱新约，然绝不似犹太教，实绝似斯多噶主义。宗教改革叛拉丁教会、叛地中海民族所保存之古代文化，而非志在复兴非希腊之耶教、成全爱拉斯摩（Erasmus）之人文主义及英国之文艺复兴，而耶教柏拉图学之兴盛，固未有如其在新教之英国之甚也。

今日者，平民尽力破坏吾人所受于希腊者。其反叛甚烈，进行甚猛，工业革命产生一种新野蛮主义，与旧化断绝。西欧之历史继承，又有第二次失坠之危。今之少年并非未受教育，然所受之教育与欧洲文化之历史变迁甚少关系。不读古书，不习圣经，历史之教授曾无若何之影响。尤其甚者，则无社会遗传。近世之市民毫无根基乃祖、乃父所生长之村邑之习俗，人情彼均遗忘。不自然、不健全之生活与天然之美和风味隔绝，而产生一不自然、不健全之心理，为往古所未有。其特性为深入之物质主义。平常市中工人无宗教亦无迷信，除可见可触之世外，无若何之理想。以此而希腊宗教与彼甚形隔膜，而耶教与彼尤其断绝。现常有用巴勒斯坦耶教以解释劳工运动〔此说我国（英国）尤盛〕，真为狂谬。此种区别，巴克斯（Bel fort Bax）撮要言曰："耶教谓人之再造必由内起，而近世社会主义之伦理宗教，则觅再造于外、于物质情形及高等社会生活中。"其所反对者耶稣及柏拉图均在其内也。

新精神自与理智主义（InteIIectualism）相反抗。所谓理智主义者，乃以干燥之理性治人生问题也。新精神则欲以本能代理性，实则此派哲学家所谓本能乃情绪及感情，此项人生观及希腊学绝不可调和。盖科学乃希腊精神之长子、爱子，未来之大战将在科学与其仇敌，仇视理性者人数不少，而"自然"为希腊所尊信，必有所以卫其子嗣也。

新精神尤其毒恨斯多噶之伦理。如上所言，斯多噶伦理与柏拉图哲理均为耶教所收入。斯多噶学教人敬守自然法律，平心气以驶厄运，慈善而不为怜惜感情所伤，自助而又自成，修自制之行，俾可以自胜，视人生为道德训练之场。凡此皆新精神所厌，因其重感情蔑训练，而沉溺快乐，既知清教徒之严酷，则不喜其道德也。

论者常谓近人全失希腊人爱美之性，余思此实非是。现代文明虽不可爱，此说实不公平。上古因不甚反对残忍，而生出一美术钝滞之现象（现之评希腊者竟未注意及此亦异哉），彼等并非屏美事于美术界之外。彼等向未主张美与善之分离，但彼辈全不恶奴隶被虐、初生婴儿弃于道路、与杀降屠城。此种钝滞，亦见于文艺复兴之意大利各城。爱兹里那（Ezzelino，其人为将，以嗜杀著名）与大建筑家画家同时。此种现象，据余所测，恐与此二时期之美术创作性有关。现代对于肉体痛苦极为动心，乃与工业主义并起，故于工业最盛国为最显著。此种现象，与自动的美术创作之衰歇同时俱生。在17世纪，爱物林（Ev - elyn）参观监狱，见犯人被虐，尚啧啧称叹，虽未观至终局，然已足见其心肠之不易转。吾人之厌恶此等现象，绝为美感，而非道德观念，其在下级人则更甚。数年前，吾常往观一剧，演古罗马事，剧中有一耶教最早信徒在台上稍受虐刑，鞭甫下，而吾邻座群起呼曰："耻哉趣止此。"此为该剧之第一夜，嗣后此段竟删去矣。有某工厂之机工，因闻机器中有猫声，而停止工作至一小时，费力将该猫取出，以免压毙，乃竟勒死之。欲解说此种极端易于动心，须待决于心理学家。但吾则信为美感之变态。吾人可泰然经过布来斯道（Plaistow）之街市（其房屋形式甚丑怪），而不忍视一马被鞭。雅典人向未立有阿尔拔亲王（英女王维多利亚之夫）纪念碑（其形朴陋而甚不美），但彼等严刑审讯女奴于法庭，放逐犯人于劳令（Laureion）银矿受苦焉。

新精神之出现，既几全与遗传无关，遂令计度现在受于希腊宗教之程度为一难事。即工业革命未兴，此事亦难。北欧尚未自己有表现，其宗教为希腊、拉丁、希伯来之混合而未调合物，在英国则常与君子（gentleman）观念冲突。君子观念现已与爵位田产无关，而为英国人之通俗宗教。英之君子，既非希腊人，尤非犹太人。自君子观之，则奥德西（Odysseus）仅为可笑之流氓；阿克力斯（Achiues）为一激烈负气之蛮人；而亚里士多德之“大人”（见其《伦理学》）最类似狄斯雷里（Disraeli）小说中之贵族耳。英人之天性向趋宗教，但耶教之成熟，为地中海之宗教。如使当先到亚尔卑斯山之北，外表必全不同，因此而新教之与拉丁旧教冲突，新教内部大纷扰，如未受训练之乌合野蛮人与经历之师战也。

虽现代宗教之构成纷繁，分析之极难，然吾人如能检举：（1）现在耶教非希腊之部分（希腊系吾人所谓极广义者）；（2）其中源出或类似希腊者，则或有益也。

在非希腊之诸分子中，第一，必为最初之福音（以前吾未言及）。原有之三福音所载在加利利传教之事，著述成文在该事之后甚久，须用批评眼光读之。但吾意无论如何，耶稣立教之大意，悉明载之三书中。此书未受希腊之影响，且无斐罗所代表之希腊化犹太教之痕迹。但如谓三福音有犹太性，亦须限制其说。基督出世为国中之预言者（一译先知），故意继续以前预言习惯，如其国之预言者，不离当时风行之显示观念。但彼未宣传风行之国家主义或教会主义或道德学说，其国人一明了其说，即驱逐之。诸福音如圣保罗所谓之一新创作，最可注意者即其新添若干道德名词。希腊字之爱喜和平、希望、卑下诸字，均为耶稣前之道德家所不常用者，人固不为旧观念造新字也。举全体言，福音实为新异，耶教徒之信仰谓基督代表对全世界之默示，而世界极纯一极普遍之精神第一次示之于人。此等信仰，于此可得一确证。此次显示半入文化人知识中，而其关于个人社会及国际行为之条件，向未明晰，亦更未积极实行。夫耶稣之教训，乃仅为耶教成分之一，吾人绝不能免其责，吾意贵格（Quakers）教徒实近乎所谓之真正耶教也。第二，希腊人逃脱僧侣政府之毒。东方之神政组织（埃及古王国之所习闻）不能容于希腊之文明，其祭祀悉含集合意，为与神之公宴。但即在希腊，吾人当忆有惨淡之礼节奥斐教（Orphism）之末流，如柏拉图《理想国》所说："彼等不但耸动个人并及全都邑，谓忏悔可由祭祀及暇时之游乐而生效力，对于生者死者皆然。第二方法，乃彼所谓之秘密可出入于地狱之痛苦，吾人若忘之，其祸不堪设想。"此项祭祀之实用，在希腊实甚普通。但东罗马之帝王教皇主义及近世之帝国主义，则未之闻也。此新主义之发生，因君士但丁大帝欲以东方化治国，如西莱（Seeley）所说："君士但丁以一允许状而换得不坏之头衔，授与数种自由权而受绝对之服从，彼之东方政府学说得以允许施行，而须以承认教会法律为代价，彼因对于耶稣负责任，而遂对于人民不负责任。"（谓专制政体）

希腊向无书卷宗教，如犹太教之终变为书卷宗教，回教之夙为书卷宗教也。但希腊亦几以荷马、希霄德（Hesiod）为经典。吾人知荷马之前有极长之宗教历史在，观其待遇诸神可知。神已与宗教感情无关，神亦有成为诙谐人物者（如苏格兰民歌之魔鬼）。变诗篇为圣经，必引起耶教徒之非笑。但荷马向未指为耶教信仰所授与神圣者，无主权之宗教可以依之建立，而希腊玄想之自由较耶教为甚，如是以至今日。

凡观察地中海诸国之耶教者，不大注意一神之耶教与多神之罗马国教之区别。最初教会极力攻击神人间另有崇拜物，圣母马利亚之崇拜乃乘隙而入。而天主教之公众崇拜，其为异教尤甚于教堂典籍。简单之天主教徒，其心目中视耶稣、圣母马利亚及约瑟为其神国中之首座者。

世界之创造有始之说（异教所不承认而耶教所信者）属于哲学，非属宗教。至于灵魂生前之生活（希腊以之与死后不灭之言相连），耶教不信仰之，实可谓为受犹太影响。但灵魂生前之生活，似非大多数希腊人之信仰，柏拉图及新柏拉图派之中间，此说全消灭。然比塔果拉氏及柏拉图之说，或可将来复盛也。

论者或谓凡此近世文化与耶教不同之点，甚为细微。而耶教主要之事，在下级人民之理想革命，反对当时之社会组织。此说以耶稣为过激平民，现时又大盛，具有比最早耶教徒为俄之过激党者。然试平心察问在何时此说最近似？耶稣及其弟子乃加利利之富农，属受良教育之中级社会。罗马富室之奴隶多信耶教，虽法律上失自卫能力然非极苦。第二世纪以后，比耶教徒为现今革命者，自甚狂谬。耶教祖师中，甚斥贫富之不均，不过教会对于第四五世纪之著名经济不平，则毫未抗议。自始讫末，天主教无卧薪尝胆、待时揭竿而起之运动，迨至虐待取消，则主教等自然厕身贵族矣。

欲进而论近日宗教所得益于希腊者，则不知从何说起。

视哲学为生活之艺术，此为希腊之特点。谓希腊为近日所鄙夷之理性派，大失真理。哲学之目的在教人生活佳良，且须依此目的，使对上帝世界及本身有正确之观念。哲学、道德、宗教之若此亲密，亦为近世之财产。凡哲学家均必论哲学与道德、宗教之关系。批评者常谓在玄想无论哲学家若何激烈，而于行为则须从俗。柏拉图哲学与斯多噶伦理之希腊混合物，今日犹为耶教之最盛学说，此二系（赞称感情不奋兴与社会同情）在教会中继续争执，察之实亦奇象也。

苦行在宗教中至重要。世之论希腊及耶教苦行之不同者，甚多而无当。吾当稍详言之。人常谓希腊为运动家之国家，尝产生海拉克里、色修斯（Theseus）、阿克力斯、海克多诸英雄，故应轻视苦行生活。但实则苦行在希腊有不断之历史。即荷马亦言寒冷都都那（Dodona）之僧侣塞罗（Selli）等赤足不洗，卧于地上，此似非写野蛮之生活（如 Wilamowitz – Mollendorff 说），而为预言家之苦行派。盖雅典妇女所守之斋日，亦有若是行为。（吾人可以之与罗马之赤足礼比较，此盖罗马值荒年命令举行，Petronius 及 Tertullian 均言及之。）男女预言家在 Miletus 及 Colophon 等地斋戒，全国斋戒则于危时用命令行之。而 Tarentum 年有斋戒，谢围城之得救。斯巴达之鞭青年，似为用人牲之代替，其礼延用直至上古时代之末，则可惊异。而 Thiace 地方之 Dionysus Zagreus 崇拜，早用苦行。比塔果拉之徒则须素食（此亦为苦行之重要条件），此派于窒欲之外，又加一理由。彼既信魂之轮回，则食肉自惨如食人。比塔果拉教与奥斐教之法律，上古闻之已熟，当有多人行之，禁男女欲之律，较天主教之生活为松，但恩配多克里氏（Empedocles）劝人禁制婚姻生产，而以不婚为哲学生活之要件，其趋向日甚一日。克莱孟谓色尼克派之 Antist heaes 欲杀爱神（女神），因其败坏守礼之妇女甚多。但最早色尼克及少数斯多噶苦行之目的，不在注重精神，但源于独立之欲望，常现不健全之现象，其中竟有人不禁男女欲，但不欲用金钱作代价也。自足之欲望，向为苦行之一部，但在耶教圣者则为一小部。希腊之苦行家急欲不可败坏（即自足），故所谓哲学生活无论何时均为人所艳羡。但同时并行之色尼克与斯多噶学，至罗马帝国时渐变为温和，尚人道，重精神。森尼加及马加斯奥里留斯帝及爱比底他（Epictetus）几半为耶教徒。此时太早，不能谓耶教伦理有直接影响。当时之精神实影响于各教各派。自残之法日甚一日，直至埃及之奇异苦行出现，此则不能谓为出于希腊或耶教，乃由社会之心理变态。当时情形亦其发生之一因也。数世纪后，甚健全之寺院生活出现，而独居生活以衰。中世纪之独居者，犹可达其独居之目的，然非 Thebes（埃及地名）附近之狂怪野蛮人矣。降及近世，而受希腊化者类循极简之生活，然绝不学笃行天主教徒之严酷自练法，勤修自胜之法。少纵身体私欲，乃希腊所称许之哲学生活也。优秀之希腊人，必责英国牧师、教习及哲学家之生活为放纵，盖吾人忘希腊生活之俭苦也。但于吾人，亦当计及气候之不同及北方民族之需多食也（故英国之生活亦不甚放纵致失希腊之精神也）。

希腊秘密教于耶教之影响为激辩之点，类多感情成见用事，现于此项需要之材料已得埃及等处之发见补助不少（然新知事实之重要不免为学者言之过甚）。新教徒多视秘教影响甚小，且推至甚迟，因其不愿见得第一世纪耶教即有天主派加入也。真正之天主教则因他项明显之心理而不认之。近世天主教所主张之圣餐主义（Sacramentalism）（秘密的）加入教会说过早，而说其在第一世纪耶教之重要过大。此派人视耶稣及天主教均带秘密性。其中之继承不过偶然关系。又希腊秘密教之价值乃另一争论之点，德国有名学者之讨论此事者（如 Reitzenstein 及 Rohde）似均对于秘教甚不同情，而近来学者有谓秘密之耶教受之于希腊式犹太教者甚大云。柏拉图斐都篇云："建设吾人之秘密教者宣言，凡死者至冥府。未参与秘密者，将卧于泥涂；而凡已清洁者、已参与秘密者，将与神同志。"盖如秘密教所言："执杖叩神者甚多，而得神之感应者甚少。"此圣餐主义非不受攻击（前谓柏拉图即攻之），传言台奥金尼（Digenes）问："是否大盗柏台勤（Pataecion）在他世界，比英雄威波能（Epaminondas）为佳？盖前者已参与神密，而后者未也。但奥斐教虽易流于败坏，而洗净提高旧日酒神祀礼，如哈利生（Harrison）女士言奉酒神者，希望因沉醉而与上帝接合。奥斐教人则以节制。解说之因，变而为神质，凡参加秘密者恒许之曰："有福极乐之人乎，汝将为一神，不死矣。"希腊人视神即为一不死者。奥斐圣者即摆脱生死之痛苦轮回者。且奥斐教之清净，半为道德训练之结果。孤孟（Cumont）曰：秘密教携来二新事，清洁之秘密方法，用以涤除灵魂之污秽者，与不死幸福之允许，用以酬笃者。坎拿德（H. A. Kennedy）有言，真理之于彼等，以神之显示为代表。密传学说，当谨防不信者之所见。用此学说，彼等可免除恶鬼之侵击，并且可争战命运之酷。此种神怪学，罗马帝国（坎拿德所论即此时代）各处均信之。不幸此学遗存于圣保罗者甚多，乃吾人之所不愿者。秘密崇拜社会之成立，亦希腊宗教变迁之一重要阶级。此种社会乃大同的，似在沿海各大埠甚为兴盛。彼等极受欢迎，下级人民尤赞助之。此中种别国别完全不论，其目的可以坎拿德之语总结之，其言曰："因实行与上帝合一，而置灵魂于易坏物质之无常性之上。"又常有分秘密教为二者：一官府承认者，如伊留细（Eleusis）是也；一独立自相结社者（其中有变为甚重要者）。但其中恐无主要区别，两种实均无一定教理。其目的（如亚里士多德言）在生出一种感情心态，在最感动人心之地，演耶稣受难之剧。其道德上影响甚深而有益，可以无疑。当埃及爱细（Isis）及奥塞力斯（Osiris）二神之秘密与希腊秘教混合时，生出一种崇拜，其酷似耶教大可惊异。一著名之埃及遗书有曰："如奥塞力斯生存，彼（指崇拜者）亦必生存；如奥塞力斯不死，彼亦必不死。"阿蒲里斯（见前）"变形记"之末，有谢爱细神之章，极为美丽，然置于污秽小说之末，则甚奇特。哈米底人（如埃及是）之书籍，亦有与约翰福音（秘密的）相近之学说。如有一对爱细神之祷语，然"趣荣我，如我之荣汝子霍鲁（Homs）"。批评家（如孤孟 Cumont 慈林斯克 Zielinski 等）谓哈米底人之高等学说出自希腊，吾甚然之，但不必尽归高等教理于希腊，下等于埃及也。

圣保罗之学说，多有与此种秘教相似者，如分人性为三种之心理学，尤为重要。三种者，精神、灵魂、身体也。精神乃神圣分子，凡人之解脱者，均以神之知识而变为精神。其知识乃超出自然之赋予，此事谓之“成神”。圣保罗喜以 Pneuma 一字，为人性最高部分之名。在哈米底人书中，Pneuma 及 nous 二字无别，新柏拉图派用法亦然。以神之知识为解脱法之意，常见之于圣保罗书中，如“致哥林多人（Corinthians）前书”第十三章十二节，及尤为重要之“致腓立比人（Philippians）书”第二章八节至十节是矣。此种知识乃半由默示所传达者。默示故为圣保罗所重，但举全体言之，彼一致以知识为信仰之极顶。人格之由精神变换，乃圣保罗之死后论（eschatology）之中心。“虽吾辈表面人消失，而衷心人则日新。”精神者，构成此革新人格之物，因血肉不能登天堂。“再生”一语，在秘密书籍中甚为通行。

吾人尽可在圣保罗函中、约翰诸书（此为诸函之最良解释）中及希腊祖师之神学中觅出多数文字，可证初期基督教与帝国内之秘教有密切关系。彼二十年前在此类短篇内，亦应详写其同点，但现在论者如于耶教受希腊思想宗教之惠，愿作持平之论。则新信仰（耶教）所愿吸收之秘教高尚方面，与出乎希腊思想变迁以外而不在新约之下等方面，其中之不同，恒不愿言之太甚。文德兰（Wendland）一平正之批评家也，谓圣保罗之于秘教，犹柏拉图之于奥斐主义，秘教非其宗教生活之中心，但可以为其宗教经验之外部表现。伟那（Weinal）曰：“圣保罗精神及基督学说非模仿秘教，乃其衷心之个人经验，用当时之形式，而以哲学解释也。”论者如洛伊塞（Loisy）等，谓圣保罗之耶稣为救世上帝（秘密教之观念），如奥塞力斯或阿提斯（Attia）或弥查

（Mithra，诸秘密教所奉神名）是也，由是而比较诸神与耶稣之受苦、死亡、复活诸相同之点。彼等竟忘圣保罗为一犹太人，以具有宗教脑筋之人，必有革新之能力，圣保罗未尝呼基督为救世上帝。尤其谬者，则有人欲证圣保罗之宗教为粗而重物质之圣餐魔术。圣保罗恶礼祭特甚，见于其一切著作，宣言曰："基督命我传道，非命我施洗礼。"且因哥林多人甚少受其洗礼者而感谢上帝。以若是之使徒，乃谓其以洗礼为人天国之法门，而不计其后来之行为如何。且在致罗马人书中（如伟那氏言）洗礼仅一见，而圣餐则未思及。彼视洗礼非法门，而为含社会思想之礼，为已由信仰而受天惠之记号。此诸论者，进而用阿兹台（Aztecs）及他种野蛮人宗教，以解说圣保罗之圣餐学说，但谓以圣保罗之教育文化，而竟涉及"食神"（下等秘教语）观念，则其人不足与辩。所谓"主之案"乃指主在此案为精神之主义，非主之肉置于此案上之谓。且如此则所谓"魔之案"（主之案之反面），亦魔鬼果在此案为人食耶？吾人谓新约有名之"吾乃无身体之精灵"一语，而知魔鬼固无身体者也。

粗蛮之圣餐主义之发生，乃在此后，其来源乃自柏拉图所不许之秘教徒。如希腊学为一种思想方法之名，此派乃为不健全之希腊学。盖希腊人信之者多，实不能讳也。

圣经中人类堕落（Fall of Man）学说（希伯来人不能产生此说），在犹太教中无甚功用，经希腊之影响而在耶教中复活。人类（如恩配多克里氏等所言）为上帝所放逐，其身体乃其坟墓，披一不相关之肉衣。因其堕落，故须赎罪。希腊学遂为赎罪之宗教，全国欣然承认耶教一部之教理。亚当罪恶，遂为人类戏剧之首幕，至忏悔为止。顾此程序又非仅为历史，其深义则每人生命之所必演。在犹太之为历史记载者，希腊变之为教理。降及近世，至少前数幕恒视为常人生活之编为戏剧者。但希腊思想向未如耶教之视罪恶如是悲惨，与恶之争，进而更厉，乃希腊所未及。但吾人当知，多数之信耶教者，不为其罪而生忧虑，希腊人之优秀者，反极力求修其身也。

赎罪之事，由赎罪者授之大地。赎罪者是神亦是人，此又根据希腊观念。人神间之介绍人，须真具神性，盖否则不能与一方接洽。阿塔拿夏（Athanasius）之胜利（阿塔拿夏主教为主张天主教所承认之三位说之人，据此说耶稣为人亦为神），非希腊人之失败，希腊思想家于此之惟一困难，为何以托生人世之上帝乃亦受痛苦。然此乃哲学家之疑难，常人则不见此困难也。而逻各（Logos）说引耶教接近柏拉图及斯多噶学说，而三位（Trinity）之第二人具新柏拉图派理性（Nous）之诸特件，但欲比三位与蒲鲁台那（Plotinus）之三神因，犹之黑智儿之加入三位于其哲学中，同为不成功也。

死后论（Eschatology）一题甚大，非小段文字所可说明。人常谓身体复活乃犹太学说，灵魂不死乃希腊学说。但将来生活（指死后）之观念，在犹太信仰中进行甚缓，即在今日，亦似不甚重要。极乐世界主义（谓神治理人国）应为犹太希望之趋向，此种信仰（为新默示之所凭借）向未为教会失去，若时局纷扰不宁则又复兴。最成熟之希腊哲学以长存为神之特质，而人则以时生死。人乃一小世界，含有诸种生存，彼如不恋地上泡影繁华，其能力实可参入神之生活。此种不死观念，有大影响于耶教，实可不用证明。此盖向属秘教。但奥斐习惯（及涤罪处与永久快乐及痛苦）在普通耶教中，较其他二观念为占势力，此说且亦脱落其附属学说，耶稣再生及轮回之信仰（二说新柏拉图派用之，然甚不适当）。而将来之刑罚之说，尤为可怕。凡哲学及俗人之出世观念均属希腊，而非属犹太。但因欲调和此诸说而令耶教之死后说极为混乱，而人常对于所谓四终了事（即上说之一不死、二耶稣再生、三轮回、四将来刑罚）无建立学说之希望，顾于此秘事，亦不能想望其有一定学说。最早福音不奖励人之欲知将来之好奇心，而所言三派（指希腊犹太及耶教三种）之死后论，代表三种之宗教信仰希望，吾辈应认圣保罗语之真确，所谓“目不能见，耳不能闻，即人之心思亦不能达，上帝所筹备，使人爱彼之事”。保罗且告吾人曰：“现吾辈依镜以窥多谜，想且仅知一部分。”对越上帝之知感，合知者与被知于一，乃吾人修持终局之事。保罗诸语（酷似柏拉图之穴居神话）足见其与新柏拉图派同心。而今人对于将来生活之信仰微弱，或由此道而可兴复焉。

结论曰，何者为希腊宗教教训吾人之事，而吾人易于遗忘者欤？简言之，节信真理为吾友，而又信真理之知识非不可达到，切实审查之信仰，为希腊人生观之要点。亚里士多德曰：“凡欲公平评真理者，须为裁判人，不应为原告人。”尤立比底之轶作曰：“幸福哉如彼，知审查之价值。”好奇心为善非恶，此希腊人所知，而中世所不知者。柏拉图以“自然”为上帝之助手及默示者，而世界之灵魂也。人性与神性同，无人更言之深切者。“自然”卫吾人，“淆乱”及“必然”为人之仇敌。宗教及人文主义之分裂，确始自柏拉图之继承者。彼等不幸不热心自然科学，而不追随物理学界之最上乘。在黑暗时代，与希腊之关系断绝，而二者成绝对分裂。最早希腊丰富之神话并非不合科学，其中有时知识缺乏，则以想象力及“试验及错误之方法”补足之。戏曲式幻想产生神话，乃诗与科学共同材料。宗教神话自亦有时为科学进步之阻力，其所以如此者，必其时重理性，而事实与虚构问题发生也。“重理性以后时代”与非科学时代之信仰，自不能谬谓其相同。今日者，希腊精神警告吾人，须摆脱希腊所留传表面规矩之不善者。盖重理性以后之习俗主义，其要点为怀疑、实用而知识上不实在，而理性之信仰则凭对于神圣逻各（世界自默示之灵魂）之诚敬，二者之孰去孰从，今当取决。若本篇作者，则深信凡笃实宽大之人，必愿重行皈依耶稣基督。盖昔日希腊者以其多年自由探察不惧不挠之习惯，一遇基督不多时即低首下心，为其不侵不叛之臣，献其宝藏，盖深知夫基督之来非为破坏而为完成者也。

附录二：评近人之文化研究

西哲恒言，谓希腊文治之季世，得神经衰弱症（Greek Failure of Nerves）。盖内则学术崩颓，偷慢怀疑之说兴；外则魔教四侵，妖异诡密之神夥。亦以荣卫不良，病菌自盛也。今日中国固有之精神湮灭，饥不择食，寒不择衣，聚议纷纷，莫衷一是。所谓文化之研究，实亦衰象之一。菲薄国学者，不但为学术之破坏；且对于古人加以轻谩薄骂，若以仇死人为进道之因，谈学术必须尚意气也者。其输入欧化亦卑之无甚高论，于哲理则膜拜杜威、尼采之流；于戏剧则拥戴易卜生、萧伯纳诸家。以山额与达尔文同称，以柏拉图与马克斯并论。罗素抵沪，欢迎者拟之孔子；杜威莅晋，推尊者比之为慈氏。今姑不言孔子、慈氏与二子学说轩轾。顾杜威、罗素在西方文化与孔子、慈氏在中印所占地位，高下悬殊，自不可掩。此种言论不但拟于不伦，而且丧失国体。主张保守旧化者亦常仰承外人鼻息，谓倭铿得自强不息之精神，杜威主天（指西方之自然研究）人（指东方之人事研究）合一之说，柏格森得唯识精义，泰戈尔为印化复兴渊泉。间闻三数西人称美亚洲文化，或且集团体研究，不问其持论是否深得东方精神，研究者之旨意何在，遂欣然相告，谓欧美文化迅即败坏，亚洲文化将起而代之。其实西人科学事实上之搜求，不必为崇尚之征，即于彼所诬为野蛮人者如黑种、红种亦考究綦详。且其对于外化即甚推尊，亦未必竟至移易风俗。数十年前，欧洲学者极力表彰印度学术之优美，然西方文化迄未受佛土丝毫影响。前此狂热现亦稍杀。泰戈尔去岁重游新大陆，即不如初次之举国欢迎。盖凡此论著咸以成见为先，不悉其终始。维新者以西人为祖师，守旧者藉外族为护符，不知文化之研究乃真理之讨论，新旧淆然，意气相逼，对于欧美则同作木偶之崇拜，视政客之媚外恐有过之无不及也。

时学之弊，曰浅，曰隘。浅隘则是非颠倒，真理埋没；浅则论不探源；隘则敷陈多误。中西文化不同之点浅而易见者，自为科学之有无，近人解释其故，略有二说：（一）谓中国不重实验，轻视应用，故无科学。然按之事实，适得其反。盖科学之起，非应实用之要求。物理一科，不因造汽舟汽车而成；化学一科，不为制毒弹毒气而设。欧西科学远出希腊，其动机实在理论之兴趣。亚里士多德集一时科学之大成，顾其立言之旨，悉为哲理之讨论。即今日科学曷尝不主理性。如相对论虽出于理想，而可使全科学界震动。数学者，各科学之基础也，而其组织全出空理。梁任公今日学者巨子，然其言曰："从前西洋文明，总不免将理想实际分为两橛，（中略）科学一个反动，唯物学派遂席卷天下，把高的理想又丢掉了。"此种论调，或以科学全出实用，或以科学理想低下，实混工程机械与理想科学为一，俱未探源立说。然国中学者本兹误解，痛邦人之夙尚空谈，不求实际，提倡实验精神，以为救国良药。不知华人立身讲学，原专主人生，趋重实际，于政法、商业至为擅长，于数理、名学极为欠缺。希腊哲学发达而科学亦兴，我国几无哲学（指知识论、本质论言。人生哲学本诸实用兴趣，故中国有之），故亦无科学。因果昭然，无俟多说。处中国而倡实验以求精神及高尚理想之发展，所谓以血洗血，其污益甚。第（二）种科学发源解说，见之梁漱溟先生书中，与前说可相表里。意谓中国非理论之精神太发达："非理论之精神是玄学的精神，而理论者便是科学之所成就。"夫非理论之途有二：一为趋重神秘。何谓神秘？"大约一个观念或一个经验不容理智施其作用。"印度学术是矣。（印度虽有纯正哲学，然与神秘宗教混合，故科学亦不发达。）一为限于人生。言事之实而不究事之学。重人事而不考物律。注意道德心性之学，而轻置自然界之真质。此亦与科学精神相反。中国是矣。中国人确信阴阳，"山有山神，河有河神，宇宙间一件件的事物，天地日月等，都想有主宰的神祇。"梁先生据此为中国玄学发达之确证。不知此类阴阳鬼神之说，其要素有二：一则乞助神权为迷信之作用；一则推测因果为理解之搜探。人类宗教性发展，多崇拜天然物，有巫师有卜筮；如理性发达，讨论既多，迷信遂弱。于是占星流为天文，丹铅进为化学。历史具在，均可考也。至谓阴阳鬼神之说深于玄学之精神，反对理论，乃为形而上学，则立义太狭，必为多数玄学者之所否认也。

时学浅隘，故求同则牵强附会之事多；明异则入主出奴之风盛。世界宗教哲学各有真理，各有特质，不能强为撮合。叔本华一浪漫派之哲学家也，而时人佥以为受印度文化之影响，其实氏之人才非如佛之罗汉，氏言意志不同佛说私欲，其谈幻境则失吠檀多真义，苦行则非佛陀之真谛。印度人厌世，源于无常之恐惧。叔本华悲观，乃意志之无厌。庄周言变迁，初非生物进化论，实言人生之无定，人智之狭小，正处正味，讥物论之不齐，其着眼处绝不在诠释生物生长之程序。夫取中外学说互为比附。原为世界学者之通病。然学说各有特点，注意多异，每有同一学理，因立说轻重主旨不侔，而其意义即迥殊，不可强同之也。今日大江南北有所谓"同善社"者出，传闻倡"三教合一"之说，不明儒、释为二种文化之产物。其用心，其方法，其目的均各悬殊，安可勉强混同。此类妄说，附以迷信，诚乱世之妖象也。至若评论文化之优劣，新学家以国学事事可攻，须扫除一切，抹杀一切；旧学家则以为欧美文运将终，科学破产，实为“可怜”。皆本诸成见，非能精考事实，平情立言也。

时学浅隘，其故在对于学问犹未深造，即中外文化之材料实未广搜精求。旧学毁弃，固无论矣。即现在时髦之西方文化，均仅取一偏，失其大体。不知欧美实状者，读今日报章，必以为莎士比亚已成绝响，而易卜生为雅俗所共赏。必以为柏拉图已成陈言，而柏格森则代表西化之转机，蒸蒸日上。至若印度文化，以佛法有“条理可寻”，则据以立说。婆罗门六宗则因价值不高，屏之不论。夫文化为全种全国人民精神上之所结合，研究者应统计全局，不宜偏置。在言者固以一己主张而有去取，在听者依一面之词而不免盲从，此所以今日之受学者多流于固陋也。

文化思想之冲突与调和

自日本发动侵略战争以来，世界全部渐趋混乱，大家所认为最高的西洋文化产生了自杀的现象。人类在惨痛经验之中渐渐地觉悟到这种文化的本身恐怕有问题。这个问题太大，和全世界有关系，我不能加以讨论。中国与西洋交通以来，因为被外族的欺凌，也早已发生了文化的前途到底如何的问题。直到现在，这个问题犹未决定。有人主张用中国文化作本位，有人主张全盘西化。这个问题也太大，我也不能加以讨论。不过关于外来文化思想和本有文化接触时，发生的问题确实有两方面：一方面我们应该不应该接受外来文化，这是价值的评论；一方面我们能不能接受外来文化，这是事实上的问题。关于价值的评论，我们应不应该接受，我已经说过，现在不能加以讨论。关于事实上的问题，我们能不能，问题也非常复杂，我们不是预言家，也不相信预言，现在也不能讨论。不过将来的事虽然现在我们不能预知，过去的事，往往可以作将来的事的榜样。古人说得好，“前事不忘，后事之师”。现在虽不能预测将来，但是过去我们中国也和外来文化思想接触过，其结果是怎么样呢？这也可以供我们参考。而现在科学中的文化人类学，也对于文化移植问题积极的研究，他们所研究的多偏于器物和制度，但是思想上的问题，恐怕也可以用他们的学说。

“文化的移植”，这个名词是什么意义呢？这就是指着一种文化搬到另一国家和民族而使它生长。这中间似包括两个问题：第一个是问外来的文化移植到另一个地方是否可有影响；第二个是问本地文化和外方接触是否能完全变了它的本性，改了它的方向。这个问题当然须先承认一个文化有它的特点，有它的特别性质。根据这个特性发展，这个文化有它一定的方向。现在拿思想作一个例子，第一个问题就是说外来思想是否可以在另一地方发生影响，这问题其实不大成问题。因为一个民族的思想多了一个新的成分，这个已经是一种影响。所以第一个问题不大成问题。第二个问题，就是说一个民族或国家的思想有它的特性，并且有它的方向，假使与外来思想接触，是否可完全改变原有特质和方向，这实在是一个问题。就拿中国文化和印度佛学的接触来说，向来的看法很不相同。照宋明儒家的说法，中国文化思想有不可磨灭的道统。而这个道统是由中国古圣先贤尧、舜、禹、汤、文、武、周公、孔子、孟轲、扬雄一代一代传下来的。中间虽经外来思想所谓佛学捣了一回乱，但宋明儒家仍是继承古国固有的道统。中国原有的文化特质并没有失掉，中国文化的发展自三代以来究竟没有改换它的方向。但是照另一说法，却是与儒者意思相反。他们说中国思想因印度佛学进来完全改变，就是宋明儒家也是阳儒阴释，假使没有外来的佛学，就是宋明儒学也根本无由发生。

关于文化移植问题，文化人类学本有三种不同的学说。第一演化说，是比较早的主张。第二播化说，是后来很为流行的主张。第三是批评派和功能派，都是反对播化说的主张。假使将这三种学说应用到思想上，似乎可以这样说：照第一种学说，人类思想和其他文化上的事件一样，自有其独立之发展演进。照这种说法如推到极端，就可以说思想是民族或国家各个生产出来的，完全和外来的文化思想无关。照第二种学说，则一个民族或国家的文化思想都是自外边输入来的。而且有一部分文化人类学者主张世界文化同出一源（就是埃及）。他们以为世界各地均以一个地方为它的来源，一个民族或国家的文化的主要骨干，是外来的。文化的发展是他定的而非自定的。假使照这样的说而说到极端，则一种文化思想推它的本源总根本受外方影响，而外方思想总可完全改变本来的特性与方向。本来外来文化之有影响是无问题的。但是推得太大太深，因此发生了疑问。所以才有第三派的主张出现。批评派的人或者功能派的人以为外来文化与本地文化接触，其结果是双方的，而绝不是片面的。外来文化思想和本地文化虽然不相同，但是必须两方面有符合的地方。所以第一，外来文化可以对于本地文化发生影响，但必须适应本地的文化环境。第二因外来文化也要适应本地的文化，所以也须适者生存。外来文化思想也受本地文化的影响而常常有改变，然后能发生大的作用。外来文化为什么发生变化，当然因为本地文化思想有本地的性质和特点，不是随便可以放弃的。

因为一个地方的文化思想往往有一种保守或顽固性质，虽受外力压迫而不退让，所以文化移植的时候不免发生冲突。又因为外来文化必须适应新的环境，所以一方面本地文化思想受外来影响而发生变化；另一方面因外来文化思想须适应本地的环境，所以本地文化虽然发生变化，还不至于全部放弃其固有特性，完全消灭本来的精神。所以关于文化的移植我们赞成上面说的第三个学说。就是主张外来和本地文化的接触，其结果是双方的。照以上所说，因为本来文化有顽固性，所以发生冲突。因为外来文化也须和固有文化适合，故必须两方调和。所以文化思想的移植，必须经过冲突和调和两个过程。经过以后，外来思想乃在本地生了根，而可发挥很大的作用。

照上面所说的，一国的文化思想固然受外来影响而发生变化。但是外来文化思想的本身也经过改变，乃能发生作用。所以本地文化思想虽然改变，但也不至于完全根本改变。譬如说中国葡萄是西域移植来的，但是中国的葡萄究竟不是西域的葡萄。棉花是印度移植来的，但是中国的棉花究竟不是印度的棉花。因为它们适合地方，乃能生在中国。也因为它们须适应新环境，它们也就变成中国的了。同样的道理，可以推知外来思想必须有改变，适合本国思想，乃能发生作用。不然则不能为本地所接受，而不能生存。所以本地文化虽然受外边影响而可改变，但是外来思想也须改变，和本地适应，乃能发生作用。所以印度佛教到中国来，经过很大的改变，成为中国的佛教，乃得中国人广泛的接受。举两个例来证明罢。第一我们知道中国灵魂和地狱的观念不是完全从印度来的。但佛经里面讲的鬼魂极多，讲的地狱的组织非常复杂。我们通常相信中国的有鬼论必受了佛经的影响。不过从学理上讲，“无我”是佛教的基本学说。“我”就是指着灵魂，就是通常之所谓鬼。“无我”就是否认灵魂之存在。我们看见佛经讲轮回，以为必定有一个鬼在世间轮回。但没有鬼而轮回，正是佛学的特点，正是释迦牟尼的一大发明。又通常佛教信徒念阿弥陀佛。不过“念佛”本指着坐禅之一种，并不是口里念佛（口唱佛名）。又佛经中有“十念相续”的话，以为是口里念佛名十次。不过“十念”的念字乃指着最短的时间，和念佛坐禅以及口里念佛亦不相同。中国把念字的三个意义混合，失掉了印度本来的意义。这是很简单却很重要的两个例子，可以证明外来文化思想到另一个地方是要改变它的性质与内容的。

外来文化思想在另一地方发生作用，须经过冲突和调和的过程。“调和”固然是表明外来文化思想将要被吸收，就是“冲突”也是他将被吸收的预备步骤。因为粗浅的说，“调和”是因为两方文化思想相同或相合，“冲突”是因为两方文化思想的不同或不合。两方总须有点相同，乃能调和。但是两方不同的地方，假使不明了他们中间相同的地方，也不能显明地暴露出来，而且不知道有不同而去调和是很粗浅的表面的囫囵的。这样的调和的基础不稳固，必不能长久。但是假使知道不同而去调和，才能深入，才不浮泛，这样才能叫外来文化，在另一文化中发生深厚的根据，才能长久发生作用。所以外来思想之输入，常可以经过三个阶段：（一）因为看见表面的相同而调和。（二）因为看见不同而冲突。（三）因再发见真实的相合而调和。这三段虽是时间的先后次序，但是指着社会一般人说的。因为聪明的智者往往于外来文化思想之初来，就能知道两方同异合不合之点，而作一综合。在第一阶段内，外来文化思想并未深入。在第二阶段内，外来文化思想比较深入，社会上对于这个外来分子看作一严重的事件。在第三阶段内，外来文化思想已被吸收，加入本有文化血脉中了。不过在最后阶段内，不但本有文化发生变化，就是外来文化也发生变化。到这时候，外来的已被同化。比方佛教已经失却本来面目，而成功为中国佛教了。在这个过程中与中国相同相合的能继续发展，而和中国不合不同的则往往昙花一现，不能长久。比方说中国佛教宗派有天台宗、华严宗、法相宗等等。天台、华严二宗是中国自己的创造，故势力较大。法相宗是印度道地货色，虽然有伟大的玄奘法师在上，也不能流行很长久。照这样说，一个国家民族的文化思想实在有他的特性，外来文化思想必须有所改变，合乎另一文化性质，乃能发生作用。

《史记》里有几句话，说“居今之世，志古之道，所以自镜也。未必尽同”。过去的事不能全部拿来作将来的事的榜样。上面所说的，并不断定将来和过去必定一样。不过仅仅推论已往历史的原委，以供大家的参考而已。

康复札记

康复札记四则

在旧社会，幻想中有不灭之神，在新时代，确实有很多再生之人，我自己就是其中之一。1954 年时因多年积病，患脑溢血症，近一月不省人事，但得党无微不至的关怀，竟得不死。六十年代，东风进一步压倒西风，对于我这样一个年近七十的老人十分鼓舞，因而加速了健康的恢复，竟能读书，研究。现应《新建设》杂志之约，将近年读书所得，写成札记，以供参考，这也是我对人民所尽涓埃之力。

一九六一年三月十九日

“妖贼”李弘

“宗教是人民的鸦片”，是统治者压迫人民的工具，但在一定历史条件下，人民也利用宗教作为武器反抗统治者。原始道教起于民间，汉末以后曾为农民革命所利用。按《弘明集》卷八刘勰《灭惑论》言，道教“事合氓庶，故比屋归宗，是以张角、李弘，毒流汉季；卢悚、孙恩，乱盈晋末”。张角、孙恩、卢悚（按：

卢悚事见《晋书》卷八十一《毛安之传》、卷九《孝武帝纪》）皆见于史书，为农民革命领袖也。李弘名见《道藏》力上《老君音诵诫经》，假托老君曰："世间诈伪，攻错经道，惑乱愚民。但言老君当治，李弘应出，天下纵横返逆者众，称名李弘岁岁有之，其中精感鬼神，白日人见，惑乱万民，称鬼神语，愚民信之，诳诈万端，称官设号，蚁聚人众，坏乱土地。称刘举者甚多，称李弘者亦复不少。吾大瞋怒。"又有曰："愚人诳诈无端，人人欲作不臣，聚众逋逃罪逆之人，及以奴仆隶皂之间，诈称李弘。""李弘"之名尚未在汉末史书中查得，但见于《晋书》者已查出五个。除《晋书》卷四十一《李熹传》中有一李弘外，其余四个李弘全为"妖贼"。现依时间先后抄列于下：

（一）《晋书》卷五十八《周札传》："时有道士李脱者，妖术惑众。弟子李弘养徒灊山，云应谶当王。"事并见《册府元龟》第十二册，一〇八八六页。按此事当约在元帝永昌元年（322）王敦举兵之后。按灊山当为今安徽霍山。

（二）《晋书》卷一〇六《载记》文称：石虎时"贝丘人李弘，因众心之怨，自言姓名应谶，连接奸党，署置百僚，事发诛之，连坐者数千家"。事亦见《通鉴》卷九十七，晋成帝咸康八年（342）。按贝丘应在今山东。

（三）《晋书》卷八："广汉妖贼李弘与益州妖贼李金根（《晋书》卷五十八《周楚传》作李金银）聚众反，弘自称圣王。"（按《周楚传》作圣道王）时在海西公五年（370）。广汉当在今四川地区。

（四）《晋书》卷一一八《载记》："姚兴寝疾，妖贼李弘反于贰原。贰原氐仇常起兵应弘。"按其时约在姚兴死（义熙十二年，即公元416年）前数年，地当在今川陕地区。

据以上四条，可以看出：一、从公元322年到416年前数年，前后不到百年，东起山东，西至四川、陕西，南到安徽等地，均有人以李弘名义领导农民起义，正如《老君音诵诫经》所言："称名李弘，岁岁有之。"当可证两晋之时，农民革命此起彼伏，相继不断也。二、"李弘"一名当为其时利用道教领导农民起义之领袖的代名词。按道教认为得道者可分身（事见《三国志·孙策传》，葛洪《抱朴子·祛惑篇》所言帛和亦类此），此处想必是以"李弘"名义来号召群众，故两处言"应谶当王"。三、佛教与寇谦之新道教（见下条）攻击"妖贼"李弘的道教，主要之点在其"事合氓庶"，"惑乱万民"，然李弘的道教之所以能"合氓庶"，当因它破坏着农民所反对的封建土地制度（"坏乱土地"），颠覆着农民所痛恨的政权而自立政权（"称官设号"）。宗教上的斗争是政治上斗争的反映，此甚重要。

《云中音诵新科之诫》

寇谦之是南北朝时重要的道教领袖，事见《魏书·释老志》，据《隋书·经籍志》言，寇谦之在道教中的地位当与陶宏景同。著有《云中音诵新科之诫》二十卷。今《道藏·洞神部·戒律类》有戒经七种，白云霁《道藏目录详注》作九卷。其中《老君音诵诫经》、《正一法文天师教戒科经》、《女青鬼律》等三种恐均系寇谦之的著作（参见陈国符著《道藏源流考》一〇四页）。恐均出于《云中音诵新科之诫》。因其中文句虽在辗转抄录中或有错落，或有后人增改者，然各戒经之内容与《释老志》所载寇谦之思想基本相同。现分述如下：

（一）据《魏书·释老志》言，《云中音诵新科之诫》主要内容为："清整道教，除去三张伪法、租米钱税及男女合气之术。”查《老君音诵诫经》、《正一法文天师教戒科经》之主旨即在破除三张伪法。《释老志》曰：

太上老君谓谦之曰：“……吾故来观汝，授汝天师之位，赐汝《云中音诵新科之诫》二十卷，号日并进。言吾此经诫白天地开辟以来，不传于世，今运数应出，汝宣吾新科，清整道教，除去三张伪法、租米钱税及男女合气之术。大道清虚，岂有斯事？专以礼度为首，而加之以服食闭练。”

《老君音诵诫经》内容所言者主旨五事，一曰：

老君曰：吾以汝受天官，内治领中外官，临统真职，可比系天师同位。吾今听汝一让之辞，吾此乐音之教诫，从天地一正变易以来，不出于世，今运数应出，汝好宜教诫科律法人治民，祭酒按而行之。……（系天师即继天师）

二曰：

谦之汝就系天师正位，并教生民佐国扶命，……一从吾乐章，诵诫新法，其伪诈经法科勿复承用。

三曰：

今世人恶，但作死事，修善者少，世间诈伪，攻错经道，惑乱愚民，但言老君当治，李弘应出。天下纵横返逆者众，称名李弘，岁岁有之……称官设号，蚁聚人众，坏乱土地。……

四曰：

老君曰：男女道官浊乱来久……吾故出音乐新正科律，依其头领，欲使信道，以通人情，洁身洁己，与道同功，……

五曰：

受其治箓诫之人，弟子朝拜之，喻如礼生官位吏礼法等同，明慎奉行，如律令。

以上五事，就其内容说与上引《释老志》中寇谦之思想全同，有些地方甚至文辞相同。其言“李弘”事，如非南北朝时作品，当不可能说：“称名李弘，岁岁有之。”（事见上条）

（二）《正一法文天师教戒科经》中曰：“昔汉嗣末世，豪杰纵横，强弱相凌，人民诡黠，男女轻淫，政不能济，家不相禁，抄盗城市，怨枉小人，更相仆役，蚕食万民，民怨思乱，逆气干天。故令五星失度，彗孛上扫，火星失辅，强臣分争，群奸相将，百有余年。魏氏承天驱除，历使其然，载在河雒，悬象垂天。是吾顺天奉时以国师命武帝……今吾避世以汝付魏，清政道治，千里独行，虎狼伏匿，卧不闭门……”按文中所言“魏”当是“北魏”，从汉末到北魏（220～385）实只一百六十余年（魏太武帝即位则在424年），故所言“……百有余年，魏氏承天驱除……”大体相近。我们知道，这些戒经一方面斥起义者及李弘为“恶人”，“愚民”，“诈伪”，“人人欲作不臣”。在上文又诬蔑汉末人民曰：“人民诡黠，男女轻淫，政不能济，家不相禁。”但是另一方面，文中歌颂北魏，认为魏得政权是上合天意，“载在河雒，悬象垂天”，下应民心，“虎狼伏匿，卧不闭门”。寇谦之“顺天奉时”，出为魏太武帝之国师，在魏建立政教合一之国家。事与《魏书·释老志》所言寇谦之的行事大体相同。

（三）《释老志》云：

> 寇谦之……少修张鲁之术，服食饵药，历年无效……（老君）使王九疑人长客之等十二人授谦之服气导引口诀之法，遂得辟谷，气盛体轻，颜色殊丽……

《老君音诵诫经》第二十七段亦谓靠服食饵药不得长生成仙，所以“能登太清之阶”者，是因有仙人玉童玉女从天降迎也。故曰：“药服之正可得除病寿终，攘却毒气，瘟疫所不能中伤，毕一世之年，可兼谷养性，建功斋请，解过除罪清欲，修学长生之人好共寻诸诵诫，建功香火，斋练成功，感彻之后，长生可克。”《诫经》所言与《释老志》相同，寇谦之反对“药石”，一则因服食不但不能长生，如不得其正，反有丧生之危险。两晋以来，因服药而丧身者为数不少。又道教长生之术，分若干派，“服食饵药”为其一也，寇谦之“清整道教”，于长生修炼之术，亦有修正。“服食饵药”本为“养身”之术，合于早期道教“养身”之主张，然南北朝时佛教大行中国，道教在求长生方面亦受佛教影响，寇谦之的新道教当为例证。寇谦之把若干佛教修养之法引入道教，如“诵经成仙”，“持戒修行”等。

（四）《女青鬼律》卷六引天师曰：

> 自倾年以来，阴阳不调，水旱不适，灾变屡见，皆由人事失理使然也。……伐逆师尊，尊卑不别，上下乖离；善恶不分，贤者隐匿，国无忠臣，亡义违仁，法令不行，更相欺诈，致使寇贼充斥，跨辱中华，万民流散，荼毒饥寒，被死者半，十有九伤，岂不痛哉！乱不可久，狼子宜除，道运应兴，太平期近，今当驱逐，留善人种……

从这一段话看来，这位天师意在“专以礼法为度”来“清整道教”。他反对“尊卑不别”，“上下乖离”，诅咒“寇贼”，旨在破除三张伪法。汉末魏晋以来，颇多战乱，中原人口大减，故“天师”曰：“万民流散，荼毒饥寒，被死者半，十有九伤。”这个天师不是很明显就是寇谦之吗？

按今《道藏》力上力下诸戒律，当即为寇氏之著作，而《云中音诵新科之诫》当原为这些戒律之总名也。然从现存《道藏》力上力下各卷中之戒经残缺不全的情况看，当为寇谦之原书的一部分，有的仅存篇目，有的一篇散佚一部分，文字错落亦复不少，但大概保存了原书的骨架。假如这些材料是寇谦之的著作，那我们就可以根据它来研究南北朝道教史中的一些问题。

何谓“俗讲”

二十余年来，“俗讲”常为中外学者所研究，但“俗讲”所指何义，据我所了解，不甚明确。只是以为是通俗的讲述佛法。近阅佛藏，见日本沙门圆珍所撰《佛说观普贤菩萨行法经记》(《大正藏》卷五十六）内言及唐代楼阁、讲堂并且说到俗讲，略曰：

> 言讲者，唐土两讲：一俗讲。即年三月就缘修之，只会男女。劝之输物，充造寺资，故言俗讲。（僧不集也云云）二僧讲。安居月传法讲是，（不集俗人类，若集之，僧被官责。）上来两寺事皆中所司〔京（一本作可，误）经奏，外申州也。一日为期。〕蒙判行之。若不然者，寺被官责。（云云）本国往年于讲堂不置象或不竖户，此似唐样。今爱安佛，乖旧迹也，又无俗讲，古今空闲耳。（讲堂时正北置佛像，讲师座高阁，在佛东，向于读，座短狭，在西南角，或推在佛前，故檀越设开题时，北座言，大众处心合掌听，南座唱经题。）

按圆珍于公元853年入唐求佛法，公元858年归国，系在圆仁入唐返国之后不久，且亦在会昌毁法以后。上面引文可供给一些新资料。但许多文字需加考订，就中如，（一）按圆仁《入唐求法巡礼行记》中曰："从太和九年以来，废讲（指俗讲），今上新开，正月十五日起首，至二月十五日罢。"因此文中"一日"当为"一月"之误。（二）文中"本国"系指日本。圆珍书中本述唐土讲堂内无佛像，无户（即扉），而在日本却安了像，所以是乖旧迹。又文中"古今空闲耳"，当系"故今空闲耳"。

据圆珍文，俗讲当为对未出家的人所讲，而僧讲当为对出家人所讲。《通鉴·唐纪·敬宗纪》胡三省注曰："释氏讲说，类谈空有，而俗讲者又不能演空有之义，徒以悦俗邀布施而已。"也是把对僧人讲的与对俗人讲的分开，而且"俗讲"与"僧讲"之内容之所以有异，就在于听讲的人的不同，"俗讲"所讲自必较为通俗。且如圆珍所言，未出家者不得听"僧讲"，而出家者不得听“俗讲”。定为禁令，违者当受“官责”。

又按圆珍所言，“俗讲”的作用（胡三省所言与之相同）一为通过讲述佛经宣传宗教，麻醉人民，二为“聚敛财物”，充实“寺资”，剥削群众。且据圆珍所言，“俗讲”、“僧讲”在当时为一大事，在京者须得皇帝批准，在外者须得州官批准。这就说明“俗讲”、“僧讲”都是为统治阶级服务的工具，此即为毛主席所指出政权与神权相互联系之一例。

又《宋僧史略》卷上有“僧讲”、“尼讲”两条，其所言是指讲经者是“和尚”还是“尼姑”，而不是指听讲的人，故与圆珍所言“僧讲”意义不同。圆珍所言“僧讲”、“俗讲”，是依听讲对象分别。又《宋僧史略》中所言“尼讲”条，初见于宝唱《比丘尼传·道馨传》。但传中所述当是“诵经”，不是“讲经”，故尼姑讲经是起于道馨，也是后人的附会。

又目前学者以押座文为“俗讲”的组成部分，据《八相押座文》言：“西方还有白银台，四众听法心聪开。”四众当包括“和尚”、“尼姑”等。那么或是圆珍所言有误，或是僧讲亦有押座文，当继续研究。

附注：1958年日本出版道端良秀的《唐代佛教史之研究》论“俗讲”甚长，但未用圆珍的材料。然圆珍书中所言与中国情况颇多相合，所言应该可信也。

佛与菩萨

前阅报刊说，西藏密教中相信观音菩萨是弥陀弟子，起初不得其解。后翻阅汉文藏经，唐玄奘弟子窥基《法华玄赞》卷二引

《观音授记经》略谓：观音在阿弥陀灭度后成佛（《授记经》文见《大正藏》卷十二，三五七页）。后又见宋代南方知礼《观音玄义记》中曰："《观音授记经》云：'观世音菩萨次阿弥陀后。"'由此可知，这种传说从唐至宋在我国南北各地之佛教中已广为流传。

至于说在佛教中菩萨的地位本来次于佛，这点可以这样解释，佛本为佛陀简称，早期译音为浮屠，其原义是指"已经觉悟者"。菩萨为"菩提萨埵"之简称，自晋以后，佛教大行于中国，成为尽人皆知的名称。"菩提"本指"觉悟者的觉悟"，与佛同一字根来的；"萨埵"指人或人士，此字有"有"（存在）字义。试以印度梵语法推测，如以"菩提"用为形容词，"菩提萨埵"则为有觉悟的人士；如以"菩提"为名词，则"菩提"就是"萨埵"，因可以解释为"以觉悟为本性"（有、存在），故引申则可以认为"有觉悟为其本性之人"，但他尚未成佛，即佛在未成佛以前可称"菩提萨埵"。在巴利文（小乘）《佛本生经》就是如此。从这里可以看出，在佛教中，菩萨尚须掌握很多修炼方法，如六波罗密，经过很多阶段，达到十地菩萨，然后才得成佛。这是大乘佛教的学说。故可以说，菩萨当为尚未成佛的佛，佛当为已经成佛的菩萨。在传说中，菩萨的地位低于佛。观音菩萨的地位低于阿弥陀佛，由此当可理解了。

本来当宗教教派初形成的时候，信徒常认为其教主是具有超人力量的人，而其后不久更认为其教主是神，并加以崇拜。在基督教的历史中，耶稣在开始时还被认为是人，后关于他的神话与日俱增，而在杜塞图主义风行以后，耶稣就被认为是神，而他和他的神灵以及上帝成为三位一体了。在佛教的历史中也有同样的情形，悉达多（名）·乔达摩（姓）这个人随着他所创造的宗教的扩大，很快就成为神，而被认为是"出世"（即超世间，不是凡人）的了。

从后汉到西晋，佛教在印度已流行过五百年，但菩萨一词尚可用于推尊印度新来译经的高僧，常见于《出三藏记集》（卷六至卷十一）所收集的译经序中，姑且摘引几条于下：

《道行经后记》说及“天竺菩萨竺朔佛”、“月支菩萨支谶”二人均是参加后汉光和二年（179）译《道行经》的人。

《贤劫经记》云：“月支菩萨手执口宣”（谓手执经本，口中译出），时在永康元年（299）。

《阿维越致遮经记》说，太康五年（285）“菩萨沙门法护”，“口敷晋言”（谓口译出汉文）。

《魔逆经记》曰：“太康十年月支菩萨法护手执梵书，口宣晋言。”

《文殊师利净律经后记》云：“沙门竺法护（无菩萨二字）转之为晋”，亦在太康十年译。

《正法华经记》云：“太康七年八月十日，敦煌月支菩萨沙门法护手执胡经，口宣出《正法华经》。”

《持心经记》：太康七年“敦煌开士竺法护在长安说出梵文，授承远”（开士是意译，就是有菩提的萨埵）。

《渐备经叙》：“元康七年，沙门法护，手执胡本，译为晋言。护公，菩萨人也。”

从上面译经时候的八条文记看来，在汉晋间，“菩萨”可以说是当时对僧人的推尊的称号，可与“沙门”连用，沙门也可以单用，但是再经过了约一百年，鸠摩罗什到中国，虽然他是更大的翻译家，当时关于他翻译经论的记序中就只称他为“沙门”或“法师”了。

针灸·印度古医书

——康复札记之二

近几年来在搜集印度哲学和隋唐佛教史资料的时候，于《大藏经》中偶然见到别的方面（印度历史、地理、科技等）可以注意的材料，随手摘录了一些。现将其中一小部分分条记下，目的并不在于解决这些问题，仅在提供点滴资料，作了一些外行的推论，希望对于有关方面的研究者有些小的用处。

一、针　灸

在佛的告诫中，给他的弟子建立了大小的清规戒律。其建立的时候有不同的方式：一种是他见弟子的不对的行为，就禁止再做，这就成为戒律，律藏通常是这样记载的；另外一种就是他与人谈话的时候，举出种种事项，说虽然是外道做，但是他自己的教却不做，这是戒律建立的另一种记载。像《长阿含经》（姚秦罽宾人佛陀耶舍和凉州人竺佛念译）卷十三的《阿摩昼经》就有一系列这样的事项，其中有一条曰：

> 摩纳，如余沙门婆罗门，食他信施，行遮道法。邪命自活，为人咒病，或诵恶术，或为善咒，或为医方，针灸药石，疗治众病，入我法者，无如是事。

同样的活也见于卷十四《梵动经》中，文字几全相同。这是说，佛本不主用这类治病的“遮道法”（下等的方法）、用不正的职业（邪命）来谋生（自活）。在这些方法中，可以注意的是提到“针灸”一项。这样就引起了一些问题：第一，印度在佛生时（公元前6～前5世纪）是否实有针灸？第二，中国什么时候有针灸？第三，《长阿含经》的记载的真实性程度如何？对于针灸的问题，因为我原来以为是一种迷信，就是偶然听见它的疗效，也以为是谣传，所以我对针灸毫不留心。但是在解放以后，由于亲身的经历及耳闻目见，我从对中医的极端反对变成极端的推崇，使我常常在书本中留心关于针灸的记载。我虽然不能解答以上的问题，但是对于第二个问题，我有这样的信念，中国人民发明针灸是很早的事情，尽管我们对于伏羲制九针，黄帝作《针经》（牟子《理惑论》曾曰：“黄帝稽首，受针于岐伯。”）的这些传说可以存疑，但是从地下发掘出的骨针和尖石的材料看来，远古已经有扎针的条件了。而《左传》成公十年医缓曾说到攻、达、药。有人说“攻”就是灸（火攻）。晋朝杜预的注说“达”就是针。《史记·扁鹊仓公列传》不但讲到针灸，而且具体地讲到穴位。从这些文献，我们可以说在春秋战国时，无疑地针灸已经很发达，也就是说中国在印度的释迦牟尼以前，针灸已经很流行了。

至于对于第一个问题，印度是在什么时候有针灸，我们在此不必详论。现在我想讨论的是第三个问题，即《长阿含经》记载的真实性问题。在讨论时对佛教经典的构成，《长阿含经》的真伪，汉文《长阿含经》所属的宗派（有说是属于法藏部）及原来流行的地点等等，也都是有待我们来研究的问题。不过《长阿含经》是从印度的文字翻译来的，上面所说的《阿摩昼经》和《梵动经》在佛陀耶舍等于长安译出前约一百五十年，吴国支谦在江南已经有译本了。支谦的这两个翻译是：（甲）《梵志阿颰经》即《阿摩昼经》；（乙）《梵网经》即《梵动经》——“梵网”为什么翻译成“梵动”，是l和t两个字母的混乱而引起的。查支谦的这两篇文章中均未言及针灸。其文列下：

（甲）复有道士，采取百草枝叶华实，服食方药，自用可仙。汝师弟子，亦信此乎？对曰：不信，是为痴妄信道二也。

（乙）有异道人，受人信施食，作畜生业，以自给活，作男女小儿医，作为象马牛羊之医。佛皆离是事。

复次，现在我们不能看到《长阿含》的印度文原本，但是现存印度的巴利文的《长部》与《长阿含》是同一种书，查《长部》的英译本，在上述两经中关于治病一段也没有针灸的话。既然巴利文中未言针灸，支谦译本也未言及，那么在《长阿含》中所言针灸一项是原文如此，还是译者依其意加的？在戒规中常言及印度以前的生活习惯，出经者（罽宾人佛陀耶舍）、传译者（凉州人竺佛念）本都不熟悉那时印度的情况，可能取中国之成语以意为之。如“针灸药石”一语中，“石”假使是指“砭石”的话，那么“针灸药石”这句话也就不过是取中国现成的用语罢了。同样的情况，可举一个实在的例子，如在上述的《长阿含》两个经中言及“棋局博弈，八道十道百道，至一切道”，此处讲的是棋盘，棋盘有一百道以至一切道，未免不近乎事理。查《长部》英译仅有“八道，十道”，并无“百道，至一切道”等语。由此可知传译时是可能发生这类的误会。故而，根据《长阿含》的片纸只字，绝不能说在公元前6世纪印度已经有针灸了。要确实知道印度何时有针灸，必须多调查研究，但是可惜的是印度古医书以及可靠的历史记载保存无几。我近来稍为了解了一下，现存的印度医书都是在公元后出世的（见下条）。

在公元前后印度佛教传入中国，并流行起来，可能同时把印度的医学和药物带入中国，对中国有一定的影响。一方面我们的医学中有个别的印度理论，例如“四大不调”、“四百四病”等学说，无疑的是由佛经的翻译传到中国，为陶宏景所采取的。因为中国原来只有阴阳五行，并未说到“四大”。另一方面我们必须指出，过去的资产阶级学者有这种荒谬的习惯，凡中国与印度有相同的事，往往不考虑全部的事实，不加以细致的分析，便先主观断定是中国受印度的影响。例如：岐伯和耆婆同音，就据此说中国的医学发源于印度。又例如：见西方来华僧人善医学，就说印度的医学由他传到中国了，并不管那时中国的医学已经很发达。就以安世高为例（见拙著《佛教史》第五十四页），其实那时中国的医药已有很高的水平，为什么还说中国医学是受了印度的影响？这是民族虚无主义的表现。就针灸来说，安世高固然知道针药，但在他来华的时候，《太平经》已经出世，在《太平经》“灸刺诀”中言及针灸疗效曰：“治百中百，治十中十。”可见那时针灸在中国应用颇广，疗效也颇高。如果说安世高来华将针药传入中国，为什么不可能是中国传入安息，或者是安世高来华后才学医呢？（《高僧传》说东晋僧人于法开会针法，可是他并未到过西域。）

公元411～412年，鸠摩罗什译出《成实论》，其《三业品》中曾讨论“良医针灸，令他生苦，是否应得罪”的问题。考《成实论》作者诃梨跋摩应是公元250—350年的人，可见此时印度有针灸了。

唐玄奘《大唐西域记》卷二，言及印度教育所授之“五明大论”中有一项曰“医方明”，为“禁咒闲邪药石针艾”等。但根据《瑜伽师地论》卷十五、卷三十八都讲到“医方明”，并未说到针灸等事。《瑜伽师地论》卷十五略曰：

> 云何医方明处当知此明略有四种：谓于病相善巧；于病因善巧；于已生病断灭善巧；于已断病后更不生方便善巧。

这里所说的四点，似出于“苦集灭道”四原理，为什么唐玄奘的《大唐西域记》没有根据《瑜伽师地论》来讲“医方明”，当是因记游方所见故也。

玄奘后又有义净到印度和东南亚各国，往来共二十余年，回国途中寄回《南海寄归内法传》，其中曾将印度南海与中国的医药作了比较，讲到中国的药味丰富，并曰：“且如神州药石，根叶之类，数乃四百有余，针灸之医，诊脉之术，赡部洲中，无以加也。”可见中国当时医药之学甚为发达，针灸和诊脉尤为超过邻国。

二、印度古医书

印度所推崇的最古的医书，说是《阿优儿·吠陀》。“吠陀”古人有译围陀、薜陀等等，其意为“明”（义净的《寄归传》说“薜陀是明解义”，就是“知识”。刘宋时译《杂心论》卷九，小注曰：毗陀者，智也)，它与“五明”的“明”在梵文是两个不同的字。“五明”是指着五种学术、五种学科、技术；“吠陀”的“明”实在是婆罗门人对“圣经”的名称，犹如“阿含”是佛教徒对佛说法的集的名称。印度古人称这个最古的医书为《阿优儿·吠陀》，这可以看出在早的时候，印度人对这方面的科技已很重视了。《阿优儿·吠陀》之名见于印度的古医书及其他的书，如《摩诃婆罗多》纪事诗中，但是这种医经很难说是什么时候有的，而且也早已不存在了。在它以后，印度的医书中，恰拉克的集子和苏司鲁塔的集子是现存的最古的两部名著，但是它们似乎还是公元初几世纪编成的。他们的书的名声在那时传布得很广，阿拉伯人在8世纪时对于他们的书的译本是熟悉的。阿拉伯的大科学家阿维森纳曾引用过恰拉克的话。《阿优儿·吠陀》的内容据恰拉克说是分成八部分，这当是陈真谛所译的《金七十论》内所提到的“八分医方”(《金七十论》内提到的医方说风热痰的理论，也是很古的)。这八部分《寄归传》内称为八医，并曰：

> 言八医者：一论所有诸疮（拔出外来物，如箭等，治理其所引起的发炎和化脓，并治理疮或疱等的手术)；二论针刺首疾（治理头部眼、耳、鼻等的疾病)；三论身患（治理一般的疾病，即内科)；四论鬼瘴（以为是魔鬼所致的机能混乱的恢复)；五论恶揭陀药（毒药的抗制。此分原在第六)；六论童子病（婴儿的护理，及母亲和保姆的疾病的治理。此分原在第五)；七论长年方（即化学或炼丹术)；八论足身力（性的力量的增加的技术)。言“疮”事兼内外；“首疾”但目在头；齐咽以下名为“身患”；“鬼瘴”谓是邪魅；“恶揭陀”遍治诸毒；“童子”始从胎内至年十六；“长年”则延身久

> 存；足力乃身体强健。斯之八术先为八部，近日有人略为一夹。五天之地咸悉遵修（上文括弧内的话系作者为帮助了解，撮取英译的资料加的）。

恰拉克集也是分成八部分，其叙述广泛，从医药的起源，医生的责任，治病药物，饮食病象，身体构造以及卫生和治理等等，并且讲到疾病的理论，逻辑的学说以及最早的一种数论。

苏司鲁塔的书比恰拉克的书晚一些，它大体上分成和恰拉克的书相同的六部，但着重在外科方面。这两种主要的古医书都是经过长时期的编纂修改的。苏司鲁塔集的最大而最著名的修改者是龙树（并非《中论》的作者）。查《隋书·经籍志》曾著录龙树菩萨的医药书三种，《宋史·艺文志》著录《龙树眼论》一种，这意味着苏司鲁塔的书在中国本已流行。

查印度及西域的医书《隋志》有十种之多（另有僧匡的《针灸经》当非译本），不知何时何地出，佛经目录更不著录，故不知有几种系译出。只有龙树菩萨和香方见于《三宝记》、《开元录·元魏录》中，《开元录》并有小注曰："凡五十法，今以非三藏教，故不录之。"由此可见，佛经目录中不著录西方的医药书，是由于教派的关系。

吠陀经典出世甚早，可能在公元前一千五百年已有《黎俱吠陀》，佛教的《阿含经》中常提到"三明"，可见在吠陀时代婆罗门人只承认有三个吠陀。它们就是：一、《黎俱吠陀》；二、《夜殊吠陀》；三、《娑摩吠陀》。后来加了一个《阿达婆吠陀》，才有四吠陀。这是久已流行的说法。但是唐玄奘的《西域记》所记的四吠陀却不同，文曰：

> 一曰寿，谓养生缮性；二曰祠，谓享祭祈祷；三曰

> 平，谓礼仪占卜兵法军阵；四曰术，谓异能技数禁咒医方。

此中“祠”就是“夜殊”的意译，“平”就是“娑摩”的意译，“术”就是“阿达婆”，“寿”就是生命，即“阿优儿”的意译。这就是说唐玄奘所传的四吠陀与普通的说法不同，将《黎俱吠陀》换为《阿优儿吠陀》，颇不可解。去年我看见印度达士古布塔教授的《印度哲学史》第二册（英文），其中有一章专门讲医学各派的理论，论及《阿优儿吠陀》颇详。据他讲《阿优儿吠陀》是治病养身的，《阿达婆吠陀》是禁咒除害的，二者都是保护人身的。至于《阿优儿吠陀》，它的地位有时看得很高，推尊在别的吠陀之上，说它也是一个吠陀——圣典，有时列为第五，有时说它是“付吠陀”，有时说是“吠陀分”，与《式叉论》六吠陀分相等，有时说它是“付吠陀分”。至于唐玄奘的说法，我们还不知其来源。〔查《隋志》著录耆婆所述仙人命论方。“命论”二字不知何解，但是《阿优儿吠陀》是寿命的经（英译为生命的科学），“命论”是不是寿吠陀的旧译呢?〕

我以上所述，是看了达士古布塔的书，并且参考了都特所著《古印度文明史》第二册卷五第十一章，拉杂写成的。有些专著如韩莱的《印度医学史的研究》（英文）和牛津的五册医学史我没有看见。至于佛经中医药资料，只集录零星的片断，如律藏及密教中之材料和耆婆事迹等等，都尚待收集。再者达士古布塔强调印度的医学理论在印度哲学中的重要，并且指出它是“因明”的一个来源，这是我们哲学史工作者应该注意的。

1961 年 7 月 1 日

谈一点佛书的《音义》

——读书札记

《音义》一类的书是在我国汉文漫长岁月的发展中产生出来的。它专门解释所认为重要典籍的字的声音、训诂和写法等，在儒书、道书和佛书中都有之。陈垣先生在《中国佛教史籍概论》一书中，已经就最重要的佛书《音义》作了提纲挈领的分析，并对前人的错误予以纠正。叙述了诸书流行的原委，并且指出其在过去学术中的作用。根据陈先生的意思，清末学者起初利用《音义》在小学、校勘、辑佚的一些工作上视为瑰宝，以后乃用之以考史，并举《高僧传》为例（见原书四十一、八十一页）。两年来，我校读《高僧传》，因陈先生之启示，一方面用慧琳的《音义》（第八十九至九十两卷）作校勘的资料，另一方面开始查阅名词，搜寻资料，有时也得些帮助。

一、略谈《音义》的用处

现在我举一两个人所熟知的例说明《音义》的用处。

第一个例子——“和尚”这个名词，好久以来（比方在《水浒》内）用来称呼所有的出家僧人，但是玄应的《音义》十四、义净《寄归传》三以及慧琳的《音义》等（玄应系玄奘译场之字学大德，时间在义净以前）告诉我们，“和尚（上）”的称号是从西域的语言音译来的，其意义相当于梵文的“亲教师”，系用来专门称呼老师的。可写作“乌社”、“和阇”。它既不是汉文，没有和气的意义，并且也不是从梵文译出来的。所以和尚这个称号是西域流行的对于有学问的僧人，或者是出家人的师傅的称呼。查《高僧传·鸠摩罗什传》中，盘头达多原是罗什的小乘亲教师，反对大乘，后经罗什讲说月余，方乃信服，并礼什为师，言“和上是我大乘师，我是和上小乘师”。此处因达多已经礼罗什为师，所以称他为和上。又《晋书·艺术传·佛图澄传》说石季龙尊称佛图澄为“大和尚”，又说他的弟子法常和法佐二人相遇，对车夜谈，言及和尚。明早法佐入见，澄笑曰：“昨夜尔与法常共话汝师邪?”从这些记载来看，“和尚”正如《音义》所说的，是指着亲教师、有学问的僧人，而普通出家的人则称为沙门。鸠摩罗什和佛图澄都是西域的人，所用的当然是西域的语言，所以汉文记载中，他们所说的话，也不免留下了这个西域的借字，犹之乎清朝末年的书中，也常留下像“甲必丹”这样的名称，而现在就只称为船长或队长了。

第二个例子——《金光明经》讲到印度婆罗门教的“违驮天神”（“违”亦作“韦”）；《涅槃经》中讲到“违陀天”。此二经从南北朝隋唐以来甚为风行。《金光明经》之违驮天神与《涅槃经》之违陀天被认为是一神，而且佛教之护法韦驮也与之混为一谈（见《辞海》韦驮条）。但是根据《涅槃音义》“建陀”是“私建陀”之省略（见《慧琳音义》卷二十六），而“违陀天”是“建陀天”之笔误（见《慧琳音义》卷二十五），因此在中国流行的违（韦）陀天，据《音义》所说其来源就是如此。这和“耶和华”

本来不是一个神的名字是相似的事情（见恩格斯著《论原始基督教史》五页注①）。

我在《新建设》杂志七月号上发表了一篇关于针灸的短文之后，很高兴地接到辽宁何爱华同志来信，并送给我他登在1960年《人民保健》杂志上的一篇文章，题为《驳关于经络学说起源于印度的说法》，文章的论证我很赞同，它系驳日本学者长滨善夫等的学说——主张中国的针灸源于印度的说法。长滨善夫等的书，我现在还未得见，据说其书中提出了多种汉译佛经来作证。但是，从道理上讲，在中国针灸已经流行了几百年以后才出世的印度的文献，恐怕不是针灸发源于印度的好的佐证吧！从具体的事实来讲，我只想提一下，长滨等所说到的《金光明经》，按唐义净是公元703年译的，《金光明经·除病品》中提到“八术”，其文曰：

> 谓针刺、伤破，身疾并鬼神，恶毒及孩童，延年、增气力。

凉隋二译并无此文。义净此处所译与其《南海寄归传》中所记的“八医”基本一致。其第一、第二属于外科。针刺在慧琳《音义》卷二十九的解说中，不但没有说是针灸的针，而且提到“伤”字。又慧沼《金光明疏》（卷六）解云：“一、疗被针刺法，二、疗破伤法（下略）。”也可证明，此处针刺实际指着外伤。按慧琳系疏勒国人，其《音义》表现出他熟悉西域的语言及风习，并曾再译《金光明经真言》，而慧沼系义净的多年译经助手，他们二人的解释，必定可信。又按《涅槃经》也提到“八种术”，据《云公音》（《慧琳音义》卷二十五）引《注涅槃经》（当系参加此经翻译的河西道朗所著），亦未讲到针灸。所以根据唐人的注疏以及音义，印度的医方中并无针灸。此亦可见音义是有些参考的用处也。

二、介绍一种《音义》

去年因为搜集隋唐佛教的资料，开始注意过去日本人的著作，于《大正藏》第五十六卷中见有《音义》一种，名为《妙法莲华经释文》（三卷），作者是日本僧人中算，此人约生在10世纪初，时间很早。查过去这类的书，常称《音义》或称《音训》，中算乃称《释文》，当系仿效陆德明之书（书中引用有《经典释文》）。

此书中引用汉文古书颇为广泛，项目约计总数在二百以上，内有佛教的书籍约在八十以上。但是同一本书常常有时用书名，有时用撰人，例如：有《说文》、《玉篇》，又有许叔重、顾野王等等。又，一人有两种称法，如昙捷又称捷公；吉藏又称嘉祥。因此总数只能说超过一百，佛教的书只约四五十。

现在先谈谈书中所引的佛教书籍。除佛经如《涅槃经》、《唯识论》多种以外，也用了很多佛经的章疏及各种的音义。关于这方面可注意的事，有下列几点：

（一）此书序文自言“列诸宗之疏释，载诸家之切韵”，所以书中网罗僧人关于《法华经》的著作极多，而法相宗之窥基，三论宗之吉藏，天台宗之智者，都常见引用。此三人关于《法华》的著作均不止一种，根据其序所说，于窥基系用《音训》，但也引用了《玄赞》，于智者系引的《文句》，于吉藏当是他的《义疏》。至于居士的《法华经注》，引有刘虬。据《南史》本传，谓其信佛教，作《法华经注》（《内典录》著录其《注法华经》

十卷，《注无量义经》一卷)，他的判教学说最早(见于《大乘义章》卷一及《祐录》所载的刘虬《无量寿经序》)。在他之后才有天台、华严宗的人，发展了类似的学说。

（二）书中引用最多的系慈恩（窥基）。隋京师慧日寺沙门昙捷《字释》亦多被引用。在序文中并提到《掌记抄》（未详）和镜水寺沙门栖复《玄赞要集》，现存，在《影印续藏》中，有三十五卷。

（三）书中所引的音义，已可确定的有玄应、窥基、慧苑、行瑫等（未引慧琳）。引用玄应时凡说“玄应云”，当指着他的《法华音义》。此外，照例标出经名如《玄应大品经音义》、《大集经玄应音义》等。行瑫系五代时人，《宋僧传》有传，其书亦是众经音义，中算引用甚多，但书久已失传矣。又行瑫传曰，郭逘疏略，慧琳不传，云云。按慧琳的《一切经音义·顾序》，有曰“国初有沙门玄应及太康郭处士，并著《音释》，例多漏略”云云。郭处士当即郭逘也。此外，中算书中还引了謇师，当是《续僧传·智果传》(卷三十)中之智謇，曾撰《众经音》及《苍雅字苑》，其音义当在北齐道慧以后，唐初玄应以前。其人亦即《隋志》所著录作《楚辞音》之道謇也。《楚辞音》今尚存敦煌残卷，《众经音》则恐只见中算书中的一点吧！再者中算书引有《一切经类音》，则不知是何书、何人撰了。

（四）书中引用了日本僧人善珠僧正数人的话。可注意的是《信行涅槃经音义》，引文中有“倭”字，当是日本人，非中国之三阶教祖也。又：书中引有《新罗顺憬师音义》（亦应是《法华音义》）。据此，在佛教传入“高丽”、日本以后，此两国的僧人，就著有音义这一类的书了。

此外，中算书中也讲了一些动植物在中、日、“高丽”的情形，引了中国的《博物志》，又提到惠云的话，应当是日本僧人。

这些所谓“博物”的记载，也可注意。

其次，再谈一下非佛教的书籍，书中引用的更多，有时并引用了原书的注。经部有《诗》（诗传）、《书》、《礼记》、《大戴礼》、《考工记》、《周礼》、《左传》（杜预注）、《公羊传》（何休）。书中引有刘兆（亦作刘北，误）甚多，并有刘瓛，所引当均系经注也。史部有《史记》、《汉书》、《魏志》以及《国语》、《东观汉记》、《汉官典职》。子部有《庄子》、《淮南子》（高诱注）、《山海经》（郭璞注）、《穆（原文误作格）天子传》，并引杨泉《物理论》。集部有《楚辞》（王逸注）、《文选》。至于唐以前的韵书、字书，引用者更多，用书名的如：《说文》、《玉篇》、《尔雅》、《广雅》、《新切韵》、《新唐韵》、《字林》、《字苑》多种。用人名的如：陆法言、麻杲、孙愐、王仁煦、郭知玄、曹宪、释氏、祝尚丘、萨峋（应是薛峋，亦作荫峋，亦误）、长孙讷言、李巡等多人。

佛经是外文的翻译，所以其中的字有些用的是对音，音义的书也就要说到一些梵文或其他的外国文了。中算的书中在《陀罗尼品》中说“药王陀罗尼”有五种翻译，文中并详细地加以比较。此外，中算并曾引用山阴沙门智广《悉昙字纪》，此人不详，当是唐代密宗盛行后的书。又有《出要律仪翻胡音》，据《内典录》：《出要律仪》系梁武帝萧衍令僧人宝唱等集录的，有二十卷（《续僧传·明律·法超传》说及此书是武帝自撰，有十四卷）。按唐初的和尚如道宣，多主张不用“胡”字，而用“梵”字（见《内典录·支谶录》卷一）。此处言“翻胡音”者，仍系旧习，当是《出要律仪》的一部分也。又中算书中引有《外国外传》，不知何书。

总之，中算的《法华经释文》，采录中国古书甚多，但是未经调查研究，我们还不清楚到底有多少有用的新材料。自然，要知道一书是否有用，必须用它，而要用它的时候，对于像中算这样的书，应当查核其中的材料，这样才可以发现问题，知道相关的情况。

现在姑且抄中算《释文》下列一条为例，以见此书中所包含的问题。

> 政使上之盛反。《礼记》云，～者正也。清彻云，令也。或本作正。郑玄云，正者政也，定也。圣德太子云，～～犹假令也。又盖也。今案所出未详。

此条在《方便品》开头的地方。我们取窥基《法花音训》（慧琳《一切经音义》卷二十七）检查一下，并没有“政”或“政使”字样，并且我们查了一下《法华经》的原文（《藏要本》卷一，页九，二面二行），文曰：

> 正使满十方。

可见中算所用的经文“正”字实际是写的一个别字——“政”。而且窥基的经，本来就是“正”字。“正”字较常见，所以窥基无此条。“政”字经中少见，所以中算书中有这个“难字”。而且据中算所引清彻（《宋高僧传·明律篇》卷十六中有传。但未说到他有《法华经》的著作）云“令也”是解释“使”字，并云“或本作正”，可见中算也知道此字有两个写法。照这样说来，中算此书，不但现在印本已知有错字，而且就是他引的书，甚至《法华经》本文也有别字。圣德太子是日本推进佛教最有力的人。他在公元 607 年曾遣小野妹子使隋。他著有《法华经疏》。其“政使”为“假令”，为“盖”，实不可解。所以，我们虽然认为此书是可能供给我们一些资料，但必须注意其有错误。

又，“政者正也”不但见于《礼记·哀公问》，也见于《论语·颜渊》。此处中算引的是《礼记》（下文郑玄云当系《礼记注》），而不是《论语》。这似乎暗示在那时的读书人视《礼记》较之《论语》为重，这可以说是时代的风气，那个时候还是接着南北朝的世家大族特重《礼》经的习惯。到了宋朝初年，皇帝和大臣已经以为只要半部《论语》就可治天下了。

再者，中算此书虽然引用了一百几十种的古书，但是究竟有多少是他自己看见的，还是一个问题，现在试举一例来看一看：

> 野干　昙捷云，古寒反。慈恩云，色青黄如犬，群行夜鸣。声如狼，形如狐，狐形稍大，～～形小，两形相似类大小有别。故禅经云，见一野狐，又见～～。故知二别。《子虚》《上林赋》云，腾远射干。司马彪：郭璞注并云，射干能缘木。广志云：巢于危岩高木也。法证云，～～与狐别者：狐能妖媚，鬼之所乘；～～不尔。灵范云，～～形大腰长，色青而缘木，狐形小腰短，色赤面白，狐与～～有此不同也。或本作野犴。五旦古寒二反。蒋鲂云，野犴，狐类。武玄之云，似狐而小。《婆沙论》云，（中略）。今案狐与～～形之大小，慈恩、灵范二说不同。若依韵诠，慈恩为正矣。

引文中可注意的有一点，大家知道在《文选》中《子虚》、《上林》分为二赋，“腾远射干”一句，首见于《子虚赋》，至于所引的司马彪及郭璞所说，查亦不见于《文选注》，难道中算所见的《文选》和现存的不同？其实不然。这两句以及《禅经》、《广志》的话都是抄之慈恩的《音训》，并非中算看见一部不同版本的《文选》。此下法证书中引的较多，有一次提到法证师的《翼赞》，当系为慈恩的《玄赞》的辅翼也。又曾日，“路府、法证俱不逾葱岭”、“亦非翻经之人”。武玄之的书，名《韵铨》（见《唐志》）。

总起来说，上引的一段，前一部分是抄之《音训》，法证以下系新作也。

我多日来，幸得青年同志们的笔录整理，对于中算的书，因时间关系，只能粗疏地草拟此文。但是我们应该进一步核对一下，例如，窥基《音训》、《玄赞》应该核对。玄应以及其他的书亦应核对，还有敦煌残卷中亦有多种音义，更应核对，必当有些发现。现在我对于此书的用处，只能提出下列的三点：

第一，此书引字书、韵书、训诂书甚多，应该说它对于小学钩沉辑佚当有用处。例如“魔”字，中算指出是梵文“魔罗”之省文，并且引《止观弘决》云：古译经论魔字从石，自梁武帝以后，改从鬼。据此，原来翻音的“磨”字，才变成会意的“魔”字了。又书中亦引麻杲曰：“古切韵用吴音”，亦可注意也。

第二，书中既然引了很多古书，在古籍校订上应有些许的用处。例如平津馆孙辑本的杨泉《物理论》谷气条，有云：“粱者黍稷之总名，稻者溉种之总名，菽者众豆之总名。”此中“稻者”一句颇不可解，但是中算引文作“稻者粳糯之总名”，可说比孙本好了。又中算在论《法华经·嘱累品》先后时，举出本子十四种之多，可知其亦留意校对也。

第三，中算书中载了很多和尚，好多都是在唐朝的，并且是唐朝窥基以后的，如慧沼、智周、如理、栖复以及前面已经提到的法证等，多是祖述慈恩，以《玄赞》为宗旨，均可说是法相宗的人也。《大正藏》卷五十六，并有十三世纪的日本僧人贞庆所撰《法华开示抄》（卷二十八）。此书也属于法相宗，其中有些可取的史料如种姓问题、顿渐的争论。将贞庆与中算二书对看一下，可知其所引的僧人多是慈恩的一派。而从中唐至南宋，中、日两国《法华经》的著作，当以法相宗人的为盛也。这些都可补史书之阙，但人多事繁，且尚待研究，姑不赘述。

《音义》一类的书，当然主要是声音、训诂材料。我因中算此书尚未见人提过，故收集一些有关事实，加些外行的意见，作此介绍，希望有些用处。日本撰述中尚有《净土三部经音义》（《大正藏》卷五十七），系信瑞撰，时在1236年，引书亦多，且有中算所无者，如《东宫切韵》、《梵语千字文》以及大小徐《说文》、《广韵》等。对此书未曾研究，但或可供参考，附记于此。

1961年国庆前夕

关于东汉佛教几个问题的讨论

——给巨赞的信

一

巨赞法师：

1962 年第 6 期《现代佛学》尊作《汤著〈佛教史〉关于“〈太平经〉与佛教”的商兑》，已研读多次。因学校将届寒假，有些余暇翻书，试加论述。然老病缠绵，乃须请人相助，不能细说也。

本来拙著《佛教史》出版已二十余年，个人对此项研究亦经多年，但在国家内忧外患纷至沓来的时代，写作是很粗糙的。而且那时个人的思想是唯心主义的、形而上学的，所以在著作上也必然是反历史唯物主义的。解放后，该书本想彻底改写，但因精力、学习均差，未能如愿。如有人提出其中错误或疑问，因而消除过去的谬误，有利于将来之研究，当然大是好事。至于我个人则因健康状况及工作关系，不能常讨论也。现对尊作简单说几句话：

《太平经》卷百十七的“四毁之行”一章既未提到“夷狄之法”，也未说浮屠桑门，则它是否反对佛教，本来是可讨论的问题。我们应该重新深入研究，把问题整个弄清楚。但大作所据的理由，愚以为似欠充分。您似乎以为只要能够举出中国原来有《太平经》所呵斥的四种行为，而且已经被人反对，则可以证明《太平经》所攻击的就不是佛教。实际上不同的国家，不同的时代，发生同样的现象，而且同样地被人责难，是完全可能的。姑就弃家室这一点来说，尽管有人讥刺孔门弃乡离亲，周游列国，如《盐铁论》所载；尽管有人赞美董匡等之埋首苦读，如《潜夫论》所载；都不能由此而推论《太平经》所攻击的不是印度所传来的净行。当然也不能一定说是佛教。至如何决定，还要考察所据资料及相关记载，结合当时社会历史的情形，重新详细研究，得出适当的结论。在看了大作之后，我曾翻阅《太平经》原文多次，从它强烈谴责“不好生，无后世”等语，既不合春秋战国时游士的行径，也不是汉代弃家苦读的风尚，还是觉得较近于佛教。

关于乞食，天下各地有种种乞人，我们亦宜从头研究。《太平经》所斥的还是四川涪江上渔翁那样的人；还是刘英所交、张衡所言之桑门；还是其他种人呢？这点我不想多说，仅指出一些史料的情况：（一）向栩，《后汉书》记其入市乞食（拙著并未认为他是《太平经》所反对的对象）。（二）涪翁，《后汉书》记其乞食人间，弟子程高隐迹不仕，或如您所说也可能乞食。（三）东汉沙门乞食，史无明文，仅沈约的文章及《高僧传》少数地方如《安清传》可供参考。拙著“疑汉代沙门尚行乞”不一定是对的，须再深入地探讨。（四）我们未知的可靠资料，尚待搜寻。

另外，还有一个问题更值得研究。中国佛教不同于印度佛教，而汉朝佛教和魏晋佛教也不相同。我认为汉朝的佛教是和道术方技混在一起，拙著《佛教史》第四、五章即照此阐述。说《太平经》反对佛教，本是指着我所谓汉代的佛教（即佛道，见《佛教史》八十七页）。我并没有佛教徒“食粪饮小便”的意思。只说了“楚王英曾食不清，则信佛者固亦尝服用粪便也”（一〇五页）。“信佛者”并非“佛教徒”之同义语；而“信”也非指宗教的信仰。我又说楚王英是“好奇之士”（五十七页）。在说明当时佛教仅为道术大综合的一部分时，我引了“道士刘春荧惑楚王英”的话两次（五十二、五十七页），均可证明。按《后汉书·西域传》云“楚王英信其术，中国因此颇有奉其道者”，此言有两样人，后者“奉其道”当指桑门、伊蒲塞等，前者楚王英“信其术”即信佛。本传又谓英“后遂大交通方士”，王充言其为刘春所惑，从此自可见当时佛教方术混杂之情形，但佛教徒则不定也为刘春所惑也。我原不知您所引用的《十诵律》等条，但我知道《大般涅槃经》拾粪果的譬喻。写书时实未想到可能引起“佛教徒吃粪便”的误会，这是我的轻率。总之，整个问题有待于弄清楚汉朝佛教及其相关的宗教道术的全貌。大作最后说“如果更能全面地分析《太平经》的思想实质与历史背景，再加以论证，当然就非常明白了”。我是非常赞成的。

感谢您告诉我很多没有知道的材料和应该考虑到的问题，并使我发现一些错误。附带说一下，看了您所引《郭玉传》，而查出拙著五十四页说郭玉著《针经》是错误的，此亦可见我工作的粗糙。又您所引王符《潜夫论》的“捐身出家”四字，在《四部丛刊》及其他一些版本均是“捐家出身”，从上下文及汪继培的注文来看，似乎“捐家出身”是对的。还有东汉初的《新论》载桓谭与郎冷喜所见之神仙，在粪上拾食，则见刘春以前或同时的风气一面了。拉杂写来，仅供参考。不能详悉也。

此致

敬礼

汤用彤　再拜

1963年1月15日

附　录

一、关于“捐身出家”问题

王符《潜夫论·赞学》曰：“是故无董（仲舒）景（君明）之才，倪（宽）匡（衡）之志，而欲强捐家出身，旷日师门者，必无几矣。”巨赞法师所据《四部备要》（即湖海楼本），“捐家出身”作“捐身出家”，按《四部丛刊》、明蓝格钞本、明程荣刊本（汉魏丛书）、涵芬楼借述古堂景宋写本、清光绪元年鄂局本等，均作“捐家出身”。

又查《前汉书》卷五十六《董仲舒传》曰：董仲舒“三年不窥园”，“去位归，终不问家产业”，“子及孙皆以学至大官”。卷七十五《京房传》曰：“初淮阳宪王舅张博，从房受学，以女妻房。”卷五十八《倪宽传》曰：“贫无资用，尝为弟子都养，时行赁作，带经而钼，休息辄读诵，其精如此。”卷八十一《匡衡传》曰：“好学家贫，庸作以供资用”，“子咸，亦明经”。

查《盐铁论·相刺》所言之“去父母，捐家室”似亦言离开父母家室，非可谓“必然无后”。文曰：“大夫：今儒者不耕而食，不蚕而衣”，“文学：孔子曰诗人疾之不能默，丘疾之不能伏，是以东西南北七十说而不用，退而修王道，……岂与匹夫匹妇耕织同哉?”“大夫：七十子之徒，去父母，捐家室，负荷而随孔子，不耕而学，乱乃愈滋。”

二、关于汉末道教反对佛教的材料

按《弘明集》卷一《理惑论》，提问者或从儒家之立场，或从道教之立场均有之。从道教立场反对佛教，最为明显者如：“王乔赤松八仙之箓，神百七十卷（按即指《太平经》），长生之事，与佛岂同乎?”又如“为道者或辟谷不食，而饮酒啖肉，亦云老氏之术也，然佛道以酒肉为上戒，而反食谷，何其乖异乎?”从儒家立场出发者如：“身体发肤受之父母，……今沙门剃头，何其违圣人之法，不合孝子之道。”“沙门弃妻子，捐财货，或终身不娶，何其违福孝之行也。”等等甚多。

三、关于“食粪”问题

按《太平经》所言“食粪、饮小便”，是否指“佛教”，当应研究，或《太平经》所言虽指“佛教”，但系虚构；或所言为当时个别情况；或言当时社会上有此一种现象。现录材料三条如下：

桓谭：《新论》（冯辑）：“桓与郎冷喜出，见一老公粪上拾食，面丑，喜曰：安知此非神仙耶?”《禅要经》（《大正藏》卷十五，二三八页）：“如人中毒，唯粪能治。”《大般涅槃经》第十二卷，亦有反对婆罗门童子拾粪果的说法。

二

锡予先生：

接读大札之后，在春节期间，又蒙拨冗接谈，得以亲承謦欬，使我对于著名学者的谦以自牧有了深刻的体会。《易象》云："地中有山，谦，君子以裒多益寡，称物平施。"这或者就是古今来学者们在学术研究上所以能够成其高深与博大的基本原因。晤谈匆匆，意犹未尽，兹谨再就大札所言，略述所蕴，以答殷勤奖掖的盛意。

《太平经》卷一一七的"四毁之行"，是否为驳斥佛教而发，诚如大札所云："还要考察所据资料及相关记载，结合当时社会历史的情形，重新详细研究，得出适当的结论。"确为不易之论。拙作在说明个人的看法时，多用"大约"、"可能"等词，也就是这个意思。不过关于"食粪饮小便"的问题，大札既然说明"并没有佛教徒食粪饮小便的意思"，而从佛教经典以及中国佛教史料研究起来，似乎可以初步肯定，《太平经》所驳斥的"食粪饮小便"，并非针对佛教或佛教徒而言，这就是拙作首先讨论这个问题的用意所在。如果这种说法可以初步肯定的话，那末，认为"四毁之行"是道教排斥佛教的论断，就发生了动摇，也就是说，《太平经》驳斥"四毁之行"，并非完全是为了排斥佛教。

《太平经》所强烈谴责的"不好生，无后世"，虽然不一定是反对儒家的"去父母，捐家室"，但是秦汉时代的方士之中，确有隐遁山林，终身不娶的人。如果这种人在当时社会上受到尊重而且影响又相当大，可能成为《太平经》攻击的对象。因为《太平经》主张："阳者尊，阴者卑，故二阴当共事一阳，故天数一而地数二也，故当二女共事一男也。"（《太平经合校》卷三十五）所以《太平经》中反对"不好生，无后世"的地方相当多。当然，单以《列仙传》为根据是不够充分的，还需要摸清楚秦汉时代方士之中的流派和它的思想内容，以便进一步把这个问题加以解决。

汉朝佛教和道术方技混杂在一起，这是历史的事实，但是从后汉明帝永平十年（67）到献帝延康元年（220），经历一百五十四年，很难说，佛教的面貌始终如一。同时，宫廷之内所崇尚的佛教，与民间不会完全相同，而一般的信仰者与知识分子的趋向也不一样。从安世高在当时的影响看来，就可略知一二。如《阴持入经注序》云：

> ……宣敷三宝，光于京师。于是俊乂云集，遂致滋盛，明哲之士，靡不羡甘。厥义郁郁，渊泓难测。……密睹其流，禀玩忘饥。因间麻缌，为其注义。差次条贯，缕释行伍，令其章断句解，使否者情通，渐以进智。

这是亲炙安世高的人的记载。他告诉我们，当安世高在洛阳译经的时候，随译随讲，当时的士大夫们很多人前去听讲，而且对于安世高非常倾倒。东晋谢敷《安般守意经序》上也说："于时俊乂归宗，释华崇实者，若禽兽之从麟凤，鳞介之赴虬蔡矣。"（《出三藏记集》卷六）谢敷大约与道安同时而稍早，据《晋书》卷九十四本传云："会稽人也，性澄清寡欲，入太平山十余年，镇军郗愔召为主簿、台征博士皆不就。"可见是一位高士。他那样的说法，与《阴持入经注序》相合，不能说是出于虚构，则安世高在当时社会上，尤其是在知识界中确实是很有威望的。吴康僧会《大安般守意经序》上所提到的"南阳韩林、颍川皮业、会稽陈慧"，就是当时亲炙安世高而留下名字的"俊乂"。陈慧有《安般经注》，现在虽然不能窥见全貌，但根据康僧会的《序》看来，可以知道他们对于佛教的信仰和理解，已经越过了混杂道术方技的阶段了。因此，我以为把东汉佛教划分一下阶段，可能更符合于历史发展的事实。

“捐身出家”四字，系引自根据湖海楼陈氏本校刊的《四部备要》本《潜夫论》，可能有问题。但《四部丛刊》影宋本后面有原来的跋文云：“此书谬误颇多，无从改定。”可见这个无关宏旨的校勘考订上的问题，也还可以再作商量。

沈约《述僧设会论》云：“今既取足寺内，行乞事断，或有持钵到门，便呼为僧徒鄙事下劣。既是众所鄙耻，莫复行乞。悠悠后进，求理者寡，便谓乞食之业，不可复行。”这一段文字从反面告诉我们，佛法东来以后，僧徒之中，曾经有人实行过乞食。但是沈约生当齐梁之世，他自己在《佛记序》云，“经纪东流……千祀过半”，而离开东汉之末，已经三百多年，文中所说的“乞食之业”似乎也是当时的事情。因此要论证东汉僧徒是否实行乞食，还有进一步探索资料的必要。琐屑之论，仍乞赐教。

专此，顺颂

著安

巨赞　敬复

2 月 15 日

关于慧深

近来报刊常有关于沙门慧深发现美洲的文章，我读了几篇，不觉技痒（不说手痒，因为尚须烦人代笔），姑提两点意见，不谈发现美洲和扶桑的问题，谈的只是有关资料文字上的解释，以就正于读者。

第一点，慧皎《高僧传》卷八（大正本）《慧基传》内的慧深，是慧基的弟子。但是更重要的他也是第四任的江东僧正。现将《慧基传》原文摘抄一段（括号内的注释是我加的）：

> （南齐）司徒文宣王（萧子良）钦风慕德……乃敕为僧主，掌任十城，盖东土僧正之始也（第一任僧正）。……基弟子德行、慧旭、道恢（此三僧名均与本书目录不合）并学业优深，次第敷讲……后有沙门慧谅接掌僧任（第二任僧正）。谅亡，次沙门慧永（第三任僧正，按《僧传》目录缺慧谅，慧永作慧求）。……永后，次沙门慧深（第四任僧正），亦基之弟子。……深后，次沙门昙与（第五任僧正，与亦作兴）。

此处节抄的一段文字，叙述了两件事情：一件是慧基的弟子，先说了三人，他们继慧基之后先后讲经；另一件是述江东僧正的次序。慧深是第四任僧正，这是主要的。至于说他是慧基的弟子，不过是附带提一下，因此不与三僧并列，而且用“亦”字也。

我们还未研究南朝僧正制度的全部材料，仅据上文说一下。首先僧正所管辖有一定的地区。江东僧正，掌任十城，地域比较大。《高僧传》卷十三，齐上定林寺法献与长干寺玄畅“同为僧主，分任南北两岸”是京城有两个僧正，分掌秦淮河南北寺庙，管地较小，但寺庙当不少也。其次，僧正当有一定的权力（据《僧传》八，《慧球传》“训勖”是僧正职务），须由有资望的僧人充任。例如，慧基是“遍历三吴，讲宣经教”，为当时很多名人王公所敬礼。慧深想必也有一定的声望，并在江东有较长期的活动，才能任为僧正。又其次是僧正的任期问题。据上面引文，应是慧基死后由慧谅接掌，又说“谅亡，次沙门慧永”，也是僧正死后，换人接充。由此可知，慧深之任职（上限）亦在慧永死后，其时慧基逝世（496）必已多年矣。又《高僧传》卷八《昙斐传》说，斐出家受业于慧基，居法华台寺，天监十七年（518）卒。并说，“初斐有誉江东，被敕为十城僧主，符旨适行，未拜便化”云云。据慧皎自序《高僧传》止于天监十八年（519），第五任江东僧正昙与的任命，应在天监十八年以前或即昙斐死年（518），慧深之任僧正（下限）自更在昙斐、昙与之前。在目前讨论中，有将《梁书·东夷传》的慧深和《高僧传·慧基传》的慧深，以及《魏书·释老志》里的慧深，说成是一个人。据上述，《高僧传》的慧深是在江东，并于公元496年~519年的某些年曾任江东僧正（姑假定为公元510年~518年）；而《梁书》的慧深是在齐永元元年（499）在荆州；《释老志》的慧深是北魏的沙门统，于永平二年（509）上书立僧尼制。这三个慧深的活动，可以说差不多是同时，而他们所处的地区距离很远，中国人同时同名，在历史上是常见的，僧人更是如此。如果没有明确的根据，很难说同名同时就是一个人。即在《高僧传》一书中，亦不乏类似问题，恐烦不述。最后是僧正的驻在地问题。查《高僧传·慧基传》题为“齐山阴法华山释慧基”，《名僧传目录》则为“齐山阴城傍寺惠基”（唐李邕《秦望山法华寺碑》中亦言及高僧慧基，是此寺至唐时犹存）。慧基作僧正时本住会稽，其弟子亦多住会稽。如僧行、僧悝（见《名僧传钞》悝即恢字）及以后被任为僧正而没有到任的昙斐，都住在法华寺。据此，似可推定江东僧正的驻地为会稽山阴法华寺。必须指出，作《高僧传》的慧皎，是会稽嘉祥寺的沙门，他所记载的各任江东僧正，次序井然。并且讲到昙斐任僧正的故事。可能他所根据的资料是当地口头传说及寺庙所存案卷。按日本佛教书内有《东大寺别当次第》及《僧纲补任》一类的书，就是编辑各地僧官（别当、僧正、僧都等）先后任职僧名的记录。可见中国和日本的寺庙中都保存有这种原始资料也。

第二点，另一个主要资料是《梁书·东夷传》扶桑国的记载。我们也只就文字上略加讨论：

（一）这个记载的结构，罗荣渠的文章中（《北京大学学报》人文科学1962年第4期）也提到此，但未详言。按《梁书·列传》卷四十八是《诸夷传》，中分：海南、东夷、西北诸夷三部，每部前均有小序。东夷部分的小序先说朝鲜方面各国与中国的交通，后曰：

> 扶桑国在昔未闻也，普通中有道人称自彼而至，其言元本尤悉，故并录焉。

小序后即分述高句丽、百济、新罗、倭、文身、大汉等国，最后是扶桑国。其记载开始曰：

> 扶桑国者，齐永元元年其国有沙门慧深来至荆州。说云，扶桑在大汉国东二万余里。……

以下约有四百一十余字述扶桑国情形，最后慧深又说了扶桑东女国的情形。我们试将小序所说的和扶桑的记载比较一下，觉得前后矛盾。据小序说《扶桑传》是录自普通中（520—526）来中国的道人所言。而《扶桑传》的本文则是慧深在永元元年（499）来荆州时说的。此点颇不可解。

（二）慧深的国籍问题也是难解的。据《东夷传》“其国”一语见于原文三次：一是“其国有沙门慧深”，二是“其国法有南北狱”，三是“比丘五人游行至其国”。这显然都是指扶桑。而原文讲到中国畜牛、婚礼以及年号如宋大明二年、天监六年等等，全文颇有“海客谈瀛”的口气。从这些文字上看，使我们推测说话的慧深可能是中国人。如是扶桑人也必已来华很久，深通中国情形。但均无确据，疑莫能明也。

（三）《东夷传》所载罽宾有比丘五人到扶桑流通佛法经像，我认为是一个神话。历史上有名的故事传说，流行既久，往往公式化，常被后人所因袭。其例甚多，不必列举。五比丘的传说，始于释迦传来记，谓佛成道后，侨陈如等五比丘最初传法。后来佛教流行各国，传法的故事疑常沿用五比丘的传说。日本僧人丰安所撰的《戒律传来记》先言佛法传西域时有五人诵律藏的事。次讲佛法传流汉地时，除了说汉明帝等外，特言北天竺有五沙门：支法领、支谦、竺法护、竺道生、支楼谶等五人来到此土与大僧受戒云云。将东汉、三国、晋、刘宋不同朝代、不同地、不同国的僧人凑了五个混在一起，实在是硬抄五比丘的故事。我初看此书时，很怪日本僧人对中国历史之无知。以后才发现丰安原是用中国北齐沙门法上的记载，见于《法苑珠林》第八十九卷《齐上统（即法上大沙门统）传》。又魏太武帝毁法后，佛教恢复时，首先落发者为罽宾沙门师贤等五人。外国送佛像来者为师子国的沙门五人（二事详《魏书·释老志》）。可见五比丘的说法，在北魏时早已流行了。而《扶桑传》也说是罽宾五比丘流通佛法经像。很显然这一切都是因袭释迦侨陈如五比丘传法的故事，并非事实也。本来，一地佛法之初传或复兴，总是由于僧人。但哪能常常是五人。而且与罽宾或北天竺有关系呢？

关于慧深与扶桑的问题，我只看过马南邨的《燕山夜话》和朱谦之及罗荣渠发表于《北京大学学报》1962 年第 4 期上的两篇文章。其他中外学者对这问题所写的许多文章我都没有读过。而且由于精力不足，仅将我比较熟悉的《僧传》以及《梁书》再翻阅一下。只能提出一些关于文字上的意见，可能有误，希望得到指正。

从《一切道经》说到武则天

中国道教经典，自张陵、于吉以后，孳乳增益，层叠积累，卷帙逐渐增多，内容日趋庞杂。至北周武帝偏信道教，在长安广集道书。延至唐初诸帝，在原有的基础上大力编写道经。记载此事的资料主要有：

第一，《一切道经音义序》原题“唐玄宗御制”。

第二，《妙门由起序》（实亦即《一切道经音义序》）原题“金紫光禄大夫鸿胪卿河内郡开国公上柱国太清观主史崇等奉敕撰”。

此二文载《正统道藏》仪帙中，亦见《全唐文》中，为我们所熟知。陈国符著《道藏源流考》（一一四页以下）曾详论之。

第三，伦敦所藏敦煌写本斯字1513号，这一项《一切道经》的资料则不见有人论及。其第一行题目为：

一切道经序　　御制

此文（以下简称《序》）共只存二十一行，每行十七字，约三百五十字。文系骈俪体裁。用典用字，不尽知其出处，颇难懂。今按其大意分为四段：

首段："盖闻紫仙握契……普照均于堂镜"——叙述道经之行世。

二段："孝敬皇帝……自含章于秋礼"——述孝敬皇帝的德性。

三段："今者黄离遽殒，碧题旋虚。……兴言鞠育，感痛难胜"——哀悼孝敬之死亡。

末段："故展哀情，为写一切道经卅六部……俱出四迷"——叙用写经功德为孝敬造福。

孝敬皇帝是唐高宗第五子，武后所生第一子，其名李弘（清朝因避讳亦作宏）。据《旧唐书》本传，初封代王，显庆元年立为皇太子。（按：显庆后，高宗苦风疾，令武后处决政务。）又据高宗本纪，咸亨二年高宗幸东都，留太子弘于京监国。上元二年（675）死。其死的原因，记载各有不同，略见后文。高宗追谥为孝敬皇帝。

《序》言"为写一切道经卅六部"，令人想到道经本早有分为三十六部之说（见陈国符著《道藏源流考》二七二页），据史崇所编的《妙门由起》明经法第六，引常住镇经目录已载有此说。在此次写经时，可能也用三十六部的分法。但《序》的语气是写了三十六部《一切道经》。按天宝年中多宝塔碑文："为主上（玄宗）及苍生写《妙法莲华经》一千部，金字三十六部，用镇宝塔"（见《金石萃编》卷八十九）。据此，写经三十六部似是当时写贵重的功德书的习惯数目。《妙法莲华经》有七卷，唐初《一切道经》每部有二千余卷（据上述史崇序文所言）。算来镇宝塔的经，只有七千二百多卷，而为孝敬皇帝所写的道经则超过七万卷。这样巨大的数目，不是皇家岂能有此人力物力耶？

《序》是哪一个御制的呢？我看文中说"兴言鞠育"，是引用《诗经》"母兮鞠我，长我育我"。又说"拂虚怅（应作帐）而摧心，俯空筵而咽泪”，这显然是母亲的口气。当时是武后当政，写《一切道经》，也必然是她的主意了。

为李弘写经，当在他死后不久。高宗和武后给他的饰终之典尚多。例如，据《旧唐书·李弘传》载：“葬制一准天子之礼”，并在他的坟前（恭陵）立碑镌高宗自撰自书的《孝敬皇帝睿德纪》（文见《金石萃编》卷五十八及《全唐文》卷十五，以下简称《纪》）。按武后曾为其生母顺陵立碑，此次为其子李弘陵前立睿德纪碑，以后又在其夫高宗陵前立述圣记碑。据顾亭林说，此前无为帝后陵前立碑之举，盖武后创为之也（见《金石萃编》卷六十四，《顺陵残碑跋尾》）。

《纪》是一个很好的参证资料。它与《序》所写主体不同，叙事详略因之互异。但它们却常有相同的地方。一方面用词造句有很多是一样的。例如：《纪》曰：“干象上浮，南陆启黄离之耀。坤元下辟，东明敞碧题之居。”（此系讲孝敬出生以前）《序》曰：“黄离遽殒，碧题旋虚。”（此言孝敬之忽死）又《纪》曰：“兴言念往，震悼良深。”《序》曰：“兴言鞠育，感痛难胜。”另一方面，两文叙事亦复有相同。例如：《序》略赞孝敬之德，一提“问安视膳”，二提“抚军监国”。《纪》则言其有九德。首为至孝，提到“视膳尝药”；次为至仁，提到“监国字人”。我们研读两文以后，觉得这样相似，可说《纪》直接根据《序》的意思加以扩大，出于一人手笔。如朝廷某一学士或宫内的上官昭容之类，甚至是武后自己撰的。不过此则并非重要，又乏确证，不须悬揣了。

参照《纪》文与《旧唐书》诸王传所记载，我们知道，李弘本多病，闻高宗欲让位给他，因兹感结旧疾增甚，医治不愈终致死亡。而观《序》文，武后自言感痛难胜，为写《一切道经》，与高宗在《纪》中说“天后心缠积悼，痛结深慈”，亦相吻合。

这些都完全否定他书关于武后杀子之传说。王昶在《金石萃编·睿德纪碑文跋尾》已为之辩诬。兹不赘。

最后，略论武则天的宗教信仰。唐初中国社会佛道并行。从太宗说起，他虽立寺礼僧，但贞观十一年下诏，自认本系“出自柱下”，宜阐玄化。又曾令玄奘译《老子》为梵文，欲使中华圣典传布西域。在玄奘译《老子》时，召道士蔡晃、成英等相助，形成释老共作的局面。武后于其子李弘死后，既为之写道经，又度人出家（见《金石萃编》卷七十三，《珪禅师塔记》。按珪禅师系女子，故此亦可能是武后的主张）。丧葬时释道两方面都作功德，这本是中国社会常有的现象。至于武则天，少时曾为尼，利用《大云经谶》登上帝座，以及奖励华严宗、禅宗等，是她崇佛的有名事实。但也还有其他事实说明武后及其子孙（子弘、贤、显、旦，孙隆基，女太平公主）和道教亦有深厚的关系。

（一）《新唐书·后妃传》言：武后于上元元年进号天后，建言十二事。其八：“王公以降，皆习《老子》”（参看《唐会要》卷七十五，明经条）。此所谓《老子》自是指五千文。建言的次年，又为其亡子李弘写三十六部《一切道经》。此后玄宗御注《道德经》并疏义，传写分送宫观。这是武后主张贯彻的结果。再者，《一切道经音义》至迟当在先天二年（713）完成。书有一百数十卷之多。想必在此前数年已奉命撰修，而且非有长期准备不可。故上元二年（675）的写经，可能给编撰《一切道经音义》创造了条件。又章怀太子《后汉书注》曾采用《太平经》，可知李贤对道经也有所知。

（二）查太宗晚年曾在宫中炼长生之药。武后即在其时入宫，或受此举的影响而迷信长生之术。故后来她曾向胡洞真天师乞九转丹药（见《全唐文》卷九十七）。武后所制的新字中以千千万万为年，永主久王为证，长生王为圣（一说长正主）。此亦可见她对于长生的向往。又“老子化胡”，是道士诬谤佛教的说法。而武后在一敕书中竟说：“老君化胡，典诰攸著……佛本因道而生。”（见《全唐文》卷九十六，原题“僧道并重敕”，与原意不合，误）武后一方面禁止佛道互谤，实际上有时她自己也在毁谤佛教，其重道盖无疑也。

（三）武后既笃信道教，她和高宗常优礼道士，著名者有潘师正、司马承祯、尹文操等。又据《唐会要》卷五十载，孝敬升储，立东明观；雍正（似系英王即李显之误）升储，立宏道观。其时武后当政，二观当是她为其子所立。再《新唐书》曰：“太平公主则天皇后所生，荣国夫人（武后之母）死，后丐主为道士，以幸冥福。”可知武后迷信之深。其子女颇染其风。如京内有名的太清观，本太平公主宅第所改（亦见《唐会要》卷五十）。睿宗景云二年封史崇玄为太清观主（见《册府元龟》影印本五八九页），史崇玄本太平公主之党。睿宗李旦令其二女金仙、玉真公主入道。并于京城各置一观，仍以金仙、玉真为名。二女入道时，糜费巨万，至足惊人（见道藏中张万福撰《传授三洞经戒法箓略说》卷下）。此亦显为武后送女入道之遗风也。又此史崇玄即史崇（唐时道士双名中有玄字，例可省略，故成玄英亦作成英，见前），乃奉敕撰《一切道经音义》与《妙门由起》二书之主编人。二书前者是字典之属，后者节录道经分为六门，实乃一部道教概要，则类书之属，二者均工具书也。工具书之编撰，证明道经之受人注重。而武则天之提倡读《道德经》，大写《一切道经》，对这样时代风尚，实不能说无关系也。

在阶级社会中，宗教是上层建筑，是维护经济基础的。在中国封建时代，统治阶级的人提倡佛道二教，基本是为了麻醉人民，巩固其统治地位，这是必然的。但是同时也可符合其个人利益，贯彻个人信念。信道佞佛，均看环境机缘，则有偶然性。士大夫之信仰，本有其阶级根源，同时也有其政治目的。入山求仙也是“仕宦捷径”，唐代已有这种风气（陈贻焮在《北大学报》1961年第3期已有论列）。而吃斋念佛亦未始非登龙之术。按维摩诘菩萨是未出家的居士，《维摩经》大讲不二法门，因此在家固亦即出家，中国佛教遂形成居士佛教的潮流。王右丞信佛，名维，字摩诘，是这种精神之体现。士大夫如此，皇帝亦然。如梁帝之舍道归佛，唐皇之先道后佛，都是于巩固其统治之中实现自己的信仰。而这些皇帝为他自己的利益，有时拜佛，有时信道，有时几乎同时崇信二教，这以武则天为突出的例子。她为着达到做皇帝的目的，笼络各方人士，利用佛道二教：武后亲制新译八十华严的序文，大言其登帝位系“叨承佛记”，而明白提出“大云之偈”及“宝雨之文”，皆佛经也。敦煌写本有《武后登极谶疏》（伦敦藏斯字6502及2658），亦即所谓《大云经疏》，疏中引道士寇谦之铭，有曰：“火德王，王在止戈（武字）”，又说“武兴圣教，国之大珍。”是则其登极所利用之符谶，固非专依佛教，并有道教也。必须指出，武则天虽是满脑子的迷信，但是只要她为百姓也做好事，推动历史发展，还可以算是进步的。即如王维，在安禄山窜扰长安，在凝碧宫设宴，乐工皆为旧日梨园弟子教坊工人。维悲恻有诗曰：

万户伤心生野烟，百官何日再朝天。
秋槐花落空宫里，凝碧池头奏管弦。

我不懂诗，但是此诗有情有景，又描写，又讽刺（几乎是愤怒），虽然受时代的限制，还有忠君的思想，但是爱人民怀故乡之情，跃于纸上，然则虔诚之佛教徒，固亦可为有爱国思想之诗人也。

以上对于唐初道教，主要就武周的事迹举出一些例证，粗略论述，希望可供读者一些参考。如要详细研讨，则只能借用古文一句：“仆病未能也”。

论中国佛教无“十宗”

中国佛教史料中，有所谓“十宗”、“十三宗”，本出于传闻，并非真相。本文主旨在指出其虚妄，讨论其由致。然由于相关汉文的书籍浩繁，草此文时，虽逾两月，并得青年同志相助，但限于体力，只能查阅，未行细读，因之论据当有漏略，论断可能有误。纠谬补正，亟希望于读者。

甲　略述佛教“宗”之形成

本文所说的“宗”，仅与中国及日本佛教宗派有关。“宗”字之意义甚多，基本上有尊崇的意思，所信仰之主义，所主张之学说，可谓之宗（故在因明中，推理之结论亦称为“宗”）。印度佛教在西汉末传入中国，而在东汉末至晋，般若空宗的经典陆续译出，因此种大乘佛学与为中国统治阶级服务的玄学相合而大为流行。但是印度佛教所谈的“空”，中国知识分子则有各种不同的理解，因而有各种不同的学说（主义）。遂有所谓“六家七宗”。所说的“家”就是“宗”，像“儒家”、“道家”之“家”。因此所谓的“本无宗”就是“本无家”，“心无宗”就是“心无家”。

在当时清谈的时代，这些理论都是通过谈论表达出来的，有时也用笔写，因此“本无宗”可称为“本无之谈”或“论”，“心无宗”可称为“心无之义”，因为这些意见是各自所主张的，所以名为“宗”。从佛教的眼光说，这些意见应该是不违背般若经典。东晋僧睿在《喻疑论》中赞美他的老师道安曰：“附文求旨，义不远宗，言不乖实，起之于亡师”。此处所说的“文”，是般若之文，“宗”就是“空宗”（或“虚宗”），就是玄学家所尊崇的根本的学说。“六家七宗”是在清谈中产生，有时也发生较激烈的争论，如东晋时本无家竺法汰驳斥道恒之心无义是也。但究竟乃个人间之争辩，非宗派间之攻击也。

中国佛教之宗派，应说是大起于隋唐，是经过南北朝经论讲习之风而后形成的。兹先述讲习之情形，再论宗派之开始。

（一）“宗”——经师、论师

南北朝时，佛教因帝王士大夫的大力提倡，译出经典益多，有大乘，有小乘。大乘空宗有般若三论、《维摩》、《法华》，大乘有宗有《华严》、《涅槃》；小乘既有沙婆多（一切有）的诸论，又有《成实论》之空理。出经既多，译人复有传授，因而特别在南朝讲习经论之风大盛（即诵经、唱导也是功德，故《高僧传》十科中列有诵经、经师、唱导三科）。在东晋佛学还尚“清通简要”，主张“得鱼忘筌”，是以道生《注法华》只有二卷，到了齐梁时代，僧人务期兼通众经，盛行讲说，法云的《法华义疏》现存八卷，刘虬的《法华注》著录十卷。从前僧人以能清谈玄理见长，现在以能讲经知名，于是国内有很多知名的经师、论师。现在姑举当时的两三僧人为代表说明讲习情况。下文系摘录慧皎《高僧传》卷八（《大正藏》卷五十）原文，括弧内的字系引者加改的。

> 释慧基初随慧义法师，宋文帝为设会出家，舆驾亲幸，公卿必集（慧义曾在鸠摩罗什的门下，并有功于文帝之父刘裕，故其弟子出家，也由皇帝出面）。基学兼昏晓，解洞群经。游历讲肆，备访众师，善《小品》、《法华》、《思益》、《维摩》、《金刚波若》、《胜鬘》等经，皆思探玄赜（原误作颐），提章比句。及慧义亡后，资生杂物，近盈百万，基法应获半，唯取粗故衣钵（老和尚财物很多，死后弟子虽依法可得一半，但只拿了衣钵，可见此时衣钵非传法之象征）。遍历三吴，讲宣经教，学徒至者千有余人。后周颙（名士）莅剡，请基讲说。刘瓛（经学家）、张融（名士）并申以师礼，崇其义训。司徒文宣王（萧子良）致书殷勤，访以《法华》宗旨，基乃著《法华义疏》，凡有三卷。及制门训义序三十三科，并略申方便旨趣，会通空有二言，及注《遗教》等（这些著作均与《法华》有关）。乃敕为僧主，掌任十城，盖东土僧正之始也。基弟子德行、慧旭、道恢（三名与目录不合，德字应作僧），并学业优深，次第敷讲，各领门徒继轨前辙（他的弟子也讲经，并领门徒）。……

据此，当时佛教势力扩展，经论之讲习甚盛，僧人广访众师听讲，而本人亦渐以讲经知名，并各自有所专精，得统治阶级各方面支持。慧基在社会活动，因其对于《法华经》独步一时，但是也不过是“提章比句”，并非自有创造。因此他的弟子亦不过四处听听，也自己讲讲，并不一定是继续发挥他的老师的学说。慧基的弟子慧集就是如此。《僧传》卷八《慧集传》略曰：

> 释慧集年十八出家，随慧基法师受业，学勤昏晓，未尝懈息，遍历众师，融冶异说，三藏方等并皆综达，广访《大毘婆沙》及《杂心》《犍度》等，以相辩校，故于《毘昙》一部擅步当时。每一开讲，负帙千人，沙门僧旻、法云并名高一代，亦执卷请益。今上（指梁武帝萧衍）深相赏接。著《毘昙大义疏》十余万言，盛行于世。

据此慧集和他的老师慧基的情形全同，只是老师专精《法华》，而弟子则以《毘昙》知名而已。而且由此可见，当时所谓义学僧人，只擅长讲经，并未开创新说，可以继承也。因为当时的风气如此，故僧人讲经次数之多，实可惊人，而讲经既多，于是章句甚繁，而有集注产生。《僧传》同卷《宝亮传》说：“亮继讲众经，盛于哀邑，讲《大涅槃》凡八十四遍，《成实论》十四遍，《胜鬘》四十二遍，《维摩》二十遍，其大小品十遍，《法华》、《十地》、《优婆塞戒》、《无量寿》、《首楞严》、《遗教》、《弥勒下生》等亦皆近十遍，黑白弟子三千余人。开章命句，锋辩纵横。”宝亮讲经次数之多，或有夸大，但足见刘宋后僧人的风气。同时梁武帝亦自讲经，又敕撰《涅槃集注》，有七十一卷，所集注疏十九种。这都标志着佛教经学之形成也。

南朝佛教讲说既风行，因此有所谓涅槃师、成实师或成论人、毘昙师或数人等名称。虽然讲涅槃者所宗为《涅槃经》，讲成实者所宗为《成实论》，讲毘昙者所宗之经为《杂心论》等。但实际上隋唐以前中国佛教的撰述中，涅槃宗、成实宗、毘昙宗实极罕见。兹据所知，引书三条如下：

(1)《续僧传》卷十隋《靖嵩传》云，嵩在北齐时因“唯有小乘，未遑详阅，遂从道猷、法诞二大论主，面受成、杂两宗”。此处谓成实宗、杂心宗显然指着这两部论所说的理论而已。

（2）日本僧人安澄于公元801～806年撰的《中论疏记》卷一述旧地论师所说的四宗略曰：

> 一、因缘宗，后人诺毘昙宗，二、假名宗，后人诺成实宗（下略）。

又按窥基（632～682）的《法苑义林》叙四宗有曰：

> 夫论宗者，所崇所尊所主名为宗。古大德总立四宗，一、立性宗，《杂心》等是，二、破性宗，《成实》等是（下略）。

合上抄两段观之，安澄所谓的毘昙宗，即窥基之“《杂心》等”论也，安澄之成实宗，即窥基之“《成实》等”论也。又失名之《摄大乘义章》卷四数言“成实论宗”（《大正藏》卷八十五，一〇三七页），可知成实宗即是“成实论宗”之省文也。又安澄书中引有宗法师成实义章，聪法师疏、成实论大义记、基师阿毘昙章，这些当即安澄所指之“后人”名为成实宗、毘昙宗也，亦即成实师、毘昙师之说也。

（3）按中国隋唐章疏论述当时的学说时如言“《成论》云”或“《成实论》云”、“《杂心》云”或“《毘昙》云”则系引用译出的经论的学说，但是叙述中国经师、论师的理论时则通常称曰“成实师云”或“成论师云”、“毘昙师云”、“涅槃师云”或“某某人云”等。吉藏的著作中常见这样的记载，例如《中观论疏》卷十六中有一段关于相续的文章，先说“成实师释相续有二家：一接续，二补续。接续有三释”，接着说了开善、庄严、琰师三家之说。并言：补续“是光宅用”云云。由此可知，开善寺的智藏，庄严寺的僧旻，光宅寺的法云（以上所谓梁朝的三大法师）以及招提的慧琰等均是所谓“成实师”也。又吉藏《二谛义》卷下关于相即义有曰：“光宅无别释，此师《法华》盛行，《成论》永绝也。”此处所说的是关于法云的《法华经义疏》和《成实论义疏》，而据上面两条看来，在吉藏的时候，尚得见南朝成论的诸疏，但是法云的《成论》已不通行。

就上面三条来看，齐梁时佛教经论讲习甚盛，注疏因之甚多。当时常讲的经论如《成实》、《毘昙》、《涅槃》各有许多名师的不同的说法，而“成实师”、“毘昙师”、“涅槃师”极常见，至于“成实宗”等则甚罕见。而在《续僧传》的《靖嵩传》及安澄的《中论疏记》中均指着《成实论》的哲学体系，并不构成一个成实的宗派也。

吉藏通常言及“毘昙师”、“杂心师”，但亦曾用“毘昙宗”之名。《三论玄义》卷上有曰：“依毘昙宗三乘则同见四谛，然后得道。就成实义，但会一灭，方乃成圣。”很显然此文的毘昙宗即毘昙理论，而成实义的“义”字尽可改为“宗”字也。“涅槃宗”最早见于《涅槃经集解》卷六，其文引南齐道慧曰“佛开涅槃宗”。其次唐朝元康之《肇论疏》有曰“依涅槃宗，而说涅槃也”。此两处显然都是指着《涅槃经》的宗义。

附带说一下，在南陈北齐时，《地论》、《摄论》、《俱舍论》先后译出，并颇流行。在中国撰述中，遂常引用此诸论，并有“地论师”、“摄论师”或“摄大乘师”（见湛然《维摩疏记》卷三）等名称。但“地论宗”、“摄论宗”、“俱舍宗”，则亦甚罕见。《续僧传》卷一《法泰传》先叙法泰等参加真谛的译场，译出中土所无的《摄大乘论》、《俱舍论》等。后说彭城静嵩远来见泰

“昼谈恒讲，夜请新宗”。这就是说他们白天谈平常所讲的书，夜晚嵩就请泰讲授新译的《摄论》、《俱舍论》的宗义。又卷十一《辩义传》说“沙门道岳命宗《俱舍》”，此不过说道岳研求《俱舍》多年，成为《俱舍论》的大家（看卷十三《道岳传》可知），犹之乎同卷《法护传》谓“彭城嵩以《摄论》命家”也。至于“俱舍宗”一词，在中国人的撰述中则只见于《宋僧传》卷四《法宝传》，其义显然是谓《俱舍论》的理论也。

（二）“宗”——教派之发生

综上所说，“宗”本谓宗旨、宗义，因此，一人所主张的学说，一部经论的理论系统，均可称曰“宗”。从晋代之所谓“六家七宗”至齐梁周颙之“三宗”都是讲的宗教学说上的派别，这是“宗”的第一个意义。

“宗”的第二个意义就是教派，它是有创始，有传授，有信徒，有教义，有教规的一个宗教集团。

两晋以来盛行的学派的“宗”和到隋唐时教派竞起的“宗”，两者的区分尚待研究。它们有相同之点，也有相异之点，主要的分别，似可说学派之“宗”是就义理而言，教派之“宗”是就人众而言，它们是一个历史的发展。在南北朝初期佛教势力已经扩大，佛经讲习盛行，陈至唐初，教派乃渐渐萌芽。现在且略述两点说明教派之酝酿。

第一，在南北朝初期，固然常闻名师讲说经论，听者成千，而尚未见有师徒成一集团。《宋书·天竺传》云“都下为之语曰，斗场禅师窟，东安谈义林”。这不过说当时斗场寺坐禅的人多，东安寺谈理的人多，并不是它们各持理论，自成团体。又如梁朝三大法师，俱以《成实》名家，但是法云的“《法华》盛行，《成论》永绝”（见上引吉藏语）。至于开善智藏亦谓“以《涅槃》

腾誉”（见《法华玄义释签》）。智藏著名的弟子为龙光僧绰，吉藏常引绰之涅槃。绰与其弟子舒亦善《成论》（见《续僧传》之《慧眶传》）。因此，所谓成论师并非专宗《成论》，而且开善寺也并非《成论》或者涅槃的中心也。至于一寺因一师专讲一经而成为中心，则首见于隋初。开皇时文帝（杨坚）敕立众主（立五众，如《续僧传·慧迁传》，又立二十五众主，如《三宝记》十二之僧粲、僧琨、慧影），其名目有摩诃衍匠（《僧粲传》），有讲律众主（洪遵），十地众主（慧迁），涅槃（童真、法聪、善胄），大论（宝袭）众主。又开皇二年（582）建都龙首，有敕于广恩坊给地，立延法师众，四年又令改“延众”为延兴寺（见《续僧传》卷八《昙延传》）。“延众”者乃昙延法师所主之集团，昙延最精《涅槃》。唐释道宣于公元664年撰《三宝感通录》卷下亦记此事，并曰“门人现在”，并记其弟子道逊死时正讲《涅槃》，据此，昙延的团体活动了约八十年（582～664）。道宣在《续僧传》并论曰“风靡之化，昙延复远”（卷十五末），可知昙延当时已为有影响、有多年历史之集团之主矣。

第二，佛学既重经论之讲说，一方面同一经论讲者极多，义理自有分歧，有演变。《续僧传》（卷十五末）论及成实论师先曰“梁氏三师，互指为谬”，此言云、旻、藏所说亦不同也。后曰“琰嚼腾光于五湖”，此言慧琰、庄严寺智嚼（亦作爝）发展了成实新宗义也（《续僧传·智脱传》谓嚼“《成论》之美名实腾涌”，《智聚传》谓嚼之“新实一宗，鹰扬万代”）（参看《智琰传》、《慧乘传》）。另一方面，印度的经论、义理本有差异，流行中国遂生争执。例如三论、成实俱为罗什所译。三论大乘空宗敌视有部，成论小乘经部亦斥破毘昙，罗什尊崇大空，兼破小有，故两译之，其弟子僧导著《成实》、《三论义疏》，但经过多年研讲，梁陈之际，南方的三论、《成实》两方学僧竟成对立。理论上

《成实论》既“兼总大小”（见《广弘明集》卷二十，《成实论义疏》萧纲序），三论是纯粹的大空，自必龃龉。而在《陈书·傅縡传》有文曰“成实、三论何事致乖”，显然的，这不仅是理论上之不同，而且已成为宗派的争执。吉藏亦曾自称三论大宗（见《大乘玄论》），夫三论师摄山僧朗以后四世相传，自谓得大乘之正意，呵斥《成实》（拙著《汉魏两晋南北朝佛教史》七五三—七六〇页已论之）。而兴皇法朗、隋吉藏相继斥“中假师”（法朗同学长干辩等），唐初法相宗道伦《瑜伽论记》（金陵板卷八十二、八十三）曾驳“三论学”，此皆三论已成为教派之标志。

约在同时，北方《地论》兴盛，因八识、九识传说不同，净染二心，佛性当现二常，均有争论，南北两道，由是而分，后又来《摄论》，与北道合流。在此经论讲说盛行之后，义理纷乱之时，玄奘法师遂西行取经，企图求得印度的原文。法相一宗由是而兴。而为着结束混乱，需有新的总结，《大乘起信论》于是出世，这是中国自己的一大创作。这些均已表示佛教由经论讲习进入教派之建立。

隋唐教派风起，因每派各有自己的理论和教义，故通称为“宗”，如“法相宗”、“华严宗”，又可称为“教”，如“三阶教”、“天台教”，各立自己的办法达到解脱，故称“门”或“法门”，如“禅门”、“净土门”。“禅宗”在最初之时，为楞伽师，此可说明教派之兴，系继经论讲习之后。隋唐所谓“宗”（教派），遂有新的气象。

魏晋以来中国佛学，南方盛行义理，北方较重行为，隋代统一以后，南北学术交流，因此提倡定慧双修。天台、华严之创始者不仅重义学，并且是禅师，而且有些宗派专主修行，如净土之念佛，密宗之真言，而禅宗顿门，不立文字，竟是搁置经典，三阶教主普法，一切经典同样看待，此皆经论师所不能许也。

如上所言，经论研求既久，诸师意见可生分歧，理论可有发展。隋唐诸宗的学说不仅非确守经说，且有创新，如天台宗之十如是，华严宗之十玄门，并非印度的原说。

齐梁佛学固亦重师承，隋唐教派则更重道统，自谓得正法，受真传，而着重传授之历史。禅宗本来起于东山法门，或大鉴慧能，而必追述至达摩、迦叶；天台教义智顗所创，而必上溯至慧文、慧思，遂大搞“定祖”争道统之事。禅宗的西方二十八祖，中土六祖，争执甚烈；天台九祖，至宋初还须由帝王确认。而在祖传以后，仍分支派，所谓“衣钵”、“血脉”、“传灯”、“法嗣”，皆因重道统观念也。因各宗特重道统，故一则各宗互相攻击，如窥基的《法华玄赞》竟否定天台的十如是。天台之《法华五百问》，评法相之《法华玄赞》，而法相又作《慧日论》申自宗（种姓义）。二则在一宗内也有衣钵真传之争，如禅宗之北宗南宗，天台之山家山外。法相亦有基测二家之不同。

隋唐以后，宗派势力既盛，僧人系属于各宗，有时壁垒森严，澄观曾受学于天台湛然，后华严人推为四祖，天台人愤激，至詈之为“叛出”（见《释门正统》）。寺庙财产亦有所属。隋唐的时候，有所谓三阶院，以及中储财物之“无尽藏”皆属于三阶教，江浙一带的寺院多属于天台宗，而且因智顗的关系，天台山是属于天台宗派，因澄观的关系，五台山是为华严宗之圣地。抗战时期，我在云南看见佛寺内很多和尚的神主上题“临济宗第几十几代某某之神位”云云，可见该寺久已自称属于禅宗矣。但古代佛教宗派组织，寺庙经济情形还不明了，需要详细研究也。

隋唐之际，宗派蔚起，佛教已从印度经论讲说之风行，进入中国教派之建立，此时之“宗”与过去所谓“宗”是两样不同的事。

乙 有那些宗——史料中之疑问

上文所言，印度佛教来华以后，经典译出渐多，中国信徒对这些经论（主要的是般若）有不同的了解，提出各种主张，这就叫作“宗”。其后经论的研究日趋发达，因此有“涅槃经师”、“成实论师”，以及其他经师、论师。这些经论的理论，有时也称为“宗”。及至陈隋，经论讲习既久，遂生变化。不但有新创的理论，且有新起的集团，于是以后的佛教就有各种教派，也称为“宗”。

现在我们讨论中国佛教的历史中哪些是宗，有几宗。首先必须指出，既然说有学派的“宗”，有教派的“宗”，但前者属佛学史，后者属于佛教史，两方互有关联，而且随时代变迁。因此如不区别其性质，划分其时代，而问“中国佛教有几宗”，实是一个不能草率答复的问题。此段仅陈述主要有关汉文的史料，指出其中的疑问讨论一下。而中国近七十年来之记载系抄袭日本，因先述日本记载于下：

日本记载 日本僧人关于诸宗的记载甚多，但我们尚未整理，姑且先述其重要之点供参考。

中国佛教传至日本以后，7世纪初，圣德太子所撰《三经义疏》尝引用光宅法云谢寺次法师（二人均论人）之说，及僧肇之《维摩注》，可见中国经师论师之学已传入，《三经义疏》未提及《成实论》、三论，而言及五时教。日本古书记太子知经部、萨婆多两家，或者系因其读过《成实》、《俱舍》二论也。七世纪末期乃有古京（南都）六宗，到九世纪有八宗，据圆珍（814～891）撰《诸家教相同异集》（《大正藏》卷七十四）曰：“常途所云，我大日本国总有八宗，其八宗者何？答：南京有六宗，上都有二宗，是为八宗也。南京六宗者：一、华严宗，二、律宗，三、法相宗，四、三论宗，五、成实宗，六、俱舍宗也；上都二宗者：一、天台宗，二、真言宗。”

空海、最澄约于公元805年来华。空海（774～835）为日本密宗的开宗者。最澄（767～822）乃日本天台宗之创始人。上文“上都二宗”之立是他们归国后的事。至9世纪，安然（公元841年生）作《教时诤》（《大正藏》卷七十五），则加禅宗合为九宗矣。

当中国佛教教派初传日本时，其国内的僧人往往对新来的宗派发生疑问。天台宗传日本甚早，但据《元亨释书》卷一，公元807年最澄上奏加天台宗，并当时大乘四家华严、法相、三论、律为五宗，此为日本天台宗成立之始。密宗传入日本后，据圆珍《大日经指归》（《大正藏》卷五十八）载睿山学徒曾致书中国天台山的广修，维蠲怀疑《大日经》之地位（其问答见《万字续藏》天台著述部中，问者系圆澄）。至于禅宗、净土宗在其传入时，日本亦曾讨论其是否是宗。

佛教传入日本，系在由梁至唐之世，即恰值佛教由经论讲习甚盛到教派兴起之时，最初传入的学说当是三论、《成实》、《俱舍》，着重点在经论之讲习，师说之传授。其后唐初教派大起，天台、华严、法相、律、真言等新教，亦均东去，为日本统治阶级所承认，将先后所传的宗派等量齐观，并称为八宗。此八宗中，成实、俱舍实极微弱，分别附属于三论、法相，称为“寓宗”，其他三论、天台、华严、法相、律、真言六宗为本宗。相传天长七年（831）敕诸宗各撰述其宗要，遂有所谓六本宗书（名目见《大正藏》卷七十四，四至五页）。但成实、俱舍并未撰有书，可证其原不盛行也。又据《元亨释书》卷一最澄于延历二十五年奏准，“每年覃渥外加度者十二人，五宗各二、俱舍、成实各一”

可知小乘二宗的人本有限也。八宗流行以后，至宋代日僧来华又多，导致净土宗、临济宗在日本之成立。

佛教历史之日本主要著述家为凝然（1240～1321），原系华严宗人，号称通诸宗之学，著书有一千一百卷之多。他根据当时日本流行的宗派的情形，结合两国的书籍著作，大谈印度、中国、日本宗派历史，主要有《八宗纲要》（二卷）、《三国佛法传通缘起》（三卷）。

《八宗纲要》系撰于文永五年（1268），书中主要叙述日本自中国所传入的八宗，如前所云。但是书末附有禅宗、净土宗一节，并谓“日本近代，若加此二宗，即成十宗”。

《三国佛法传通缘起》撰于应长元年（1311），书中叙述印度、中国、日本三国佛教传通的事绩。于日本佛教仍只载八宗，于中国则依弘传次第举十三宗：“一、毘昙宗，二、成实宗，三、律宗，四、三论宗，五、涅槃宗，六、地论宗，七、净土宗，八、禅宗，九、摄论宗，十、天台宗，十一、华严宗，十二、法相宗，十三、真言宗。”此中毘昙宗包括俱舍。

以上所述有些是关于日本佛教之历史，但可供中国佛教宗派史的参证，故并记及。

中国记载　中唐至北宋，中国佛教宗派缺乏明确综合的记载。但首先可提一下判教，当时判教者极多，各宗各据主见，对印度的经论，评其大小权实。虽列许多宗名，但不反映中国情况，因可不重视，但现在述其一种，以供参考。1958 年日本出版《敦煌佛教资料》二二〇页载有无题失名残卷二十二行，文首略曰：“世间宗见有三种：一者外道宗，二者小乘宗，三大乘宗”，次略述外道、小乘宗及大乘三宗义。按其所说外道即“十六异论”。小乘原有二十部，但“毕竟同一见，执一切法有实体性”，此显主要指毘昙有宗。大乘三宗者，按其文“一胜义皆空宗”，似指三论或天台，“二应理圆实宗”，是法相唯识，“三法性圆融宗”，当指华严也。据本书作者的考证，此文与8世纪之法成、昙旷所言有些相同，可能是9世纪初作品，此虽亦是一种判教，但开首既说“世间宗见”，则可说是8世纪以前中国有上述各宗义，而可注意者则是无《成实》、《俱舍》、《涅槃》等义也。

南宋僧人始撰中国佛教通史，宗鉴著《释门正统》八卷，志磐继之，作《佛祖统纪》五十四卷。二人均以天台宗为正统，并述及余宗，其概略如下：

宗鉴之书系纪传体，列有本纪、世家、载佛教教主及印度、中国的天台祖师的事迹。立有八志，有顺俗志，叙民间净土的崇拜，在弟子志中，除天台“正统”以外，并及其他五宗。另仿《晋书》为“僭伪”（即他五宗）立《载记》。所谓《禅宗相涉载记》、《贤首相涉载记》、《慈恩相涉载记》、《律宗相关载记》、《密教思复载记》。

志磐之书自谓撰写十年，五誊成稿，亦系纪传体，其中有《法运通塞志》十五卷，是中国佛教的编年通史。另有《净土立教志》三卷，《诸宗立教志》一卷，此二志则系述净土教及达摩（禅宗）、贤首（华严）、慈恩（法相）、灌顶（真言）、南山（律），五宗的史实。

宗鉴之书自序作于嘉熙元年（1237），志磐之书自序成于咸淳五年（1269）。二者均比上述凝然所著为早。及至明朝天启元年（1621）释广真（吹万老人）《释教三字经》只述七宗，实沿志磐所说，即天台、净土二教及达摩等五宗也（吾未见此书，但此系据黎锦熙先生编《十宗概要》）。

及至清朝末叶，海禁大开，国人往东洋者甚多，发现日本存有大量中国已佚的佛书，佛教学者一时视为奇珍。日人关于中国宗派的记载，亦从此流传。戊戌以后，梁启超在日本刊行《新民丛报》，忆其中有文列中国佛教十三宗，约在同时，石埭杨文会（仁山）因凝然所著《八宗纲要》重作《十宗略说》，从此凝然所说大为流行。《辞源》十宗条载有十宗，《辞海》佛教条有十三宗。最近岑仲勉《隋唐史》亦称有十宗，但是“成实”在唐初已极衰微，而旧说本非言隋唐有十宗也。

疑问的讨论观上所述，日本、中国的记载差别很大。主要的问题，是日本记载说中国佛教有三论宗、成实宗、毘昙宗、俱舍宗、涅槃宗、地论宗、摄论宗等。但是在中国记载中，这些名称甚为罕见（而常见者则为成论师、摄论师等）。即偶有之，亦仅指经论的宗义，或研究这些经论的经师、论师。其中只有三论可说已形成教派。而且假使我们称经论或经论师为宗的话，则中国流行之经论亦不只此数。如南齐周颙《抄成实论序》记当时经论流通的情形，有曰“《涅槃》《法华》，虽或时讲，《维摩》《胜鬘》，颇参余席”（《大正藏》卷五十五，七八页）。中唐梁肃《智者大师传论》叙佛去世后事有曰“故《摄论》、《地持》、《成实》、《唯识》之类，分路并作”（《大正藏》卷四十九，四四〇页）。如以流行甚广为宗，则查《续僧传》，隋唐研讲《地持》者极多，而吉藏《百论疏·破空品》开始有曰：“大业四年为对长安三种论师，谓摄论、十地、地持三种师，明二无我理，……”夫凝然既谓有地论、摄论二宗，何以独无地持宗耶？如以学说特殊为宗，《胜鬘》特主如来藏，则亦应有胜鬘宗矣。而且《俱舍》、《成实》自智顗作《俱舍论序》以来，许多撰述均言《成实》、《俱舍》同属经部，理论虽有差别，但在印度固出于一源也。然在中国“十宗”中成俱分为二宗，在“十三宗”毘昙却包括俱舍为一宗，这类可疑之点，均待研寻。

由此可见，如成实论师、涅槃经师诸学派与天台、华严诸教派相提并论，则中国佛教必不只十宗或十三宗也。按凝然在《三国佛法传通缘起》（《佛教全书》一〇九页），于述震旦十三宗后论曰：

> 古来诸师随所乐经，各事讲学，互立门辈，弘所习学。若以此为宗，宗承甚多焉。或从天竺传来弘之，或于汉地立宗传之，建立虽多，取广玩习不过十三。如上已列虽十三宗，后代浇漓，渐次废怠，所学不多。

据此，凝然自言以经论之讲习为宗，而数目亦不定是十三，但其竟列为十三者，亦无具体说明，不过说“取广玩习”耳。依我的初步意见：

第一、凝然学说之来历，实为有关日本佛教史的问题，尚待研究。然据我所知，在中国齐梁之世经论讲习至为风行，成实论师，南北均多。真谛来华，译经于广州，《俱舍》亦流行于南北。两者传入日本后，日本僧俗掌权者俱认为宗，而成实、俱舍之为寓宗及每年度人规定名额，均系由朝廷下诏规定。日本佛学史，遂将此二宗与华严宗等并列，肯定为中国传入之宗派。而凝然因此认为既然成实与俱舍论师有宗，则涅槃、昆昙等等亦应为宗矣，遂有“十三宗”之说。但是，必须指出凝然之师宗性，曾抄录中国《名僧传》、日本《高僧传》，实未言及十三宗。宗性尝著《俱舍论本义抄》四十八卷之多，并未特别提及所谓“俱舍宗”及其史实。而且与凝然同时的日本著作《元亨释书》只述及日本有三论等七宗，而称成实、俱舍、净土为寓宗。并未提到中国有摄论等宗，亦无十三宗之说。此均不能不令人怀疑凝然之说出于自造也。我们对于日本佛教史，尚须更细致地调查研究，乃能搞清楚这些问题。

第二、关于中国佛教之宗派，我们认为，主要应根据宗鉴、志磐之说，除天台宗外，有禅宗、华严、法相、真言、律宗等五宗。至于三论宗，虽已形成教派，但传世甚短。三阶教隋唐盛行于民间，应可认为教派。至于净土，则只有志磐谓其“立教”，但中国各宗均有净土之说，而且弥陀弥勒崇拜实有不同，亦无统一之理论。又慧远结白莲社，只是唐以后之误传，日本僧人且有认净土初祖是昙鸾，并非慧远，而所谓净土七祖历史乃南宋四明石芝宗晓所撰，并无根据。（见《祖僧统纪》卷二十六）因此，净土是否为一教派实有问题，可见中国各种教派情形互异。我们欲窥其全豹，必须广搜史料，从各代笔记小说、寺院碑文、僧人墓志、地方志书等，就各宗的经济情况、社会基础、与政权之关系、在政治上的作用、规章制度、教理历史等加以切实研究。

1961 年冬至日

中国佛教宗派问题补论

中国佛教宗派的历史，史实复杂，记载纷歧，其真相有待于深入地探讨。去岁曾就中国佛教有所谓“十宗”、“十三宗”的问题加以论列，并写了一篇《论中国佛教无“十宗”》，载1962年第3期《哲学研究》。一年以来，在搜集中国隋唐佛教史料时，也留心到宗派问题，有些中国和日本的资料可以作为前文的补证。因此草成本文。主要是提出些资料加以论述，只是读书札记而不是科学论文。不敢敝帚自珍，提出以供参考。

本文拟分下列三部分论述：

（甲）晋唐间流行的佛教经论的一些相关资料

（乙）略论从学派到教派

（丙）日本的一些资料

（甲）晋唐间流行的佛教经论的一些相关资料

在上次的文章中，我们认为中国佛教宗派，即古来汉文资料中所称为“宗”者，本来有两个意思：一是指宗旨之宗，实际指的是学派。例如中国僧人对印度般若佛学各种不同的解释，又如讲习各种经论的经师论师的学说，用现代的话说，这都是学说的派别；另一个是指教派，它是有创始人、有传授者、有信徒、有教义、有教规的宗教集团，如隋唐时的天台宗、禅宗、三阶教以及后来的白莲教等，用现代话说，都是宗教的派别，实际上所谓宗派者指此。隋唐以前中国佛教主要表现为学派的分歧，隋唐以后，各派争道统之风渐盛，乃有各种教派之竞起。根据这种意见，则所谓“十宗”、“十三宗”并不符合中国佛教实际情况。中国佛学的派别，当然出于传译经典的研究，在这一章内我们叙述晋唐间经论流行的情形，并附带说一下学派分歧的一些现象。

（一）在鸠摩罗什到长安以前，较流行的佛经主要的有二种：首先为安世高所译的小乘毘昙，最主要的是安般的禅法，据道安《安般注序》谓“安世高者博闻稽古，特专阿毘昙学，所出经禅数最悉”；次为般若经（大乘方等），主要的是《道行》、《放光》、《光赞》，按《渐备经……叙》“大品出来虽数十年，先出诸公略不综习，不解诸公何以尔。……《大品》顷来，东西诸讲习无不以为业。……”（见《出三藏记集》卷九），此谓大品出来研习的人少，当系因《小品》较为流行，即以《世说·文学篇》中言及《小品》者三四次，而未言及《大品》，亦可知矣。至于般若所以流行的原因，道安说得很明确：“以斯邦人老庄教行，与方等经兼忘相似，故因风易行也”（见《鼻奈耶经序》。《大正藏》卷二十四，八五一页）。般若说“空”，中国人对此有种种解释，王洽与支道林书“因广异同之说，遂令空有之谈纷然大殊……”（见《广弘明集》。《大正藏》卷五十二，三二三页），僧肇在《不真空论》中亦说“故顷尔谈论，至于虚宗（即空宗）每有不同”（《肇论》）。在当时虚宗不同的谈论已有六家（见僧睿《维摩经序》，《出三藏记集》）。所谓“空有之谈”，即包括清谈玄学，贵无崇有之争，而在道安晚年罗什未至之际，小乘有部毘昙亦有译出。《世说·

文学篇》记提婆在东亭第讲阿毘昙，僧弥更就余屋自讲。东亭、僧弥均王洽之子，都参预了有部阿毘昙的译出，则王洽所谓“空有之谈”固亦包括佛学中之般若与毘昙也。

（二）从晋末至南齐，周颙又概括当时谈空的学派为“三宗”，三宗中已包括《成实论》的小乘空，不只是般若大乘空教也。永明七年齐竟陵王（萧子良）招集京师名僧数百人讲经及《十诵律》。当时周颙作《钞成实论序》（见《出三藏记集》卷十一）略曰：

> 寻夫数论之为作也，虽制兴于晚集，非出于一音（此所谓数论，是指毘昙和成实，是佛去世后印度论师的撰集，而不出于佛的“一音”也）。顷《泥洹》、《法华》，虽或时讲（说当时《法华》、《涅槃》，常有讲说），《维摩》、《胜鬘》，颇参余席（说这两种经讲得也不少），即于《大品》精义，师匠盖疏（说能讲般若经的名师不多），《十住》渊弘，世学将殄（说时人学华严《十住》的几乎没有），皆由寝处于论家，求均于弱丧（这乃因为小乘的《成实论》是当时经常所研究的典籍）。

据此，可以知道南朝宋齐间佛学讲习的大概情形。又按《高僧传》卷八“智林传”有智林致周颙书曰：

> ……贫道捉麈尾以来，四十余年，东西讲说，谬重一时，其余义统，颇见宗录，唯有此途，白黑无一人得者。

此所谓的“义统”，今可译为“义理的系统”，“宗录”是为人所崇奉录取，“此途”按智林书中并有“关中旧有此义”，后来“妙音中绝”等语，实际指的是周颙“三宗论”的第三宗，即指罗什在关中所译之《中》、《百》、《十二门》三论的理论（唐道液纂集《净名经关中疏》，亦是指罗什之学。见《大正藏》卷八十五，四三六页）。智林这几句话是说他所讲习的学问，都为时人所研习，只有《中论》、《百论》、《十二门论》的理论尚未为人所注意。我们据上述周颙的《钞成实论序》可以知道当时所注意的学问，除《十诵律》以外，有《泥洹（涅槃）》、《法华》、《维摩》、《胜鬘》、《大品》、《十住》、《成实》等，而并没有提到三论。按智林曾注《十二门论》、《中论》，他说的“白黑无一人得”的理论，当由其研究《十二门》及《中论》所得来的，可知当时对三论研究注意的人是很少的。

（三）在南齐中，北方黄龙人法度及其弟子辽东人（高句丽）僧朗南来，始在摄山弘三论之学。僧朗之弟子僧诠（即止观师）讲大品读三论，不开涅槃与法华。诠弟子兴皇法朗于江北得《大智度论》（即大品般若的释论），始用之讲大品（见吉藏《大品经义疏》卷一及《涅槃游意》）。可见《大智度论》南方原不流行，而摄山之讲四论（《中》、《百》、《十二门》及《大智度》）始自兴皇法朗。《续藏经》现存有《大智度论疏》一卷，原题“蜀地潼州迁善寺慧影撰”，此慧影当是《续僧传·北周道安传》中所说“传灯大论”之慧影，吉藏在《中论疏》中有“关内姚道安学《智度论》”，此道安即慧影之师。（按潼州系西魏置，至隋改称。）可见北朝此论之流行也。

隋炀帝（杨广）为晋王时与三论的吉藏和天台智顗均有来往。据吉藏《维摩玄论》自言“陪从晋王至长安”；智顗为广授菩萨戒，予法名“总持”。广曾请求智顗讲经义，智顗以自己

“颇持禅慧，经论功浅”辞之（见《国清百录》第四十九），他又作书详细说到他考虑可学的经论曰：

> 若习毘昙，则滞有情著；若修三论，又入空过甚；《成实》虽复兼举，犹带小乘；《释论》、《地持》，但通一经之旨，如使次第遍修，僧家尚难尽备，况居俗而欲兼善。当今数论法师无过此地，……（见《国清百录》第五十）

所谓“数论法师”，应指江都智脱（见《续僧传》卷九）。《释论》即《大智度论》，乃是《大品经》之释论，《地持》即《出瑜伽十地论》本地分中的《菩萨地》，隋慧影谓“《地持》是弥勒世尊所造，以释十地”，亦为当时北方盛行之经典。上文杨广所言，虽非当时所讲经典的全面分析，但亦可看出当时的风尚了。

（四）吉藏《百论疏》（金陵版卷十三）曰：

> 大业四年，为对长安三种论师，谓摄论、十地、地持三种师，明二无我理及三无性，为论大宗，今立此一品（破空品），正为破之，应名破二无我品及破三无性品……

下文有曰：

> 吉藏昔在江左陈此品有十七条，年老多忘，故略述一二数耳。

据此可知吉藏在南方曾讲破空品，到了大业四年在长安又讲。上文所谓“大宗”，即指其所主张之三论宗义，而他在长安所讲论的是对北方所流行的摄论、十地、地持三种论师讲的，而这三种论师所根据的论，都谈二无我，三无性，吉藏盖用他自己的三论理论来纠正当时那些人的理论，所以下文又说“建立三论，欲申正教”的话。可知吉藏以三论为正教，而其他宗义如摄论师等，则非正教，而是“小宗”。

吉藏于仁寿之终，奉命撰《维摩经义疏》即《广疏》文中曰：

> 问。义宗已盛谈不二，未详不二是何等法。
>
> 答。有人言不二法门即真谛理也此成实论师所用也
>
> 有人言不二法门谓实相般若实相是真谛理能生般若故名般若此智度论师之所立也
>
> 有人言不二法门阿梨耶识此云无没识此旧十地论师之所用也
>
> 有人言不二法门阿摩罗识此云无垢识摄大乘师真谛三藏之所用也
>
> 四宗之内初二约境，后二据心。

（见《大正藏》卷卅八，九一二页。引文内小字夹注原文如此）

按文中“义宗”即为义理之宗，也就是理论的派别。文中说了四宗即：成实论师、智度论师、旧十地论师及摄大乘师，很显然四宗即四种论师。据查阅各书结果，隋时吉藏概用成实论师或成论、毘昙师、数论师等。均正《四论玄义》用成实论师等亦特多，言某某宗时很少（多在卷十），但是卷六言《成实论》等义宗（三三页）或成实论师宗（卷八，五六页）或阿梨宗（卷十，九九页），但是此并不多见。而这些“宗”字并不指宗派，不过说词

梨所著的《成实论》学说或讲《成实论》者的学说而已（《四论玄义》作于隋朝，下文另详）。隋智顗《摩诃止观》、中唐湛然《辅行弘决》均收材料甚多，但亦未言成实宗等，只有成论、成论师、摄师、地师（或地人）、摄大乘、数人（毘昙师）等，而且不多见。因此，安澄《中论疏记》（约作于801～806）论北方四宗时有："后人铭毘昙宗"，"后人铭成实宗"云云，这意思是说早先所称之成实论或成实论师等，后人乃称为"成实宗"等矣（按铭与名通用，吉藏书中已如此）。我的意见是：中国书中本来例称成实论师、毘昙论师，个别地方有成实宗、毘昙宗字样，也只是指成实、毘昙的学说而已。等到佛教传入日本后，有了天台、禅这样的宗派出现，原来的毘昙、成实，也被认为是一些宗派了。

又按上文所谓"不二法门"，本来是大乘佛教最根本的理论，而主要与真俗二谛论有关。三论以及《成实论》均大谈二谛，当时的佛教界以为它是宗教上有决定性的问题。有一次梁昭明太子（萧统）解二谛义，简直说："若迷其方，三有不绝；若达其致，万累斯遣"，就是说不悟这个道理的堕入轮回，而懂这个道理的即可摆脱一切烦恼。当时就有道俗二十二人和他问难，几近百次（俱载《广弘明集·法义篇》），可见当时此项争论之烈。智顗《法华玄义》曾言及此事（《大正藏》卷三十三，七〇二页）。一方面是因《成实论》及般若三论大为流行，不二之理所主张的最后是宇宙和人心的不二，客观主观的不二，色心的不二，现象实体的不二，如是等等。而根本上是因为以玄学作为上层建筑以来，中国的学术界"把世界的全部丰富性都包括在假象里面，而你们又否认假象的客观性！"后来的三论宗和天台宗的理论也由此出发（参看侯外庐主编《中国思想通史》卷四上册三章二节）。

（五）从上面（三）、（四）二节所提出的资料，可以知道在隋朝时，如上面所引杨广说的有：毘昙、三论、《成实》、《释论》、《地持》诸种经论的学问。吉藏说有：摄论师、十地论师、地持论师、大智度论师和成实论师等。这些可以说是隋朝佛教主要的学问。而三论和《大智度论》（即《释论》或称《大论》）都是印度龙树的学问，常合起来讲说，遂有“四论师”之称。其实在义理上与三论师并无不同，其著作仅存有《四论玄义》。

《四论玄义》一书，《东域录》著录“《四论玄义记》十二卷”（并有注云“均正又云均僧正十四卷……”），《三论宗章疏录》亦著录十二卷。《续藏经》收有此书，据其新作目录只存十卷，卷一、卷三、卷四阙文，卷八前有阙文，卷十有注谓“或卷十二欤”。此书题名为《无依无得大乘四论玄义记》，只在卷十题下有“均正撰”三字，卷五至卷十尾有跋云“显庆三年岁在戊午年十二月六日兴轮寺学问僧法安为大皇帝及内殿故敬奉义章也”（卷五戊作成，误）。则此书原系唐高宗时写本，“敬奉内殿”者（其时皇后为武氏）。

按此书作者平生不详，“均正”可能是慧均僧正之简称，例如“令正”是灵根寺慧令僧正的简称，《东域录》亦称作者为“均僧正”。僧正通行于南朝，日本因之，北朝则称为沙门统。慧均可能在南朝末年任僧正。又按书中曾说到昆仑三藏法师翻摄论（卷七，四五页）及真谛来广州为诸学士说经部（卷十，九五页）等事，则其著书时应已在真谛死后矣。据跋文此书为“义章”体，就是按佛教的义理分章。有：十地义、金刚心义、梦觉义（文阙，此据卷二，二页，卷九，八四页）及现存之二谛义、佛性义等十义。

现存义章体裁的佛教撰述，最早是隋慧远之《大乘义章》，其次有吉藏之《大乘玄论》。均正的《四论玄义》是续吉藏《玄论》之后，将三论学说分门别类加以叙述，于每一义均一方面建立自己的学说，一方面破斥当时流行的理论。如卷二（页二）“明断伏义”开始就说：

“……十地义成实论师推与庄严家也，周齐二国盛明十地义……后时菩提、勒那两三藏来翻十地论，功用由两师也，今《成实论》释十地，断伏义不同，一庄严家……二少庄严，龙光传开善义……”云云。

本来吉藏书中常常破斥成实论师，如庄严、开善等，均正此书原是继承吉藏的作法。在驳他的论敌时，常常提出“地摄两论，成昆二家”（即《十地论》、《摄大乘论》、《成实论》、《昆昙》），每次提到这四种论时，通称为“诸论师”，或称“地摄等四家”，并说他们与“大乘不同”，就是说与“三论”的学说不同，亦即全书是从“三论”的学说来破斥“四家”。总的讲来，三论学者与四家（有时亦称为四论）的分别，在于他说自己是“无所得”，而其余论师都是“有所得”。他不但主张一切皆空，而且并亦空空，不但破有，亦当破空，不破有固然是有所得，而不破空也是有所得。他们以为小乘昆昙成实比较持有，大乘偏于说空，《十地》、《摄论》虽为大乘，但不是彻底的空，是有所得的大乘，而三论则主张空，并且空空，因此自以为是无依无得的大乘也。反对他们的人就说他们太死板了，斥之为“恶取空”、“邪空”。唐湛然在《止观辅行》（《大正藏》卷四十六，二一〇页）中说：“淮北河北邪空之人滥称大乘，入恶无观”似指此类学说。均正的学说从何而来呢？他在卷五（十八页）解二谛大意时说：

……略有五家，有所得《成实论》小乘，第一光宅寺云法师……第二庄严寺旻法师……第三开善寺藏法师……第四宋（原作宗误）国北多宝寺广州大亮法师（以上四法师均成实论师）……第五摄岭栖霞寺无所得三论

> 大意（大意二字疑衍）大师诠法师……今依大师说……（卷五，十八页）

卷七（四三页）又曰：

> 兴皇大师云必须语无依无得……为宗

由此可见均正系继承摄山僧诠、兴皇法朗的无所得之说，而反对有所得的成实论师。摄山的学说常称为“山门义”，因此下文（卷五，一九页）说：

> 山门义与成论等师常有异义

又曾强调说：

> 山门义……与数论等永异……

其在“释五乘义”中有云：

> 一家关河相传屋（屋应误）摄岭高句丽□（原文不明）朗法师等云……（卷十，一〇〇页）

此段明言摄岭之学系关河相传，自高句丽朗法师等（包括僧诠及其弟子兴皇法朗）。均正提到别人只称“论师”、“法师”，而于法朗则称“兴皇大师”而不称名，并有一次说“兴皇大师有时云”（卷八，六一页），由此推测作者均正可能是兴皇法朗的弟子，所以他能说出法朗有时说了什么。（据凝然《内典尘露章》，《大日本佛教全书》本，谈三论传授次序略曰："……次兴皇法朗，次嘉祥寺吉藏大师并慧均僧正也"可证）。又均正在卷二，二页提到"周齐二国"，在卷十，九十页言"朱（朱字或系宋或周之误）齐二国"，在卷八，六十八页又言"吴鲁国大德"。据此，作者当在刘宋、萧齐以及北周、北齐之后，长江上两中游地区的僧人。

按吉藏《百论疏·破常品》中，论四种涅槃时，也是引大小乘义、《成实》、《数论（昆昙）》、《地论》、《摄论》。均正书中未提及吉藏，但所用方法与吉藏相同，亦即所谓"弹他斥非，显山门正意"。又吉藏《大乘玄义》述佛性十一家，《四论玄义》则说佛性义宗，本三家，末十家，反复讨论，其文甚长，可见当时涅槃佛性义争执甚烈。在均正破斥十家（大部分是成实论师）之后，卷七，四十七页有文曰：（文中括弧的字是引者加的）

（成实）问。十家亦引经，汝亦据经，何独汝是他非耶？（三论成论互相争执，俱引经据典，遂引起道统问题）

（三论）答。此事如世娘婢二子诤父家业（道统之争变为谩骂，实际反映财产继承之争，此语甚可注意），为岂相类也。又今家（现在自己的学派）禀南天竺学摩诃衍龙树之风，（大乘龙树之学）彼依罽肩（当是罽宾）学小乘诃梨之论（他们是诃梨所撰的《成实论》的小乘之学）。又地摄两论学有得，大乘师宗已是悬绝（地摄虽亦大乘，但系有所得的大乘，差得很远），汝学成昆（原作讫误）与地摄论，我学三论，我论初命章

> 《十二门论》云“今当略解摩诃衍”，《中论》初亦云“如摩诃般若波罗蜜中说”（我们三论是引的大乘经），汝论（《成实》）初命章云“何故造此论我欲正论三藏中实义”（你们的《成实》引的小乘经）。

（成实）问。若尔，岂悬绝？……（答辞从略）。

谩骂了一阵，也只能分开大乘小乘，说对方差得多。虽然对方是摄、地、成、昆诸师，但主要还是成实论师，所以着重提出成实是小乘之学。学说的分歧发展至此，已形成宗派纷争了。

（六）中国佛教学说之争执，最后表现为传法定祖的问题。三论学在摄山时代已力言其为“关河相承”，后来又提出他们是龙树的嫡传。到了隋朝硕法师《三论游意义》始具体地说到它们传法的次第。文略曰：

> 传持法藏，始末有三十二人也，始自迦叶，终于师子比丘也……马鸣付属何人……提婆去世，付属罗什，如是相承乃至师子比丘也。（此段系据《付法藏因缘传》，但将鸠摩罗什放在提婆之后，师子比丘之前，乃是硕法师的臆造。）

下文又有人问法胜的《昆昙》与诃梨的《成实》等是何人所付属，答这些论师都是佛教内的异端，非传法藏，而为龙树之所破斥也。至于四论，则书中称之为“圣大宗，同申佛大教也”。

前面所述只能表示各个不同年代有些什么佛教经典学说流行。要研究这个问题，当然不能仅靠这些材料，还要将经典翻译的次数、研究的人数、讲席的盛衰等方面综合起来，才能弄清楚。而况一个经典之流行，也可与中国当时风尚有关。从佛教的修行方法讲，例如东汉末叶的《安般守意经》的风行，则因安世高之学本借医术流行，而安般本与中国导引行气之术相通也。又例如北朝造像多奉弥勒，南北朝末期对观音崇拜特盛，当因此而弥勒诸经及《法华经》为大众所奉也。

上述六节资料，虽然比较零星，但已可约略看出一点：

在南北朝特别是南方，事实上还只是有不同学说的流行，而无宗教派别的建立。起初中国僧人对于印度佛教各人有不同的理解，提出不同的主张（称为“义门”或“义宗”），如“六家七宗论”及“三宗论”所列，盖只能说是学说上有这些派别，而不是宗派也。及至佛教势盛，译经甚多，讲师辈出，每一讲席，听众动辄千人，于是有各种经论的经师、论师，最知名的有“成实论师”及“三论师”等等。他们中间理论分歧，如上所说曾至形成了道统之争，但这也还只能说是学说的派别（学派），而不能说是宗派（教派）。至于学派和宗派的分别以及宗派如何发生，当于下面略论之。

（乙）略论由学派到教派

以下先就成实论师、天台宗阐明学派与教派之不同，并一些其他有关事实。

南朝经论讲习之风盛行，遂有各种经师论师出现。兹举成实论师为例略述一下，以说明论师是什么样性质。顾名思义，成实论师是指一些讲习《成实论》并有关于《成实论》著述的名僧。由现存有关资料看来，最著名的成实论师是梁朝的三大法师，即：庄严寺僧旻，开善寺智藏，光宅寺法云。但他们对佛教的理论并无统一的解释，例如于涅槃佛性种种方面各有各自的说法，并不相同，甚至相反。天台智顗《摩诃止观》卷三上提到成论师，并批评庄严、开善二家曰：

昔庄严家云佛果出二谛外，此得片意，而作义不成；……开善家云佛果不出二谛外，……作义复不成，……古来名此为“风流二谛”，意在此。……

按照湛然《止观辅行》卷三之三解释说，这两位成实论师，不懂得人有利根钝根，一个庄严说佛果出二谛外，一个开善说佛果不出二谛外，都是片面的，都不能成立，古人称之为“风流二谛”，“风流者乃动止合仪”。智顗特别提出这样的事，可以说是讥诮成论人的并无一致的学说也。灌顶在《涅槃玄义》卷上论及此事亦曰：“此皆成论师说，自相矛盾，不惬人情”云云。（《大正藏》卷三十八，七页）

这些成实论师是否都只是《成实论》的专家呢？也不一定。吉藏的《法华玄论》曰“爰至梁始三大法师……大集（集应作习）数论（成论），遍释众经。但开善以《涅槃》腾誉，庄严以《十地》《胜鬘》擅名，光宅《法华》当时独步……”（《大正藏》卷三十四，三六四页），则是三个最著名的成论师，于大乘经均各另有专长也。古来相传成实判教为五时，此说本创自刘宋时的道场慧观，原与成论无关。又相传成实师讲的是八十四法，但《成实论》并无此说。据弘一法师《名相别考》说成实宗八十四法并无明文记载（见《南山律在家备览》附录），则此说或出于佚书中如百济沙门道藏之《成实论疏》乎？周颙说《成实论》是小乘，萧纲在《成实论疏序》（见《广弘明集》）说它是小乘兼大乘，三大法师都说它是大乘。总之，齐梁之世，讲《成实论》是佛教最盛行的一个风气，也可以说是佛教学说的一大流派。但是它没有一个统一的理论，不成一个体系，既没有一个创始的人（三大法师也没有师承的关系），也没有一定发祥地点，《四论玄义》有所谓“开善门徒”，“庄严等门徒”，也不过是指两法师的弟子而已。无论如何，只能说它是一个学派，而不能说它是宗派。其余论师的有关材料不多，但其性质应与成实论师大致相同。

上面说过，三论师他们一方面有着共同的学说，坚持自己是无所得的大乘，反对小乘及一切有所得的大乘；另一方面坚持他们自己是正教，已不仅是一个学派，而具有教派的性质了。至于真正的教派，我们在下面也只以天台宗为例，以说明教派的性质。

智顗（即智者大师）所创立之学说，主要以《法华经》为依据。中唐湛然《法华经大意》云，此典“多有诸家，今暂归‘天台宗”’，“天台宗”之名，始见于此，则天台宗固原为法华经师中之一家也。日本又称“天台宗”为“法华宗”或“天台法华宗”。宋天台沙门法照著有《法华三大部读教记》，所谓“三大部”就是指智顗所著的《法华玄义》、《法华文句》及《摩诃止观》，因此天台宗与《法华经》之关系可知矣。

智顗本是禅师，但晚年（隋开皇十七年）三论学者嘉祥吉藏曾致书请其讲《法华经疏》（《国清百录》第一〇三）。按吉藏在《法华统略》说：“……少弘四论，末专习一乘，私众二讲将三百遍（据《续僧传》作三十遍）。……”由此可知三论大师晚年始注重《法华》，而且很佩服天台智顗的《法华经疏》也。隋朝这两位名僧，虽然都大讲《法华》，而其作风则各有不同。第一，吉藏为要证成三论学说，破斥他家实甚多；智顗为要建立自己的系统，费了很多精力，但极少提到当时其他学说。我们比较一下他们两个的著述，这种分别是很显然的。“天台宗”多有自己的创造，而“三论师”则偏于经论的发挥。第二，吉藏博学，偏重理论的研讨；智𫖮是禅师，注意的是“止观法门”。按《续僧传》列吉藏在《义解篇》中，列智𫖮在《习禅篇》，亦说明两人不同之所在。

《摩诃止观》开始曰“止观明静，前代未闻”，此盖谓当时禅门极多，天台最胜。天台主张定慧双修，既重修行方法，又有理论体系。天台实以智者大师为教主（见《止观辅行》卷一），其禅法受之于南岳慧思。按开元二十六年《贞和尚塔铭》（《金石萃编》卷八十三）谓贞为“受衡阳止观门”。又贞元中《楚金禅师碑》（见前书卷一〇四）也说“法花三昧，禀自衡阳，正（应是止）观一门，传乎台岭”。可见在唐代一般人认为衡阳慧思、天台智𫖮所传的是“止观法门”。

“止观法门”主要是传授修行方法，而这种修行方法主要在于修心可解除烦恼，另外还可用以治病。相传南岳慧思“苦肿满病，用观力推，病则消差”。又陈朝要官蒋添之、吴明彻、毛喜，皆禀智者的息法脚气获除。（见《止观辅行》卷八之二）《小止观》云“治病之法，乃有多途，举要言之，不出止观，……”

天台智𫖮徒党甚众，颇受陈隋两朝帝王的优遇。晚年在天台传法，其时已为僧众立制法，规定僧众在宗教生活上的程序及种种罚规（见《国清百录》第一、第七）。此外并制定“忏仪”（同书第四、五、六），俨然为一代教主。禅宗人也承认智者是天台教主（见《传灯录》二十七）。而天台教是有创始人、有教理、有教规、有修行方法、有徒众的集体，形成佛教中很大的一个教派。特别在江浙一带，其道大行，其后数百年不绝。

天台宗既成为一个大教派，自认为佛教正统，而有传法定祖的说法。天台宗认为慧思是慧文的传法弟子，此事即有可疑，

《佛祖统纪》卷六已有所论述。而慧思弟子亦甚多，据唐初道宣的《续高僧传·习禅篇》论，其最有名的弟子为智璀，璀在智顗的传中称为国师，昙迁传中称为“禅慧两深，帝王师表”。但从初唐以后，天台智顗一系，发扬光大，而智璀几湮没无闻矣。按《续僧传》论，此人似原有传，但今已亡矣。因此，天台在智顗以前的正统，虽不闻有争执，但至少也有分歧。

《摩诃止观》云，慧文用心一依龙树《大智度论》，智顗在死前口述《观心论》(《大正藏》)亦有“稽首龙树师”之言，其后天台人推龙树为高祖。龙树是付法藏十三师，隋大业元年柳顾言的《国清寺智者禅师碑》有“往大苏山请业慧思禅师，禅师见便叹曰‘忆昔灵鹫同听《法华》’，……”据此，天台法门不只出于龙树，而且直承佛祖矣。

天台宗至唐玄宗时，荆溪湛然以前的传法次序，因《止观辅行》普门子的序和梁肃的《修禅寺碑》而固定下来。但风穴贞禅师明皇谥为七祖（见《金石萃编》八十三），可见在玄宗时天台传法亦有两种不同说法。到了五代时，吴越王追谥诸祖，荆溪之说遂为后人所公认，而风穴亦早被遗忘矣。

智顗于陈宣帝太建七年入天台，九年宣帝诏称“训兼道俗，国之望也。宜割始丰县调，以充众费，蠲两户民，用供薪水”。他在死前，隋开皇十七年遗书晋王“乞废寺田为天台基业”，晋王答以“所求废寺水田以充基业，亦勒王弘施良田肥地”。在仁寿中，杨广在天台设千僧斋，并在大业中完成国清寺的建造。天台之兴，主要由于炀帝（以上散见《国清百录》）。又按《佛祖统纪》卷六载慧思留田庄的故事，可知天台人早有受人田产之事。

五代时，因为吴越王的崇奉，在江浙一带天台教大行，其地寺院遂有被指定专传天台教者。如义通在宋初至四明，漕使顾承徽舍宅为传教院以居之。其后弟子四明知礼，徙居保恩院，院主显通舍为长讲天台教法，十方住持之地（见《佛祖统纪》卷八，一九一页）。以后保恩院重建改名延庆寺，知礼曾作《延庆寺二师立十方住持传天台教规戒誓词》，严格规定只学天台，勿事兼讲，兼讲则是叛教，就要受种种灾难，死后当堕阿鼻地狱，并陈请朝廷，将寺永作十方住持长讲天台教法之地。知礼又曾向曾太守乞蔬园地数百余丈，以为讲训聚徒之需（以上见《四明尊者教行录》卷六）。按南宋时江浙一带有所谓教院五山十刹，教者应即天台教也。

从上面的事实看来，天台教已是一个有固定的教行、有传法的历史、有僧众、有土地的宗教集团——教派，它和成实论师及三论师等学派确不相同。

根据上面所阐述的佛教学派和教派的区别，我们初步认为在晋唐之间，开始有很多学派，如般若、毘昙、涅槃、成实等等论师。其后三论师到吉藏时已表现有教派的性质。而隋唐间天台宗及同时之禅宗、三阶教以及华严宗均为教派。而为什么许多教派在这时候兴起？是一个复杂的问题，现在我们也只打算根据一些资料叙述一下。

佛教教派的一个标志，就是自以为是传法的道统。而道统之争当与南北朝时道教与佛教之争有关。到5世纪，南北均有叙述佛教法统之著作，如《付法藏因缘传》（《大正藏》现存六卷，题为“北魏吉迦夜共昙曜译”）。按书的内容疑系太武帝毁法时为着证明佛教的法统，根据旧记编纂而成。有时行文典雅，不似译文。其书历述佛传法于迦叶，以后代代付嘱，至二十三代师子比丘，付法便绝，世间永失光明，此系暗示太武帝毁法之事。书中龙树、提婆二段，似采录鸠摩罗什的《龙树传》及《提婆传》。但原《龙树传》末曰：“去此世以来，至今始过百岁”，书中去掉此语（罗什说龙树死去将百年，撰付法传者自不能用此语）。《提婆传》只说提婆是龙树的弟子，而书中加入龙树付法于提婆时的一段话。由此可见此书撰者似用了鸠摩罗什的材料而加以改削。又按佛教流行中国以后，中国人常怀疑它的真实性，《老子化胡经》之说早已流行。太武帝毁法时所下的诏书内说，佛法本汉人无赖子弟刘元真、吕伯疆所伪造。因此该书可能是当时的佛教徒为着复兴佛法，辟斥此类言论而编撰的。又《出三藏记集》卷二著录《付法因缘经》，并曰："宋明帝时西域沙门吉迦夜于北国以伪建兴二年共僧正释昙曜译出，刘孝标笔受，此经并未至京都。"则此书可能是刘孝标根据吉迦夜等口述，并加上旧有的材料如《龙树传》等写成的。

南方流行有关传法的记载，当为《萨婆多部相承传》，亦称《萨婆多部记》（萨婆多是译音，意是"一切有"），系僧祐采访古今记载编纂的。此书现佚，《出三藏记集》卷十二尚存其序及目录。其第一、二卷系采录萨婆多部师传记，第三卷至第五卷则系来中国的西域僧人如鸠摩罗什等与中国僧人的传，以及有关受戒的记载。

中国佛教宗派兴起以后，各派常常引《付法藏因缘传》及《萨婆多部记》为争法统的根据。其实二书性质并不相同，付法传本是在说佛法的代代相传；而《萨婆多部记》、（《内典录》作《萨婆多部师资传》）则仅是叙述萨婆多部师的传记，即在此部出家受戒的大师传记，简单说就是萨婆多部十诵律传授的史料汇编，而不是叙述佛教传法的历史。按僧祐的原序说，因戒律的传授，"法僧"（佛法和教会）赖以不绝。但律分五部，当时中国已传入四部，江北盛行僧祇，十诵律"遍行齐土"（齐土指南齐，可见此书撰于萧齐时代）。僧祐讲说十诵律三十年，因纂此书，他并说"条序余部则委之明胜"，意即谓其余各部希望有高明的人作出专记。很显然，僧祐作此书的目的是在汇集萨婆多部十诵律传授的人物。

按《出三藏记集》卷十一有江陵玄畅作的“诃梨跋摩传序”，其末僧祐注云“造诸数论大师传并集在萨婆多部，此师既不入彼传，故附于此”，所谓萨婆多部就是指《萨婆多部记》“造诸数论大师”谓《毘昙》诸师以及《成实》之作者，但《毘昙》是萨婆多部主要经典，而《成实论》破斥《毘昙》，所以僧祐不把他的传放在《萨婆多部记》内。这短短的注，清楚地告诉我们《萨婆多部记》一书，目的是汇集数论大师的传记，而不是传法的记载。

又按此书本是僧祐的法集八种之一，集者本具汇集材料之意，此书则是抄录师资的传记。查其原目，所集主要有两个文件：一称曰“旧记”，集大迦叶等五十三人；一是“齐公寺师宗相承略传”，集阿难等五十四人，两者所列人名互有同异。第三卷系在中国传译律藏的卑摩罗叉、鸠摩罗什等六人，为前二卷所无，当系僧祐新作，此所以原序有“其先传同异，则兼录以广闻，后贤未绝，则制传以补阙”等语。按第一、二卷既然是两种不同的材料，其中人名相同的自可能是一个人。但禅宗人对于传法定祖争执剧烈。伪造二十八祖之说，纠缠不清，毫无意义。到了宋代契嵩因定法统而将此书之达摩多罗与菩提达摩混为一人（见《传法正宗论》卷上），从此本无问题之事，竟成为问题了。

上述二书是中国佛教宗派法统争执中所常利用的。

中国佛教法统观念的出现，首先是由于外来文化受中国固有文化的排挤，同时与佛教在中国注重戒律的传受也有关系。但是必须指出，并不是因为先有宗派而后有法统的观念，而是法统观念出现以后，宗派才拿来利用。至中国佛教宗派的发生，则是一方面因为中国固有文化和当时社会政治情况相适应而发生；另一方面，传入中国的佛教本身就很复杂：

（1）佛经的原文不限于印度的梵文，而有西域的种种语言，鸠摩罗什在译经时已经说过“胡音失者，正之以天竺”。

（2）译经的僧人来源不同，如月支、南海、安息等处。

（3）佛教传来历时悠久，遂有种种派别，有早期的小乘，有后兴的大乘，而大乘中有先出之龙树、提婆，后来的无著、世亲。

（4）在传译时常用口解，一方面名词之解释有时因而涉及非佛教的材料，例如《百论·舍罪福品》有云：“如有经名《婆罗呵波帝》（原有小注曰秦言《广主经》）。”吉藏作疏时，对《广主经》解释了一番，并将该经与韦陀（吠陀）并提，可见其被重视。这当是对于印度有名的唯物主义经典最早的记载（见《百论疏》金陵版卷四，十二页）。又吉藏《维摩广疏》引罗什语“外道但说三大病，不说地大，佛法具明，四大起病。……”查此语见于《维摩注·问疾品》，证以其他材料如《金七十论》、《涅槃经》，正相符合，当亦系罗什译经论时所说的。另一方面，译人常另外于经典意义加以解释，这些当常保存于中国佛经章疏中，因此译人于经典的了解，亦可有若干的关系。

总之，佛教传入中国，受中国的影响，加上本身的复杂，因人因地因时的不同，而向各方面发展，遂逐渐形成了许多学派和教派。

如上所述，佛教传入时已有种种情形，在传入以后也从各方面发生差异。大约说来，南北朝时北方禅法盛行，而南方不行，智顗《摩诃止观》已言之（《大正藏》卷四十六，三十二页）。南方义学僧人较多，看《高僧传》可知。北方虽然首先传入鸠摩罗什、昙无谶之学，而反在南方大行。康僧会、觉贤晚年在南方出禅经，而禅法反盛行于北方。东晋以后，南北学风本有不同，此当与社会的发展及南北统治阶级的需要有关系，此则须深入探讨也。

其次，印度佛教原很复杂，传入中国后，对于同一经论，亦有各人不同的解释。例如，齐梁以来讲《法华经》者多矣，即刘虬注《法华》已述八家；吉藏在会稽讲《法华》宗旨凡有十三家（见《法华游意》）；天台智顗曾请吉藏讲法华，则知“三论”和“天台”的《法华》互不相同，吉藏、智顗各有自己的一套理论。智顗在讲《法华·方便品》开始的“十如”，与其师慧思的句读不同（见《法华玄义》卷二，《止观辅行》卷五之三）天台读法有三种，谓即空假中三谛，此乃“依义读文”，义理如此的自由发挥，直是望文生义矣。按《佛祖统纪》卷一论所谓“五宗”有云：“诸师皆是一代之伟，特虽共明此道，而各专一门”，据此则五宗固可谓中土诸师所建立也。

隋唐之际，中国佛教岂但有发挥创见，即伪造假托佛经者亦不少。据《开元录》卷十八载，伪造佛经各代均有。为说明隋唐佛教这方面情形，略述下列两个资料。（均见《大正藏》卷八十五）

（1）《真言要决》现存二卷，至迟是五代以前的作品（因原文提到“过所”，此制度晋唐时均用之，至五代梁时乃罢废）。全书中多斥责当时僧人败坏行为，其卷三《辩伪篇》有曰：

> 造伪过所诳关令以求度关者，必称司门。造伪告身诳官人以求资荫者，必称吏部。造伪妖诳众生以求财食者，必称圣言。……

假托经典惑众之事，可知大有其人。按《隋志》子部杂家著录有《真言要集》十卷，《唐志》、《法经录》均亦著录，《彦悰录》云梁世沙门贤明撰，入集抄中。今“要决”残本失名，引用《论语》、《老子》、《易经》、《礼记》以及《华严经》、《大智度论》

等等，合乎《隋志》所谓“通众家之意”的杂家，但“要集”依佛经目录所记，似为类书，而“要决”则非也，其书行文激诡，可注意。此事复杂，姑志之备考。

(2)《像法决疑经》，《法经目录》卷二疑惑录中著录二卷，《开元录》十八《伪妄乱真录》作一卷并著录《瑜伽法镜经》二卷，谓即《像法决疑经》前加二品，乃唐景龙元年三阶教僧师利伪造，现存敦煌本，《大正藏》八十五卷亦载之。此经内容是说一个常施菩萨问佛决疑的事。像法者是指像法时代，是佛教的一种宗教历史观，所谓正法一千年或五百年，像法一千年，末法万年（见于《涅槃经》及《法华玄论》等多书）。像者似也，谓非真也，像法时代佛已去世，佛教浇漓。此经描写了当时僧徒败德情形，说禅师、法师、律师破坏佛法，文字事实，不类译文。按晋时长安僧睿《喻疑论》及道朗的《大涅槃经序》谓中国汉晋时代已入像法。则此经所哀叹佛教衰败的情形，可能是南北朝后期，由于不满当时僧徒的行为而发出的呼声，颇似《真言要决》中所斥责的。此经在当时很为流行。而智顗在《观心论》偈中说“像法决疑明，三师破佛法”，隋灌顶在《观心论疏》卷一所解释为“弘教者多加水乳，听者失真道味，由说者听者有失，故佛法颓毁。……”并对法师、禅师、律师各列出十条过失（其内容亦与《真言要决》及《像法决疑经》大致相同）。这是隋朝佛教史较重要的资料。又湛然在《止观辅行》卷六之三以为此经像《涅槃》后分一样，“文义既正，或是失译”，并非伪经。

如上所述，陈至唐即天台智顗、灌顶的时代，佛教情形庞杂，而封建国家开始南北统一。其先由于北周武帝毁灭佛法，僧徒大量南下，其后隋帝统一，又召天下名僧入关。在此种庞杂而趋统一的情形之下，就产生了大的佛教系统，天台宗、禅宗于是乎出世。

仅就天台宗说，也是于庞杂之中要求统一。首先慧思，本北方禅师之一，而传法于南，智顗本系南人，而就学于北。南方经论讲习的风气与北方的注重宗教行为，两方面在他们身上都有所表现，也就是说他们不仅是禅师，也不专义学。尤其是智顗，已经在经论、禅定、戒律都有自己的建树，并综合为系统，从而建立了一个教派。

以经论说，智顗以讲《法华经》出名。其弟子灌顶，据《续高僧传》记载，亦讲《法华》，并谓他们师弟所讲的《法华》"跨朗笼基，超于云印"，此所谓朗者是河西道朗，基是山阴慧基，云是光宅法云，印是齐中兴寺印法师，皆为讲《法华》的名师，天台的《法华》谓跨笼这些人之上，而有所建树。《法华经》旨在会三乘于一乘，为"判教"学说的有关经典之一。智顗对于判教也是研究了前人种种学说，而自己建立了"四教义"（参看《四教义》卷一"古来诸师讲说"段及《四教仪缘起》，《大正藏》卷四十六，七七四页）。

在禅定方面，智顗将佛经种种的禅法围绕止观的理论建成一个复杂的系统。其中也采取了当时的一些禅法，如《修习止观坐禅法要》讲到"六种气"，一吹、二呼、三嘻、四呵、五嘘、六呬。(《止观辅行》卷八之二有解释，但六字不同）此种禅法亦见于《道藏经》中，很可能原出中国道教行气之法，而为智顗所采用。

关于戒律，天台宗是菩萨戒之提倡者。菩萨戒之流入中国，系由于罗什译《梵网经》及昙无谶译《地持经》。按《弘明集》载姚兴敕尚书令姚显夺道恒、道标法服，令他们还俗从政，有"释罗汉之服，寻菩萨之迹"之语。则似还俗后受菩萨戒'。又《高僧传》载昙无谶曾为法进受菩萨戒，则沙门亦可受菩萨戒也。《梁书·江革传》载"高祖（即萧衍）盛于佛教，朝贤多乞求受戒”，江革因其劝告而受菩萨戒。沙门慧超亦奉诏受戒（见《续高僧传》）。可知菩萨戒在萧梁时期，由于武帝之提倡，盛行于朝堂。又据《陈书》载江总从钟山灵曜寺则法师受菩萨戒，姚察从明庆寺尚禅师受菩萨戒，均系在梁武帝时。《续僧传·智顗传》载他“手度僧众四千余人……受菩萨戒者不可称纪”。《国清百录》记载陈少主、隋晋王杨广及徐陵等，均从智顗受菩萨戒。日本《法华宗章疏目录》（《大日本佛教全书》本）著录有慧思的《受菩萨戒文》一卷，又在《四明教行录》卷一载有《受菩萨戒仪》，内称“西天国王登位，百官上任，并先受此菩萨戒”等语。由此看出，菩萨戒是天台宗的重要宗教活动，而其政治势力当在于统治阶级的当权人物也。

必须知道，宗派之兴常常由于统治阶级当权者的提倡，但也由于人民大众之信仰，而人民信者愈多，就更受统治阶级的利用。中国的宗派，曾经在人民大众中间有比较大的影响者为禅宗与天台宗。以禅宗而论，它们不立文字，摒弃一切烦琐的教义，因之易于在大众中流行。而且它的宗旨是直指心性，主张见性成佛，转移斗争目标，掩盖苦难的真相，更有效地帮助了统治阶级。禅宗因此在中国历史上是佛教最盛的一个宗派。至于天台宗，则须注意它和民间流行的神的崇拜的关系。崇拜古称“祠祀”，为着解决家庭苦难，有“司命”、“皂神”，为解决地方困难，有“里社”、“城隍”。佛教传入中国随来许多神的崇拜，如：华严宗之文殊，法相人之弥勒。在隋唐之际，观音菩萨、阿弥陀佛已经是民间流行的崇拜对象。天台宗则因《法华经》的关系特奉观音菩萨。它（或她）是被人认为救苦救难的菩萨，智者大师曾制定“请观世音忏法”（见《国清百录》第四）。而念佛三昧，往生极乐，亦谓曾为智者大师所奉行（见法照《五会念佛诵经观行仪》卷五）。按念佛拜菩萨在民间广泛的流行，亦由于集会结社之兴起，此在唐朝以前已有流行。北宋省常慕庐山莲社之风，在杭州西湖结“净行社”；天台四明知礼结“念佛会”，聚僧俗男女一万人，每年定期建会，按日念佛名一千声（见《四明尊者教行录》卷一）。足见天台宗在普通群众中亦扩大其影响。

以下我们再叙述一下从师承到传法演进的情形。

在中国佛教的宗派历史中，传法是一个关键性的概念。它在隋唐以后才盛为流行，前此不然也。此在佛书称为“传灯”，老子称为“袭明”（“传灯袭明”连用，见唐李邕《法华寺碑》）。按早期道教并不特重师资传授，《抱朴子》“金丹”、“勤求”诸篇；自言得道书于郑君，但是得金丹须由勤求。至于印度佛教部派，只重学说之同异，很少提到师承（如《异部宗轮论》）。在中国佛教史隋唐以后，师资传授乃渐受注意。（师资一语，在隋唐时即谓师徒或师弟，吉藏《维摩广疏》卷二《弟子品》即作此解，日本佛书因之，资字亦用作弟子解。）但在汉晋之际，佛法初行，僧人有师徒关系而无传法之说。道安晚年文章中颇怀念其先师，对弟子慧远离别时予以训勉。至于鸠摩罗什门徒众多，对僧肇颇赞美其文词，谓“余解不谢子，词当相挹”；又对僧睿称赞其理解“不问而解，可称英才”，均未言传法。罗什以后，南朝僧俗讲习，得统治阶级的提倡而盛行。僧人往各地访师问经，讲者持经敷演，学者按文研读，此仅是知识传授，与后来的所谓传法的意义不同。现举《续僧传》所载三数事来说明：

(1)《法敏传》载，兴皇法朗将死，与门徒言后事，今推举一人继主讲座，所举都不当意。结果他自己提出茅山明法师，众人骇异，以为“法师他力扶矣”（即言疯了），但明就讲座，讲得很好，大众惬服，称为“兴皇遗嘱”。还有《道庄传》载，庄学《成实》于彭城琼法师，琼因年疾“特欲传绪，通召学徒，宗猷顾命”，众人属望于庄，琼言“恐其徙辙余宗”，后庄果从兴皇法朗学大乘四论。（陈垣老曰：宗猷者，推选也。）由此二事可见当时讲座的继续的情形。

（2）《智琚传》载，智琚想遍学经论，从师甚多，并自称“学无常师”。他曾听坦法师讲释论，坦将逝时，以五部大经付属，以后他常以之敷讲。在他死前，又以四部义疏付给他的入室弟子法衍。

（3）《法恭传》载：“听余杭宠公讲《成实》，屺公《毘昙》，逮宠将亡，乃以麈尾付嘱……恭即受法寄，相续弘持。”

“遗嘱”和“付嘱”，名词本出佛经。吉藏在《法华经义疏》卷十一《嘱累品》解释曰“嘱累有二，一以法付人，二以人付人”。据上面所说，在唐以前，所谓付法者，实际就是能继续其师讲经论的人，所付者不过是经论的讲解或是所著作的义疏，甚至于用付麈尾作为象征而已。

但是付法这个概念，到隋唐宗派兴起，特别是禅宗、天台宗兴起的时候，却有了新的内容：一方面立宗者自以为继承佛的正统，常引用《付法藏传》以证明。当有人怀疑《唯识》、《摄大乘论》、《法华经论》是否可信，吉藏解释曰这三书的作者天亲在付法藏中有其人，是故可信（见吉藏《法华玄论》卷四）。天台宗传授的历史是根据龙树是付法藏第十三人。禅宗传授历史亦是据《付法藏传》、《萨婆多传》等（禅宗的拈花微笑的故事，《佛祖统纪》卷五谓出于《大梵王问佛决疑经》，该经当系伪经）。另一方面因禅定盛行的影响，传法遂有神秘的意义，与名相解释之学不同。天台特重因禅发慧，智顗诣慧思受业心观，得法华三昧，思曰：“非汝莫感，非我莫识”。而禅宗顿教，更是以心传心，秘密相传，不著一字，其后参禅棒喝，是它们顿悟学说的体现。此在于原来讲习之学，读经说法，以此相传，大不相同也。

传法概念的形成，是和宗派的兴起有关系，而宗派之形成本来是很复杂的事情，须具体研讨。如鸠摩罗什是传大乘空宗之学，浮陀跋陀罗传一切有部之禅法，法自不同。在长安时，由于姚兴、姚显、僧略、僧肇等当权者之喜爱，罗什之学极盛，浮陀跋陀罗受排挤甚至被摈至南方，得庐山慧远等之维护，得行其道。反过来，在长安盛极一时的空宗，在北方不久即衰落下来。后在江南梁武帝提倡并自讲《大品》，遣人摄山学三论，因而罗什所传之学盛行。而在北魏后期，外族统治者学习汉人治天下之术，重视儒经，而流行之佛学为毘昙有宗。一种学说之盛衰，有世风的问题、政治的关系及阶级的基础，不能笼统判定，均须待我们个别详细探讨。

但在南北朝末年，如前所述，中国佛教教派渐渐兴起，有的由学派进而为教派，如三论宗；有的新兴教派如天台宗，其主要的标志实为道统之争。这样新的风气，恐于当时佛教内部庞杂的情形有关。天下讲席林立，各种观行禅法并起，引起种种对抗，甚至杀害。

(1)《续僧传》十五载，释灵睿传三论之学，在蜀部讲之二年，"寺有异学，《成实》朋流"，恨三论常破《成实》，曾两次谋杀不果。可见此二派积恨之深。

(2)《续僧传》十六载，僧可（即菩萨提达摩弟子慧可，禅宗二祖）到邺都行道，先有道恒禅师，定学"王宗邺下，徒侣千计"，因争徒众，深恨于可，"货赇俗府，非理屠害，初无一恨，几其至死，恒众称快"。传又载僧可被贼断臂。

南岳慧思的所谓"立誓愿文"（见《大正藏》卷四十六）亦述被恶僧毒害四次未死的事情，这与慧可断臂不死同样是显示他们禅定工夫的效力。但此文可注意的一点则是用佛教的末法纪年，如说慧思是末法八十二年生，末法一百二十年在淮南被毒害等等。按南北朝后期，佛教内部杂乱败坏，而大谈像法末法，描写末法时代的情形有《法灭尽经》，其中提到“众魔比丘”迫害进德的法师（见《释迦谱》卷五）。慧思文所说亦是暗示他是正法，故为“诸恶比丘”所毒害。连同上文所谈智顗、灌顶关于像法时期“三师破佛法”之说，可以证明那时僧众中各派系互相倾轧之烈。宗派之形成，亦始于此乎？

复次，中国佛教史的经济方面，等待我们详细研究的问题很多。最初，沙门食物的来源或不出二种：（一）行乞，安清在安息是行乞的，但到汉地，史无明文。此外西晋时康僧渊乞丐自资。东晋觉贤、慧观诣袁豹乞食。（二）受请、设会，汉代已有刘英“桑门之盛馔”，笮融之布饭。这两种都系由施主布施。如《广弘明集》五，沈约《述僧设食论》所说“乞丐受请，二事不殊”，而在沈约时已经是“今既取足寺内，行乞事断”。其所谓取足寺内者，就是“自立厨帐，并畜净人”，其所以能够如此，必是因为布施丰厚（如东晋习凿齿赠道安米千斛）。另一方面寺院已有田地，自行耕种（如道安幼时为师驱役田舍数年）。南北朝时，统治阶级大力提倡佛法，寺院财产极为雄厚。北朝在太武毁法之后，文成帝复兴佛法，设僧祇户、粟及浮图户，偏于州郡。南朝虽未闻建立同样制度，但帝王达官赠给寺院的田产甚巨。例如，刘宋僧慧义劝范泰施祇洹寺果竹园六十亩（见《高僧传》卷七）。梁武帝（萧衍）为其父在钟山立大爱敬寺，强购该寺附近王骞田地八十余顷（见《南史》二十二）。由此可见南北朝时寺院已拥有田园，成为地主或庄园主。此种详情须待研究，及至宗派兴起，经济问题更须研究。我们可以初步提出两点：（一）寺庙产业渐成为各宗派所有，如前所述天台国清寺拥有土地，至宋初延庆寺等规定“须弘天台教法”。（二）寺庙拥有田产是在宗派发生以前，如前引《四论玄义》卷七所言宗派的争道统“如娘婢二子争父产”，可知佛教那时的道统争执之激烈，是寺庙土地经济的反映。

（丙）　日本的一些资料

我将《大日本佛教全书》（简称《全书》）汉文部分翻了一下，看到一些与中国佛教宗派有关的资料，现约略分类介绍如次：

（一）《诸宗要义集》（《全书》第三册，收此类书共十三种）其中特别与中国佛教有关系的是凝然早年著的《八宗纲要》二卷及《内典尘露章》。他在七十二岁时作的《三国佛法传通缘起》，则载《全书》第一百零一册。

（二）诸宗诤论的书籍　此项书籍不少，但主要是日本佛教史的材料，不必缕述。

（三）诸宗书籍的目录　日本所著的佛书目录甚多，常与宗派有关。有一宗书籍的目录，如《注进法相宗章疏》、《大唐国法华宗章疏目录》等；有综合书籍目录，如《义天录》、《东域录》；又有《释教诸师制作目录》，是按人分宗；而源空的《诸宗经疏目录》及谦顺的《诸宗章疏录》，均系按宗著录。谦顺书系就延喜十四年（914）圆超所集《五宗录》增补成书，其卷一为“华严宗章疏并因明录”、“天台宗章疏”、“三论宗章疏”、“法相宗章疏”、“律宗章疏”（共五种即圆超集的《五宗录》，《大正藏》则五种分载），第二、三卷是谦顺增补的部分。源空的《诸宗经疏目录》甚短，所录似摘自《五宗录》而加上地论宗、摄论宗、真言宗、成实宗、俱舍宗、律宗（分大乘律及四分律），各宗均有粗略的说明。此源空如即黑谷上人，则系死于公元1212年，八十岁，按凝然的《尘露章》言及“十三宗”，《三国佛法传通缘起》详述“十三宗”，二书均提到源空立净土教，而源空之徒良山《初学题额集》亦提到“十三宗”，疑“十三宗”之说，原与源空有关。又查十三宗的话，亦见于《瑥囊钞》及《本朝高僧传》序中，很显然均系引凝然之说。

（四）宗派历史的专著　本来中国佛教的宗派有种种的专门著作，如《智者大师别传》，是一个宗派创始人的传，《国清百录》则是宗派寺院的档案汇编。最可注意者是宗派的师资相承的传记，如禅宗的《楞迦师资记》及《天台九祖传》、《景德传灯录》等等，日本书中也存一些这类书籍，现在我们介绍与中国佛教有关系的一种：

《三论祖师传集》（《全书》第一百一十一册，以下简称《传集》）此书失名，当系日本人收集中国材料，加入日本僧人的记载汇集而成。其中国部分材料至少是在唐高宗以前，因为他提到唐玄奘。根据一些线索可能是凝然之师宗性所编。文中有小字注，不知是否全为原书所有，但上有考字者则必然是编印时加的。文字错落甚多，也有事实上的谬误，现略述此书内容：

此书分三卷，卷上有序言，讲三论宗是在华严、天台两宗之上，说“三论盖乃祖君之宗，法相是臣子之教”（日僧勤操 753 ~827 的话）。下面叙述第一大师释迦牟尼以后的五祖：文殊、马鸣、龙树、提婆、罗睺罗，以及清辨、苏磨王子。每人名下摘录若干资料：释迦之后摘录《贤愚经》一小段；文殊后摘录《涅槃经》、《理趣经》等数段；马鸣下摘录最多，中有《三论师资传》；苏磨王子名下所记系采自鸠摩罗什传。书中说三论系在佛后由文殊经过数传到鸠摩罗什，这和上文所引的隋朝硕法师《三论游意义》采用付法藏之说，由迦叶开始至师子比丘，而将罗什置提婆之后的说法，完全不同。

卷中是震旦祖师鸠摩罗什的传，其根据系宝唱的《名僧传》

及慧皎的《高僧传》，还引了所谓“序疏”（当系吉藏《三论序疏》）和《三论兴缘》。

卷下首列“关中三藏”门徒八人“睿为首领”。再根据《四论玄记》列出八人名单，之后有僧睿、道融、昙影、僧肇、惠严、惠观、道恒、道生的传记，均录自《高僧传》。其下为：

敦煌昙济大师，所引的传文系录自《名僧传》（与现存于《名僧传钞》中者略同）。

栖霞寺高丽道朗，其传记的资料系引自《四论玄义》及《大乘玄》（当系《大乘玄论》），还有《略述》（未详）。

栖霞寺僧诠大师，系录自《高僧传》。

隋（陈字之误）蒋州扬都兴皇寺法朗大师，系抄录《续高僧传》。

嘉祥寺吉藏大师，系录《续僧传》。

最后为日本祖师，系引自《三论师资传》。

按此书叙述不佳，版本甚劣，但究竟是可供参考的资料。如：所引《四论玄义》卷十三现已阙失。《名僧传·昙济传》，多了元徽（误为之微）三年卒，则为他处未见之资料。现在就本书提出二点：

第一点，溯自佛教讲习盛行，各种经论迭相讲述，僧众负笈各地访师，如入商店百货杂陈，供人需求，当时遂常言及讲肆（此解见元康《肇论疏》）。这样学风虽重名师讲授，但无争正统之情形，宗派意识不浓，即最流行之《涅槃》、《成实》，亦未闻有派别历史专著（只有《萨婆多师资传》，则只是一种戒律的史记）。惟摄山三论一派，如上文所述，其性质已由学派进入教派，开始谈传授，而高丽、日本传入三论甚早，因此，一方面他们收集些三论宗的史料散见各处，另一方面编写三论宗传授史，这类书籍，除《传集》以外，还有下列几种：

《三论师资传》，此书已佚，《传集》曾引用其中马鸣和日本祖师的材料。

《三论祖师传》亦收在《全书》第111册中，所载全系日僧。

《三论源流系谱》见于《续藏经》中吉藏的《三论玄义》内，上有眉批云“此谱系日本所制”，中国金陵刻经处《大藏辑要》中所收之《三论玄义》亦载此系谱。

《本朝高僧传》，日僧师蛮撰，其序系作于元禄十五年（1702）有很长的一篇引用书目，其中关于宗派的书有《诸家大系图》及华严、法相、天台、三论、传律、天台门迹等宗系，这些书内容不详。

第二点，《传集》是吉藏章疏以后三论宗传授历史现存的主要资料，凝然以来基本采用之。此中疑问不少，今仅述下列二事：

（a）本书说三论之学系由道生传于昙济，似有可疑，道生固最有名，但未闻有三论的著作。而本书又说什门八宿“叡为首领”，吉藏书中亦常引僧叡，说他制《法华序》“冠绝众师”，并称僧肇为“玄宗之始”，而这儿却举出了道生。且《名僧传钞》中明说昙济“十三出家，为导法师弟子，少读《成实》《涅槃》，夜以继日”，住寿阳八公山东寺。僧导亦为罗什弟子，著有三论、成实义疏，住寿春石硐寺（见《高僧传》）。昙济、僧导为师徒，故同居一地，道生则未闻曾到其地。且道生在宋元嘉十一年（434）卒于庐山，昙济是大明二年（458）至江南，在生死后二十四年之久，不可能为其弟子，而应是僧导弟子，僧导、道生疑因音近而相混也。

（b）昙济传法于道朗事，亦有问题。此道朗书中所有的资料均谓高丽道朗，吉藏书中称为僧朗。安澄《中论疏记》始将高丽道朗与河西（凉州）道朗混为一人。《三论源流系谱》在昙济下为道朗，小注有“河西”字样，按河西道朗助昙无谶译《涅槃经》后又出《贤愚经》（此二序均见《出三藏记集》），并著有涅槃及法华义疏。吉藏的《涅槃游意》有“此远述河西，乃至大济”之语，河西当指道朗，大济即昙济，《涅槃经集解》载昙济义疏。据此，昙济在河西道朗之后，绝不能为其师也。

又本书序内说，天台智者、华严杜顺“论其时代，乃关（原作开误）河叡朗之后辈也”。根据吉藏所说关河叡朗可能是指关中僧叡、河西道朗（见常净的读书札记，《现代佛学》六二年一期）。但六朝文中关河一语只指关中（如开皇十五年巩宾墓志，《金石补正》卷二十五）。此事牵扯甚多，姑不讨论。但是无论是吉藏说“关河叡朗”或“关河相承”，都是说鸠摩罗什所传的佛学。即以道朗而论，他为《法华》作疏，是罗什的《妙法华》，他为《中论》作疏，可知他亦善三论之学。以河西而论，则有河西凭（亦称关内凭），有谓其系罗什的弟子八哲之一，吉藏又谓宋代道凭，“释《百论》之元首也”。可见河西道朗及道凭与关中僧叡均系继承罗什。又《传集》只提高丽道朗，而不及河西，亦可知此书著者在序文中虽用了关河叡朗的话，但他并不认为朗即河西道朗也。

按道生传昙济，昙济传道朗，均系引自《略述》，而不见于其他资料中，《略述》不知为何书。

（五）日本佛教固不同中国佛教但日本古来佛教学者的著作也供给我们一些研究中国佛教各种理论的资料。例如，安澄的《中论疏记》之有用于研究中国之三论学；唯识论的著作及贞庆的《法华开示钞》有用于研究中国的法相学，此皆为我们大家所知道的。近来看到许多关于《俱舍论》的著作，其中有法幢（约中国乾隆时人）的《俱舍论稽古》，亦是可注意的书。

（六）近来的日本著作一种最近看到日本出版的《佛教史概

论·中国编》，一九五八年三版，附有“宗派系谱”，略列如下：

三论宗　鸠摩罗什—道生—昙济—道朗（僧朗）—僧诠……

天台宗　慧文—慧思—智顗……

三阶教　（普法宗）信行……

净土教　（莲宗）内分慧远、善导、慈愍三流。

法相宗　玄奘……

华严宗　杜顺—智俨—法藏……

律宗　内分南山宗、相部宗、东塔宗。

禅宗　菩提达摩……

密教　分为金刚、胎藏两部。

根据字里行间的汉字了解，成实、地论、摄论等在书内均称为“学派”，显然否认了“十宗”、“十三宗”之说，而未讨论。

溯自二十多年前，我已怀疑“十宗”“十三宗”的传说。曾在拙著《汉魏两晋南北朝佛教史》中稍加提及（见七一八页），并在讲隋唐佛教史时，对于宗派问题亦有所论列，旋值抗战，未能成稿。解放后，迟暮多病，研究中断，两年来重理旧业，用了一年的时间搜集资料，又用了半年时间由同事李长霖先生相助，草成本文。由于我于历史事实只知一而不知十；又未能用马列主义联系历史实际，说不出所以然来，只是提出些零星材料，希望可供读者参考，并请教正。

汤用彤附记　1963年6月14日

读《道藏》札记

《正统道藏》五千三百零五卷，续藏一百八十卷，数量甚大。解放后，常思治道教史。初阅《道藏》，其内容庞杂，多系神仙长生荒诞之谈，然亦不无有用之材料。于读书时抄记若干，并加按语。或可供治史者参考。

关于《养性延命录》

《道藏》临帙有《养性延命录》二卷（《云笈七签》三十二卷中亦有节本），题华阳陶隐居集，序后又云："此书或孙思邈所集。"按其内容及文体，或以前说为是。无论如何，此书保存了两晋时期不少重要思想资料，甚可注意。现就其内容提出数条如下：

（一）据《隋书·经籍志》知张湛纂有《养生要集》十卷。此书早已散失，黄逢元《补晋书艺文志》谓其残篇"《初学记》四，又三十七；《文选注》二十一，又五十二；《御览》二十九，又三十一，又八百三十九，又八百四十一，又九百三均引存"。近人杨伯峻《列子集释》附录一《张湛事迹辑略》收集有关张湛资料颇全；今据《养性延命录》尚可补充一二：

《养性延命录》卷上第九，张湛《养生集》叙曰：“养生大要，一曰啬神，二曰爱气，三曰养形，四曰导引，五曰言语，六曰饮食，七曰房室，八曰反俗，九曰医药，十曰禁忌，过此已往，义可略焉。”以上十项，当即《养生要集》内容之大要，由此并可窥得当时道教养生学说之梗概。

又《养性延命录》序谓：“余因止观微暇，聊复披览《养生要集》，其集乃钱彦、张湛、道林之徒，翟平、黄山之辈，成是好事英奇，志在宝育……”可见《养生要集》或为张湛辑录当时诸家之说而成。《道藏》群帙有《太清道林摄生论》，道林当即《养性延命录》序中所言之道林也。又《仙苑编珠》引《神仙传》曰：“黄山君者，修彭祖之术，年数百岁犹有少容也。”黄山君当即序中之黄山。

《养性延命录》又引《庄子·达生篇》，“达生之情者，不务生之所无以为；达命之情者，不务智之所无奈何”二句，每句下皆有张湛之注，前句注曰：“生理自全为分外所为，此是以有涯随无涯也”；后句注曰，“乘生顺之理，穷所禀分，岂智所知何也”。文廷式《补晋书艺文志》中有张湛《庄子注》，并引《文选》卷五十四注文，但文廷式按曰：“此张湛《列子·黄帝篇》注。”今据《养性延命录》可知张湛或确曾另注有《庄子》。

又《养性延命录》一书，尚多处引有《列子》及张湛注，以及张湛其他佚文，可作研究张湛之参考。

（二）关于今本郭象《庄子》注，向有两种说法：《世说新语·文学篇》及《晋书·郭象传》皆认为向秀作《庄子》注，“妙演奇致，大畅玄风，惟《秋水》、《至乐》二篇未竟而卒，象为人行薄，以秀义不传于世，遂窃以为己注”；《晋书·向秀传》则谓向秀注《庄子》，“郭象又述而广之”。我以为后说较为符合实际。除张湛《列子》注及唐初陆德明《经典释文》所引《庄子》注，皆将郭、向二人注本分别引用外，《养性延命录》亦系分别引用。如《庄子·养生主》“吾生也有涯”句，用向秀注“生之所禀，各有极也”（按与今本《庄子》注略同）；“以有涯随无涯，殆已”句，则用郭象注，注文与今本全同。又“已而为智者殆而已矣”句，用向秀注：“已困于智矣，又为智以攻之者，又殆矣”，与今本之义不甚相同。书中又引向秀《庄子·达生篇》注，其注文则与今本有同者有不同者。由此可见，在陶弘景的时代，向秀的《庄子》注和郭象的注，曾经同样流行，而郭象的注本虽是据向秀的注本“述而广之”，但无论在文字上、思想上，都与向秀的注本不尽相同。

（三）《养性延命录》引用其他书籍或人物的言论，达三十多种，其中除上面提到的而外，较重要的尚有嵇康注《庄子·养生篇》、严君平《老子指归》、《道德经河上公注》等。本书又引有不少道教重要经典，如《大有经》、《小有经》、《服气经》、《玄示》、《黄庭经》等，这对于研究某些人物的思想、校勘古籍和确定某些道经的时代，都将不无补益。

《养生延命录》说明《道藏》中有些著作确实保存一些魏晋南北朝时代的重要史料，这些史料如能整理出来，对于研究这一时期的思想史亦颇有好处。

《道德真经取善集》

《道藏》悲墨帙中有《道德真经取善集》十二卷，题为宋饶阳居士李霖集。前有自叙曰：“霖自幼及壮，谩诵玄言，以待有司之问，今已老矣，欲讨深义以修自己之真，自度耄荒，难测圣意，今取诸家之善，断以一己之善，非以启迪后学，切要便于检阅，目之曰《取善集》。”按序中阐明了题为《取善集》之理由。初阅此书，谓其“取诸家之言”则有之，“取诸家之善”则未必。

《取善集》所取的《老子》注数十余家，重要者有严遵、王弼、河上公、郭象、顾欢、成玄英、杜光庭等。兹取今本王弼注、河上公注、顾欢注（据《道德真经注疏》）与《取善集》比较，文义多同。如《取善集》取王弼注四十二条，其中仅十四条在文字上与今本稍有出入；顾欢注三十五处与《道德真经注疏》所引顾欢注大体相同；《河上公注》八十八处与今本亦皆符合，仅文字上稍有出入，甚至个别字句尚或可对今本《河上公注》有所校正，如四部丛刊《河上公老子注》“左生位也，阴道杀人”句，《取善集》作“左阳主生，右阴主杀”，意思当较今本明了。

更重要的是《取善集》保存了两种已经散失了的《老子》注本。即钟会《老子注》及鸠摩罗什《老子注》。现就这两种注本略加论述如下：

（一）关于钟会《老子注》，姚振宗《三国艺文志》录有钟会《老子道德经注》二卷，据载：“《释文叙录》‘《老子钟会注》二卷’。《隋书·经籍志》‘老子《道德经》二卷，钟会注。’《唐经籍志》：‘《老子》二卷，钟会注’。《艺文志》：‘钟会注二卷。”’又引汪师韩《文选理学权舆》曰：“选注所引群书有钟会老子注。”姚振宗并加按语称：“案会父成侯有《易说》，有《老子训》。会为其母传曰：‘雅好书籍，涉历众书，特好《易》《老》’，则会于《易》《老》固家学也。”可见钟会确曾注有《老子道德经》。

今《取善集》取钟会注十二条，据其文义似确系钟会思想。果然，则该书当保存了不少钟会原作。下面从十二条中略举一二，即可看出钟会原注实多涉及魏晋玄学所讨论之问题。如《老子》十一章“故有之以为利，无之以为用”句，钟会注曰：“举上三事，明有无相资，俱不可废，故有之以为利，利在于体；无之以为用，用在于空。故体为外，利资空，用以得成；空为内，用借体，利以得就。但利用相借，咸不可亡也。无赖有为利，有借无为用，二法相假。”可见钟会是用“体用”来说明“有无”，故曰“有无相资，俱不可废”。按《三国志·魏志》注引《王弼传》曰：“弼与钟会善，会论议以校练为家，然每服弼之高致。”钟会主张“才性合”，似受王弼思想之影响，此处论“有无”，亦似与王弼的思想接近。

再如《老子》二十五章“独立而不改，周行而不殆”句，注曰：“所在皆通，故无危殆。”二十八章“朴散则为器”句，注曰：“朴，道也，守则为质朴之道，散则为养人之器。”注文词义甚佳，似魏晋清谈语言。

目前所存有关钟会的思想材料甚少，《取善集》所引钟会注《老子》十二条，或可有助于研究也。

（二）鸠摩罗什《老子注》二卷，名目见于《唐书·艺文志》。原以此书不见他处，疑为伪作（见《汉魏两晋南北朝佛教史》三一四页）。今于《取善集》中发现鸠摩罗什所注《老子》十余条（按《道德真经注疏》亦有数条），然则或实有鸠摩罗什注耶？查《取善集》中所引鸠摩罗什注文义，颇有可注意之思想，如注“大盈若冲”句曰：“空而能正曰冲”；又如注“以其不争，故天下莫能与之争”句曰：“心形既空，孰能与无物者争？”又如注“复归于无极”句曰：“……若能去智守愚，动与机合，德行相应，为物楷式，显则成行，隐复归道，道本不穷，故成无极。一是智慧无极，二是慧命无极。”这些思想都或与佛教般若思想有关。

关于研究寇谦之的若干史料

在《寇谦之的著作与思想》（《历史研究》1962 年第 5 期）一文中，我已说明寇谦之在道教史上的重要地位。近日阅读《道藏》，又发现若干材料，兹择其重要者，抄录如下，以补上文：

（一）《道藏》与敬帙中有《混元圣纪》，题为“宋观复大师高士谢守灏编”；《犹龙传》题为“宋崇德悟真大师贾善翔编”。

《混元圣纪》卷七曰：

> 元魏明元皇帝神瑞二年十月乙卯，忽有二神人，衣翠羽之衣，冠紫金之冠，乘龙持节告谦之曰：“太上老君至矣。”须臾闻音乐之声渐近，仰望，见玉衡车一乘，金刚为轮，骖驾九龙，威仪赫奕，神仙导从，弥满虚空，集止山颠。仙官五人侍立于前。谦之见有五宫门忽然而开，仙乐交奏，坐白银花之座，敕仙伯王方平引谦之前立，谓曰：“往辛亥年，吾得嵩岳镇灵集仙宫主赵洪政等表云：自天师张道陵去世以来，地上旷职，修善之人无所师授，以卿立身直理，行合自然，才任轨范，堪处师位。故来观汝，授汝天师之任，赐汝云中音诵新科之戒。吾有经戒，自开辟以来，不传于世，今运数应出，汝宜宣吾新科，清整吾教，佐国扶命，以化群生，除去三张之弊，租米税钱及男女合气之术。”时老君停驾云中三日，赐谦之经戒凡九卷，专以礼度为首，而加之以服气闭炼。又遣玉女长容等十二人教以服气导引之诀。自是气盛体轻，颜色殊丽。

按该文出自《魏书·释老志》，但文句稍有异同，有两处颇可注意。其一，“赐谦之经戒凡九卷”，《释老志》作二十卷。今据白云观道藏详目知《道藏》力帙上下所收之著作，恰为九卷。这里有两个可能：一个是寇谦之的经戒，宋朝时只剩九卷，《混元圣纪》作者所见者即此九卷；另一可能由于历代编纂方式不同，将二十卷合成九卷。此点可作论证《道藏》力帙上下所收之《老君音诵戒经》等系寇谦之著作的根据之一。其二，《魏书·释老志》中有“……使王九疑人长客之等十二人授谦之服气导引口诀之法……”句，“王九疑人长客之”语句费解，似有讹误，丽本《广弘明集》卷二作“玉女九疑”使原句稍可解释，《混元圣纪》作“玉女长容”，则《魏书·释老志》原句或为“使玉女九疑、长容等十二人”之误。按“玉女”在道教中是很通行的一种名称，见于《太平经》卷七十一、卷一百一十四等多处。《犹龙传·赐大魏太平真君之号》中，亦有以上所引一段文字，其中略有删节。

（二）《道藏》光帙下《谷神篇》元玄巢子林辕神凤述，前有赵思玄叙，叙中批判了三种混人道教的思想，以为违道甚远，文曰：“申韩之徒引为惨酷寡恩刑名之谬，一也；北魏寇谦之尝集道经，为其书少，遂将方技、符水、医药、卜筮、谶纬之书混而为一，二也；佛法未来，方外之学则有二焉：一曰神仙，二曰道家，仙即命也，阳也；道即性也，阴也。诸史《艺文志》所分二家虽有未当，而判然不同明白矣，其窾启之士束于其教，莫能甄别，妄以孤阴身中，指心肾为坎离，铅汞交媾，金丹簧鼓，愚下盲以引盲，三也。”该文第一、三两点姑置不论，第二点指名批评寇谦之把方技、符水、医药、卜筮、谶纬之书混而为一，则颇可注意。按道教经典，自张道陵、于吉以降，孳乳增益，层叠积累，两晋后，历经道士搜录编纂（详见陈国符《道藏源流考》一〇八——一八页）卷帙浩繁，内容日趋庞杂。《抱朴子·遐览篇》所载约一千二百卷，分类已颇复杂。南朝宋陆修静上《三洞经书目录》云："道家经书并药方、符图等总一千二百二十八卷，其一千零九十卷已行于世，一百九十八卷犹在天宫。"又据《广弘明集》卷三南朝梁阮孝绪《七录·仙道录》列经共四部四百二十五种，一千一百三十八卷；同书卷七《笑道论》谓北周武帝时《玄都经目》所载道教经籍已达六千三百六十三卷，其中包括新编入的诸子论八百八十四卷。据上引《谷神篇叙》，可知寇谦之亦曾搜集"道书"，并将"方技、符水、医药、卜筮、谶纬"等书混入其内。此亦研究道书目录演变的一个线索。同时，这一点或与《魏书·释老志》所称寇谦之重视"服食、闭炼"、"服气、导引口诀之法"有关。至于《谷神篇》所言是否属实，目前尚难证明，而寇谦之与不少道书有关，这类记载则多见于《道藏》之中，兹不赘述。

"妖人"刘举

刘举名见《道藏》力帙《老君音诵诫经》，假托老君曰："世间诈伪，攻错经道，惑乱愚民。但言老君当治，李弘应出，天下纵横返逆者众。称名李弘，岁岁有之，其中精感鬼神，白日人见，惑乱万民，称鬼神语，愚民信之，诳诈万端，称官设号，蚁聚人众，坏乱土地。称刘举者甚多，称李弘者亦复不少，吾大恚怒。"

关于"妖贼"李弘，已据史料加以说明（见《康复札记》，《新建设》1961 年 6 月号），今又搜得有关刘举的材料若干，依时间先后抄列于下：

（一）《魏书》卷七上《高祖纪》："延兴三年，……妖人刘举自称天子，齐州刺史武昌王平原捕斩之。"《魏书》卷十六《河南王曜传》："有妖人刘举，自称天子，煽惑百姓，复讨斩之。"事并见《北史》卷三、卷十六，《资治通鉴》卷一百三十二。按高祖延兴三年为公元473年，齐州即今山东历城县。

（二）《魏书》卷十《孝庄帝纪》："光州人刘举，聚众数千，反于濮阳，自称皇武大将军。……甲辰（按应作甲寅）诏大都督宗正珍孙率南广州刺史都督郑先护讨刘举于濮阳，破平之。"事并见《北史》卷五；《资治通鉴》卷一百五十二。按壬子为废帝中兴二年，即公元532年，甲寅为武帝永熙二年，即公元534年。濮阳在今山东濮县东二十里。

按以上记载，事虽发生于寇谦之之后，但亦可间接说明北魏时期，用刘举名义起义者亦颇有其人。并可证实《老君音诵诫经》所言"称刘举者甚多"有一定根据。

陶弘景的《答朝士访仙佛两法体相书》

《道藏》善帙《华阳陶隐居集》中有《答朝士访仙佛两法体相书》一文，对于研究南北朝时期佛道两教在宗教理论上之不同，颇为重要。

任何宗教皆有排他性。南北朝时期佛道两教互相攻击日益加剧。当时佛教攻击道教的主要内容已见于《弘明集》和《广弘明集》；道教攻击佛教的文献亦复不少，如著名的《夷夏论》（顾欢）、《门论》（张颙）、《三破论》（齐道士）及《老子化胡经》等。但从宗教理论上阐明佛道两教之不同，陶弘景此作似甚为重要。

《答朝士访仙佛两法体相书》云：

> ……夫得仙者，并有异乎此。但斯族复有数种。今且谈其正体，凡质象所结，不过形神。形神合时，则是人是物；形神若离，则是灵是鬼。其非离非合，佛法所摄；亦离亦合，仙道所依。今问以何能而致此？仙是铸炼之事极，感变之理通也。当埏埴以为器之时，是土而异于土，虽燥未烧，遭湿犹坏，烧而未熟，不久尚毁。火力既足，表理坚固，河山可尽，此形无灭。假令为仙者，以药石炼其形，以精灵莹其神，以和气濯其质，以善德解其缠。众法共通，无碍无滞，欲合则乘云驾龙，欲离则尸解化质；不离不合，则或存或亡，于是各随所业，修道讲学，渐阶无穷，教功令满，亦毕竟寂灭矣。

据上引文，可知二事：（一）佛道两教于形神、生死问题上看法相异；（二）佛道两教求得解脱的方法不同。也就是说道教作为一种宗教，具有一些与其他宗教不同之特点。它要解决的中心问题是：人如何能成仙。从南北朝时期的道教看来，所谓“神仙”乃是一种超脱尘世的境界，它所追求的是个体的长生不死，它所用的方法是个人的身体和精神的修炼。可见此种出世思想与佛教确有很大不同。此乃当时佛道两教所曾公认的，兹就陶文简单补充一些材料：

（一）关于形神、生死问题。

慧远《沙门不敬王者论》中《神不灭论》一段，可作当时佛教论形神关系之代表。文曰：“神也者，圆应无主，妙尽无名，感物而动，假数而行。感物而非物，故物化而不灭，假数而非数，故数尽而不穷。”佛教主轮回报应，即必轮回，神为不灭，解脱之道，神与形离，圆应寂灭。故佛教的“形尽神不灭”思想，实把神形看作两回事。但既在轮回之中，神形又必相结合。故陶弘景说形神“非离非合，佛法所摄”。

葛洪《抱朴子》引《仙经》曰：“上士举形升虚，谓之天仙；中士游名山，谓之地仙；下士先死后蜕，谓之尸解。”按道教以“举形升虚”为最上，此必以神形不离为理论基础。《云笈七签》卷五十六引《元气论》：“身得道，神亦得道；身得仙，神亦得仙”，此即陶弘景所指之“欲合则乘云驾龙”也。“尸解”为下，神与形离而神可仙去。《太平御览》卷六百六十四引《登真隐诀》曰：“尸解后……既死之后，其神方得迁逝，形不能去尔”。陶弘景《养性延命录》引《玄示》曰：“以形化者，尸解之类，神与形离，二者不俱。”此即陶弘景“欲离则尸解化质”之谓也。

为更好地了解陶弘景之思想，兹就当时文献所载有关两家在形神问题方面之观点，抄录若干，供读者参考：

宋谢镇之《折夷夏论》（《弘明集》卷六）曰：

> 佛法以有形为空幻，故忘身以济众，道法以吾我为真实，故服食以养生。

宋释僧愍《戎华论·折顾道士夷夏论》（《弘明集》卷七）曰：“佛据万神之宗，道则以仙为贵。佛用漏尽为研，仙道有千岁之寿。漏尽有无穷之灵，无穷之灵，故妙绝杳然，千岁之寿，故乘龙御云。御云乘龙者，生死之道也；杳然之灵者，常乐永净也。”

梁刘勰《灭惑论》曰：“夫佛法练神，道教练形。形器必终，碍于一垣之里；神识无穷，再抚六合之外。”

这些材料皆可证明陶弘景所述佛道两教在形神问题上之不同观点，确实概括了当时两教之特征。

佛教主张“形尽神不灭”，人生之痛苦皆在“以形累神”，以致陷于轮回，欲超脱轮回，则形体必当永灭，而精神得“常乐永净”。道教以“举形升虚”为上，故形神相结，长生不死，入于虚幻神仙境界。关于这方面的材料还很多，姑择其要者引述几则：

释道安《二教论》（《广弘明集》卷七）曰：“问：释称涅槃，道言仙化，释云无生，道称不死，其揆一也，何可异乎？答……佛法以有生为空幻，故忘身以济物。道法以吾我为真实，故服饵以养生。生生不贵，存存何勋？纵使延期，不能无死”。

北周甄鸾《笑道论》（《广弘明集》卷九）曰：“道会不斋，以主生，生须食也；佛会持斋，以主死，死不食也。”

唐法琳《辩证论》（《大正大藏经》卷五十二）曰：“李老仙方意存羽化，释迦梵本期自涅槃。纵身于太清之中，游神于常乐之境，贵练形以不死（按指道教），求寂照于无生（按指佛法）。”

以上为佛教方面之言论。

齐道士《三破论》（《弘明集》卷八引）曰：“道家之教，妙在精思得一，而无死人圣。佛家之化，妙在三昧神通，无生可冀。铭死为泥洹，未见学死而不得死者也。”

葛玄《老子序》：《广弘明集》卷九《笑道论》引曰：“道主生，佛主死。”

以上为道教方面之言论。

（二）关于解脱的方法问题。

魏晋玄学中，圣人学致问题颇为重要。这一问题不仅反映在佛教中，而且亦反映在道教中。南北朝以前之道教，即多以神仙为“积学所致”。阴长生《自叙》有云：“不死之要，道在神丹，行气导引，俯仰屈伸，服食草木，可得延年，不能度世，以至乎仙，子欲闻道，此是要言，积学所致……”（《全汉文》卷一〇六）。葛洪虽以仙人禀异气，立“仙人有种”之说，然亦认为仙人可学而致。《抱朴子》引《仙经》曰：“金银可自作，自然之性也，长生可学得也。”又引《玉牒记》云：“天下悠悠，皆可长生也。患于犹豫，故不成耳。”南北朝时期，道教对此问题亦有同样看法，多主“仙人可学致”，如何致？则道教由于与佛教在形神、生死等问题上看法不同，而主张“练形”而致。颜延之《庭诰》二章（《弘明集》卷十三）曰：“为道者盖流出于仙法，故似练形为上；崇佛者本在于神教，故以治心为先。练形之家，必就深旷，反飞灵，糇丹石，粒芝精，所以还年却老，延华驻彩，欲使体合缥霞，轨遍天海，此其所长。及伪者为之，则忌灾祟，课粗愿，混士女，乱妖正，此其巨蠹也。治心之术，必辞亲偶，闭身性，师净觉，信缘命，所以反壹无生，克成圣业，智邈大明，志狭恒劫，此其所贵。及诡者为之，则藉发落，狎菁华，傍荣声，谋利论，此其甚诬也。”又王该《日烛》（同上书）曰：“逮乎列仙之流，练形之匹，熊经鸟伸，呼吸太一。夕餐榆阴与素月，朝挹阳霞与朱日，赤斧长生于服丹，涓子翻飞于饵术，安期久视于松豪，豊人轻举于柏实。彼和液之所染，足支年而住质，中不夷而外猗，徒登云而殒卒，俱括囊以坚卵，固同门而共出，理未升于颜堂，永封望乎孔室。贵乎能飞，则蛾蝶高翚；奇乎难老，则龟蛇修考。伊逆旅之游气，唯心玄之可宝，存形者不足与论神，狎俗者未可与言道。”道教徒葛洪也承认这一点，他在《抱朴子》中说：“长生制在大药。”上引陶弘景之文亦言及道教“练形”之理论，而“练形”必以“药石”。然陶似受佛教某些影响，亦开始重视“养神”，不过其所言“以精灵莹其神”，仍似注重在“精神”之“修炼”，而非智慧之解脱也。